HEYNE BIOGRAPHIEN

W0041123

Zum Autor

JOANNA RICHARDSON ist Dozentin für moderne Sprachen an der Universität von Oxford. In ihren ausgezeichneten Biographien behandelt sie französische Persönlichkeiten aus dem 19. Jahrhundert wie z. B. Théophile Gautier, Verlaine und Emile Zola. Joanna Richardson ist Mitglied des ›Council of the Royal Society of Literature‹.

Von der gleichen Autorin erschien in der Reihe Heyne-Biographien: 12/126 Colette

Joanna Richardson

SARAH BERNHARDT

Leben, Karriere und Legende

Deutsche Erstausgabe

Wilhelm Heyne Verlag
München

HEYNE BIOGRAPHIE
12/160

Titel der englischen Originalausgabe:
›SARAH BERNHARDT AND HER WORLD‹
Aus dem Englischen übersetzt von Christian Quatmann

Copyright © 1988 der deutschen Übersetzung by
Wilhelm Heyne Verlag GmbH & Co. KG, München
Copyright © 1973 der englischen Ausgabe by Joanna Richardson
First published by Robert Hale & Company, 63 Old Brompton Road, London, S. W. 7
Printed in Germany 1988
Umschlagfoto: Archiv für Kunst und Geschichte, Berlin
Umschlaggestaltung: Atelier Ingrid Schütz, München
Innenbilder: Archiv für Kunst und Geschichte, Berlin (8),
Bildarchiv Preußischer Kulturbesitz, Berlin (8),
Süddeutscher Verlag, Bilderdienst, München (5)
Interfoto-Pressebild-Agentur München (1)
Erstellung der Zeittafel: Christian Quatmann
Druck und Bindung: Presse-Druck Augsburg
Bildteil: RMO, München

ISBN 3-453-00820-0

Inhalt

Einführung

Sarah Bernhardt ist eine moderne und zugleich legendäre Frau. »Sie war mehr als eine Kaiserin«, sagt Jacques Porel, »sie war fast eine Göttin.« Diese Charakterisierung ist für die Zeit ihres größten Ruhmes gewiß nicht übertrieben. So ist sie für ihre Zeitgenossen tatsächlich schlicht ›die göttliche Sarah‹ gewesen.

Sarah Bernhardt war den irdischen Gefilden in einer Weise entrückt, wie dies nur den ganz Großen beschieden ist; und wie eine der olympischen Göttinnen der alten Griechen wurde sie schon zu Lebzeiten mit dem Schleier der Legende umsponnen. Sie war nicht nur eine Schauspielerin, sie war – so glaube ich – eine große Frau: voller Energie, anpassungsfähig, unternehmungslustig, mutig und leidenschaftlich. Ihr Leben wie ihre Schauspielkunst sind gleichermaßen facettenreich.

Eine solche Frau mußte notwendig Haß und Bewunderung erwecken. Und daher hat sie ebenso gehässige wie ergebene Kritiker gefunden. Und das ist vermutlich auch der Grund dafür, weshalb bis heute keine objektive Darstellung ihres Lebens und ihrer Arbeit vorliegt. Aber was heißt schon ›objektiv‹? Nein – auch heute ist es nicht möglich, ein völlig objektives Urteil über Sarah abzugeben. Vielleicht ist es späteren Zeiten vorbehalten, Menschen also, die ihr nicht mehr auf der Bühne zugejubelt haben, sie in der angemessenen Perspektive zu betrachten.

Ich bin erst auf die Welt gekommen, nachdem Sarah Bernhardt bereits gestorben war. Ich habe versucht, sie vor einem Hintergrund zu zeichnen, der gewiß nicht weniger schillernd ist als eine der berühmten Bühnenausstattungen des Théâtre de la Porte-Saint-Martin. Und dieser Hintergrund sind die neunundsiebzig vom Erfolg überstrahlten wechselhaften Jahre, die ihr zwischen 1844 und 1923 beschieden waren.

Welchen Platz jedoch nimmt Sarah Bernhardt in der langen Tradition des Theaters ein? Wie vermutlich alle großen Künstler – ganz gewiß jedoch ihre Vorgängerin Rachel – steht sie außerhalb jeder Tradition. Eine große Künstlerin leistet möglicherweise stets einen bedeutenden Beitrag zur Entwicklung einer spezifischen theatralischen Ausdrucksform, etwa der Tragödie, des historischen oder lyrischen Dramas oder der Komödie; aber ihre Größe verdankt sie nicht ihrer brillanten Beherrschung der konventionellen Form, sondern gerade der Überwindung dieser Form.

Rachel (und mit ihr werden wir Sarah Bernhardt zu vergleichen haben), Rachel also hatte die klassische Tragödie mit dem modernen Lebensgefühl erfüllt. Ihre größten Triumphe hatte sie in *Phädra* gefeiert. Sarah Bernhardts Ausdrucksmöglichkeiten jedoch waren vielfältiger. Ihre Phädra war ebenfalls ein Triumph, aber in *Hernani* und *Ruy Blas* brachte sie auf geradezu unnachahmliche Weise romantische Empfindsamkeit zum Ausdruck, in *Le Passant* begeisterte sie den Verfasser ebenso wie das Publikum als jugendlicher Minnesänger und in *L'Aiglon* (›Der junge Aar‹) als junger Herzog von Reichstadt. In *L'Étrangère* und *Adrienne Lecouvreur* erspielte sie sich als Kurtisane die allgemeine Begeisterung. In *La Samaritaine* spielte sie eine zum Glauben bekehrte, in *Théodora* die gleichnamige byzantinische Kaiserin, die zügellose russische Prinzessin in *Fédora* und in *La Princesse lointaine* eine präraffaelitische Prinzessin. Die Wut der Tosca spielte sie mit solcher Furiosität, daß die Männer inmitten der Vorstellung aufstanden und das Theater verließen; und die zärtliche Liebe der Marguerite Gautier fand sogar die Billigung und Achtung der Königin Victoria. Sarahs verführerischer Macht fielen

9

Theophile Gautier und Gabriele d'Annunzio ebenso zum Opfer wie Mrs. Patrick Campbell, Colette und Clemenceau.

Anders als Rachel kreierte Sarah Bernhardt einen Typus, oder besser: Sie lieh ihre Erscheinung der Kreation eines neuen Typus. Dabei nahm sie Anleihen bei Baudelaires ›Vierge du Mal‹, Swinburnes ›Our Lady of Pain‹, der Mona Lisa und Burne-Jones. Sie lebte das Ideal einer von der Natur reich beschenkten, geradezu exotischen Frau; sie war der Inbegriff des Weiblichen, die Verkörperung orientalischer Exotik, die fremdartig chimärenhafte, idolisierte Frau. Sie war Rostands ›Ferne Prinzessin‹, sie war Sardous Tosca und Théodora. Sie war so vollkommen und unbarmherzig, vielschichtig, grausam und magisch in ihrer Wirkung wie Zirze, und diesen Typus hätte vermutlich keine Schauspielerin so gut verkörpern können wie Sarah Bernhardt. Aber ihre ätherische Figur, das ihr Haupt umspielende Haar, ihre bezwingenden und beredten Augen und ihre Stimme hatten die Kraft, diesen Traum zu verwirklichen. Und ihre Stimme war, wie Victor Hugo und alle, die sie hörten, übereinstimmend erklären, aus reinem Gold. Diese Stimme war von so wundersamer, bezaubernder Musikalität, daß Sarah noch im Ersten Weltkrieg, als sie – bereits eine betagte Dame – in ihren Alltagskleidern ohne jegliche Unterstützung etwa durch ein Bühnenbild oder Musik oder andere Schauspieler in einem Wohltätigkeitskonzert auftrat und die nüchternen Zuschauer zu Tränen rührte. In ihrem Privatleben verhielt sie sich oftmals theatralisch; in ihrer Theaterlaufbahn hingegen bewies sie immer wieder ihren unbestechlichen Wirklichkeitssinn. Und eine echte dramatische Begabung, die immer im Instinkt begründet sein muß, ist vermutlich enger mit einem solchen Wirklichkeitssinn und einer hochentwickelten Beobachtungsgabe gekoppelt, als wir gemeinhin annehmen. Sarah war geradezu unerbittlich in ihrem Realismus, und das nicht nur wegen ihrer Liebe zum historischen Detail oder ihren beklemmend eindringlich gespielten Sterbeszenen, sondern wegen ihrer Interpretation der verschiedenen Zustände des menschlichen Geistes. Sie erfaßte mit einem Blick den Kernpunkt eines jeden Dramas, und selbst Shaw mußte zugeben, daß sie diesen Punkt mit unfehlbarer Sicherheit traf. Sie entdeckte neue Bedeutungsebenen in *Hamlet*, sie erweiterte ihre jeweiligen Rollen oder engte diese nach ihrem Dafürhalten ein; sie entdeckte Unter- und Nebentöne und erschloß so nicht nur dem Publikum, sondern auch der Kritik und selbst den Dramatikern ihrer Zeit neue Wege der Interpretation. Das Verständnis, das sie der Dichtung entgegenbrachte, läßt sich – unter welchem Gesichtspunkt auch immer – nur mehr als magisch bezeichnen.

Es überrascht nicht, daß sie sich in einem so langen und bewegten Leben gelegentlich wiederholt hat. Das Theater muß sich zuweilen ebenso dem Diktat des Publikums wie der höchsten künstlerischen Grundsätze beugen; und Sarah mußte mitunter als Kompensation für ihre künstlerische Experimentierfreude populäre Erfolge mehrfach wiederholen. Richtig ist auch, daß die Notwendigkeit, das französische Drama den Erwartungen und Voraussetzungen eines ausländischen Publikums anzupassen, im Laufe der Zeit dazu führte, ihre Charakterdarstellung ein wenig vordergründig erscheinen zu lassen.

Bereits in den neunziger Jahren des neunzehnten Jahrhunderts warf man ihr vor, sie spiele nur mehr nach einem abgegriffenen Erfolgsrezept: Archer und Shaw bedauerten die Monotonie der von Sardou verfaßten Stücke, und Walkley konstatierte mit einem nicht ganz unberechtigten Sarkasmus, Sarah bevorzuge drei Darstellungsstile. Auch Jules Renard, der bedauerte, daß sie in fortgeschrittenem Alter noch immer jugendliche Partien spielte, können wir ein gewisses Verständnis nicht versagen. Denn trotz all ihrer Triumphe als L'Aiglon und Jean d'Arc läßt es doch einen unangenehmen Geschmack zurück, sich eine bereits ältere Frau in der Rolle eines Knaben oder einer Jungfrau vorzustellen.

Aber Sarah selbst hatte auf dem Scheitelpunkt ihres Lebens gegenüber Ellen Terry versichert, ihnen beiden sei ewige Jugend beschieden. Von ihrer Energie und Lebensfreude vorangetrieben, sah Sarah fast bis zuletzt bewundernswert jung aus. Denn sie beschränkte sich weder in ihrem Denken noch in ihren Aktivitäten auf das Theater allein. Sie war fasziniert von den Menschen und von ihrer Umgebung, und so führte sie ihrer Kunst immer wieder neue Nahrung zu, die sie der Wirklichkeit und ihrer eigenen Lebenserfahrung entnahm; im übrigen war sie während des allergrößten Teils ihres fast achtzig Jahre währenden Lebens von einer unwiderstehlichen Liebe zum Theater und von einer alles umschlingenden Liebe zu ihrer Kunst besessen. Sie kannte ihre Triumphe und war bemüht, über sie hinauszuwachsen; sie war sich ihrer Grenzen bewußt und gleichermaßen bemüht, über sie hinauszuwachsen. Sie war eine Schauspielerin und ihr eigener Impresario; ihre Stimme wurde auf Grammophon aufgezeichnet, und in ihren letzten Lebensjahren wurde sie noch auf Zelluloid gebannt. Lebte sie heute noch, so würden wir sie gewiß nicht altmodisch finden; denn wie Sacha Guitry bereits wußte: Sarah Bernhardt wäre zu jeder Zeit modern.

»Sie wird immer eines der schönsten und unvergänglichsten Rätsel der Menschheit bleiben.« Diese von Maurice Barings geprägte Formulierung ist nur allzu wahr. Aber einige von Sarahs Qualitäten werden immer hell für uns leuchten, während ihre Zeit für uns immer weiter ins Dunkel der Geschichte entgleitet: ihre grenzenlose Faszinationskraft, ihre Vielseitigkeit, ihr Mut und ihre Energie und schließlich ihre unbeirrbare und schier grenzenlose Liebe für das Theater. Wir wissen heute, daß sie in einem Zeitalter, das zahlreiche Frauen mit einer magischen Ausstrahlung hervorgebracht hat, vielleicht über die größten magischen Kräfte verfügte.

»Sie werden vielleicht nicht als eine der vernünftigsten Frauen dieses Jahrhunderts in die Geschichte eingehen«, gestand ihr Jules Lemaître einmal, »aber Sie werden intensiver gelebt haben als ganze Hundertschaften von Menschen, und Sie werden zu den bezauberndsten Geschöpfen gehören, die jemals das sich beständig wandelnde Antlitz dieser Welt der Erscheinungen mit ihrem Flügelschlag berührt haben, um uns Menschen Trost zu spenden.« Vermutlich wissen wir die Wahrheit dieser Worte besser zu würdigen, als Sarah selbst dazu imstande gewesen wäre.

Teil I
Les Ailes qui poussent

1 Fleur-de-Lait

»Meine Mutter liebte es zu reisen. Sie war ständig unterwegs zwischen Spanien und England, London und Paris, Paris und Berlin. Von dort aus fuhr sie nach Christiania; danach kam sie zurück, küßte mich und machte sich auf den Weg nach Holland, wo sie geboren war.«

Mit diesen Worten eröffnet Sarah Bernhardt die Geschichte ihre Lebens[1], und mit diesen Worten wollen auch wir diese Geschichte beginnen. Denn diese Sätze sagen sehr viel über Sarahs Kindheit aus und erklären einen Großteil ihres späteren Verhaltens.

Ihr Vater war Edouard Bernhardt, der in ihrer Erinnerung (wahrscheinlich idealisiert) als Inbegriff männlicher Schönheit erscheint – ein Mann gewählter und souveräner Gesten, der mit einer schönen Stimme und einer imposanten Erscheinung ›ausgestattet‹ war. Er entstammte einer guten römisch-katholischen Familie in Le Havre; seine Anwaltslaufbahn hatte er aufgegeben, um sich ganz seinen Weltreisen widmen zu können. Als Sarah ein Jahr alt war, reiste er nach China; warum, wußte sie später nicht zu sagen. Aber von Zeit zu Zeit kehrte er dann wie ein Zugvogel nach Frankreich zurück, um das Herz seiner Tochter zu bezaubern. Sarahs Mutter Judith Van Hard war sechzehn, als Sarah zur Welt kam. Sie war mittelgroß und blond ›wie eine Madonna‹, so Sarahs eigener Eindruck. Sie war jüdischer Herkunft und stammte aus Haarlem. Ihre Gesundheit war labil, ihr Temperament leidenschaftlich. Der Grund für ihre ständigen Reisen, die sie über den ganzen europäischen Kontinent führten, waren, wie es hieß, ihre zahlreichen Liebesaffären. Sie war in der Tat eine Kokotte, einer jener farbenprächtigen, jedoch kurzlebigen Paradiesvögel, die in der Atmosphäre des Zweiten Kaiserreiches gediehen. Und das Kind, dem sie am 23. Oktober 1844 in der Rue de la Michodière zu Paris das Leben schenkte und das den Namen Sarah Marie Henriette erhielt, war aus einer illegitimen Verbindung hervorgegangen.

Sarah Bernhardt war also von Anfang an unerwünscht. Für eine Kokotte stellte ein Kind eine kaum zumutbare Belastung dar, und so wurde Sarah schon recht bald bei Edouard Bernhardts ehemaliger Amme untergebracht, einer stämmigen Bretonin, die mit ihrem Mann, einem Bauern, nahe Quimperlé sozusagen am Ende der Welt lebte. Sarah erinnerte sich noch lange an die kleine weiße Hütte mit dem Strohdach, aus dem Mauerblümchen hervorsprossen; ihre Blüten hatten die Farbe des Sonnenuntergangs.

Da das Kind der Amme gestorben war, hegte und pflegte sie Sarah (die sie Fleur-de-Lait nannte) mit geradezu hingebungsvoller Liebe. Aber eines Tages, als der Ehemann krank und die Amme außer Haus war, um Kartoffeln zu sammeln, stürzte Sarah versehentlich den Tisch um, auf dem sie ihr Spielzeug ausgebreitet hatte, und fiel selbst kopfüber in das Herdfeuer. Als sie die Schreie des entsetzten Bauern hörten, eilten die Nachbarn herbei und warfen Fleur-de-Lait in einen Behälter voll warmer Milch. Seither litt Sarah unter einer panischen Angst vor Feuer.

In den folgenden Wochen fuhren immer neue Kutschen vor der kleinen Hütte vor, in denen weit verstreute Verwandte saßen, die der kleinen Sarah einen Besuch abstatten wollten. Judith Van Hard eilte in Begleitung ihres derzeitigen Liebhabers und eines Arztes von Brüssel aus in die Bretagne. Die beiden Männer konnten kaum die Belustigung verbergen, die sie angesichts der Buttermengen überfiel, die in der ganzen Hütte verteilt waren. Es war, als habe eine Märchenfee das ganze Haus verzaubert. Überall war Butter: auf den Betten, in den Schränken, auf Stühlen und Tischen, selbst an den Wänden hing in Häute eingenähte Butter. Die ganze Bretagne, so hatte es fast den Anschein, hatte Butter gespendet, um die Verbrennungen der kleinen Fleur-de-Lait zu heilen. Zirka einen Monat später holte Judith Van Hard ihre kleine Tochter, die Amme und deren kränkelnden Mann nach Paris und brachte sie in einem kleinen Haus mit Garten in Neuilly, am Ufer der Seine, unter.

Ihr Interesse und ihre Zuneigung waren indessen nie von langer Dauer, und schon bald war sie wieder auf Reisen; in Erinnerung ihrer Mutterpflichten sandte sie hie und da Geldgeschenke, Süßigkeiten und Spielzeug. Als der Ehemann der Amme verstarb, heiratete diese einen Pariser *Concierge* und zog in dessen Wohnung. Da die Amme des Schreibens nicht kundig war und Judith Van Hard es nicht für nötig befunden hatte, eine Adresse zu hinterlassen, nahm die Bretonin das fünf Jahre alte Mädchen einfach mit in ihre neue Hausmeisterwohnung in der Rue de Provence 65.

Bereits am ersten Tag nach ihrem Umzug fühlte sich Sarah äußerst elend, weil das Zimmer, in dem sie von nun an leben sollte, nicht einmal ein Fenster hatte. Sie weigerte sich zu essen und wurde immer blasser, und sie wäre – wie sie selbst erklärte – wahrscheinlich gestorben, wäre nicht plötzlich eine *dea ex machina* auf den Plan getreten, die einem romantischen Dramatiker alle Ehre gemacht hätte. Glück und Zufall spielten in Sarahs Leben eine eigenartige Rolle. Als sie eines Tages im Hof des Hauses herumtollte, stand sie plötzlich ihrer Tante Rosine, der Schwester ihrer Mutter, gegenüber. Ihre Tante war ganz zufällig auf der Wohnungssuche in dieses Haus geraten. Rosine, die noch überraschter war als Sarah selbst, stellte die Concierge zur Rede und versprach, am nächsten Tag wiederzukommen und das Kind abzuholen. Die schluchzende Sarah wurde dann nach oben geführt und konnte von dort aus beobachten, wie die schwere Kutsche davonrollte.

Vielleicht hatte sie bereits zu diesem Zeitpunkt gelernt, den Versprechungen der Erwachsenen zu mißtrauen; vielleicht geschah es aber auch nur aus Gedankenlosigkeit oder Verzweiflung. Getrieben von einem der dramatischen Impulse, die so typisch für sie waren, sprang sie jedenfalls aus dem Fenster. Dabei brach sie sich zweimal den Arm und außerdem noch eine Kniescheibe.

Sie erwachte in einem großen Bett, das in einem sonnendurchfluteten Zimmer stand. Von ihrem schlechten Gewissen getrieben, war Judith Van Hard herbeigeeilt, um sich um sie zu kümmern. Um das Bett herum standen ihre Tanten und Cousins. Sie brauchte (nach eigenem Bekunden) zwei Jahre, um sich von diesem Sturz zu erholen: zwei Jahre, die ihr später als eine ferne Zeit der Dumpfheit, aber auch der zärtlichen Besorgtheit erschienen.

2   Le Couvent de Grand-Champs

Sie konnte jedoch nicht für immer in diesem Lotus-Land leben. Und als sie sieben war und Judith Van Hard ein weiteres Kind erwartete, wurde sie rasch in einer Pension in Auteuil untergebracht. Sie war nicht unglücklich bei Madame Fressard; sie richtete sich in ihren gegenwärtigen Lebensumständen sogar behaglich ein. Ihre tägliche Routine wurde nur durch gelegentliche Besuche ihrer Tante, Mme. Faure, unterbrochen, die hin und wieder in einem rauschenden Kleid in der Pension auftauchte und Sarah für einen Tag entführte. Diese idyllische Unabhängigkeit dauerte zwei Jahre lang. Sie endete über Nacht, als auf Befehl Edouard Bernhardts Tante Rosine erschien und Sarah aus der Pension abholte.

Wütend über diese unerwünschte Veränderung und den Eingriff in ihre Freiheit, kämpfte Sarah zwei Stunden lang, um sich Tante Rosines Zugriff zu entziehen. Zweimal floh sie in den Garten, um auf Bäume zu steigen oder sich in den Teich zu stürzen (in dem sich mehr Schlamm als Wasser befand). Es war ein erschöpftes, schluchzendes und zutiefst enttäuschtes Kind, das schließlich mit dem Wagen in die Rue de la Chaussée-d'Antin gebracht und dort zu Bett gelegt wurde. Sarahs Fieber dauerte drei Tage lang.

Einige Wochen später wurde sie in Begleitung ihrer Eltern und eines Koffers voller Habseligkeiten, die sämtlich ihre Initialen *SB* trugen, in den Konvent von Grand-Champs in Versailles gebracht. Edouard Bernhardt hatte versprochen, er werde sie in vier Jahren von dort abholen und sie mit auf seine Reisen nehmen.

Sie sah ihn nie wieder. Auch ihre Mutter entschwand abermals auf ihren Wanderungen von Badeort zu Badeort, von Boudoir zu Boudoir aus Sarahs Gesichtskreis; und von nun an übernahm Mère Saint-Sophie, die Oberin des Konvents von Grand-Champs, die Führung in Sarahs Leben.

Mère Saint-Sophie war natürlicherweise der erste Mensch, für den das abgeschobene, entwurzelte Kind eine tiefe Zuneigung empfand. Durch ihre Freundlichkeit, Beherztheit und Fröhlichkeit gewann sie vom ersten Augenblick an Sarahs Herz. Mère Saint-Sophie beruhigte das kleine Mädchen, wenn es wieder einmal in einen Wutanfall ausbrach; Mère Saint-Sophie besuchte die Kleine jeden Morgen und las ihr Geschichten aus der Bibel vor; Mère Saint-Sophie weckte Sarahs feinere Instinkte, um deren Entfaltung sich weder ihr Vater noch ihre Mutter je gekümmert hatten. Und das glückliche kleine Mädchen spielte mit ihren Eidechsen und Käfern (Sarah war bereits zu diesem Zeitpunkt eine große Tierliebhaberin), fertigte für ihre Puppen Kleider aus Papier, entwickelte sich zu einer Persönlichkeit (was ihr schon damals große Genugtuung verschaffte) und lernte schlicht und ergreifend überhaupt nichts. Einmal konnte sie sich jedoch auszeichnen, als sie nämlich ein kleineres Mädchen, das zu ertrinken drohte, aus einem Teich zog und es so rettete. Die Lebensgeister des kleinen Mädchens erwachten allmählich wieder, während die heroische Sarah mit Fieber das Bett hüten mußte. Im Halbschlaf hörte sie, wie Mère Saint-Sophie, die mit dem Arzt an ihrem Bett saß, zu diesem sagte: »Dies hier ist unser bestes Kind. Wenn sie erst einmal getauft ist, wird sie einfach vollkommen sein.«

Sarah, die in ihrer frühen Kindheit keinerlei religiöse Erziehung genossen hatte, sehnte sich nach einem Gefühl, dem sie sich ganz hingeben konnte. Von diesem Augenblick an erwählte sie den Sohn Gottes zum Gegenstand ihrer höchsten Verehrung und die Mutter der sieben Sorgen zu ihrem Ideal.

Tatsächlich hatte sie nur einen Wunsch: Sie wollte für immer in dem Konvent bleiben. Ihre mystischen Neigungen wurden noch durch ein in ihrem klösterlichen Leben epochales Ereignis verstärkt. Monseigneur Sibour, der Erzbischof von Paris, stattete Grand-Champs einen Besuch ab.

Es war, als sei eine Hornisse in einen Bienenstock eingedrungen. Der Unterricht wurde verkürzt, damit die kleinen Mädchen aus Rosen und Lilien Girlanden binden konnten. Ein geschnitzter Holzsessel, dessen würdige Erscheinung wahrlich einem Erzbischof angemessen war, wurde der Vergessenheit entrissen, gereinigt, lackiert und blitzblank geputzt. Im Innenhof des Konvents wurde hingebungsvoll Unkraut gejätet. Und Mère Saint-Thérèse fühlte sich durch den außerordentlichen Anlaß dazu inspiriert, unter dem Titel *Tobie recouvrant sa Vue* ein aus drei Bildern bestehendes kurzes Stück zu schreiben.

Als Mère Saint-Thérèse Szenen aus *Tobie recouvrant sa Vue* vortrug, war der ganze Konvent zu Tränen gerührt. Sarah, die vor Erwartung am ganzen Körper zitterte, wartete gespannt darauf, welche Rolle man ihr zuweisen werde.

Ihre Freundin Louise Buguet erhielt die Rolle des Erzengels Raphael; sie selbst ging völlig leer aus.

Zutiefst beleidigt und erzürnt, beschloß sie, für sich selbst eine eigene Rolle zu gestalten, und zwar den Part des Schäferhundes. Aber auch das nützte ihr nichts. Als die Kinder sich daran machten, das schönste Fischkostüm zu entwerfen, schnitt sie aus Pappe Schuppen aus, nähte sie in größter Eile zusammen und vergoldete sie unter Aufbietung ihrer letzten Kräfte; aber ihr Kostüm fand keine Berücksichtigung.

Und dann bei der Kostümprobe erhielt sie ihre Chance. Der Erzengel mußte die Rolle wegen übermäßigen Lampenfiebers aufgeben, und das Mädchen, das die Rolle eigentlich spielen sollte, erklärte, es sei völlig außerstande, den Text frei zu sprechen. Eine triumphierende Ersatzdarstellerin sprang in diesem Augenblick auf die Bühne, hielt einen Weidenzweig majestätisch in der Hand und sprach: »Fürchte dich nicht, Tobias, ich will dein Begleiter sein. Ich werde die Steine und die Dornen von deinem Weg entfernen...«

Sarah Bernhardt gab ihre erste Vorstellung.

Schließlich war der Tag des erzbischöflichen Besuches gekommen, und die Darbietung von *Tobie recouvrant sa Vue* wurde zu einem triumphalen Erfolg. Monsieur Sibour schenkte nicht nur jedem Kind ein geweihtes Medaillon, er versprach sogar, im nächsten Frühjahr dem Konvent einen weiteren Besuch abzustatten und Sarah bei dieser Gelegenheit zu taufen.

Vor Stolz und Rührung bebend küßte sie seinen Ring. Von diesem Tag an wurde sie strebsamer und heiterer. Und dann traf im Januar des folgenden Jahres in dem entsetzten Konvent die Nachricht ein, daß ein Verrückter namens Verger Monseigneur Sibour ermordet habe. Das empfindsame Kind erlitt infolge dieser Nachricht einen akuten Schock; Sarahs mystische Neigungen wurden nun stärker als je zuvor.

Als der Zeitpunkt ihrer Taufe näherrückte, wurde Sarahs Verhalten immer neurotischer: Sie wurde von völlig unmotivierten Weinkrämpfen heimgesucht und von unbegründeten Ängsten; alles erschien ihr in einem fremdartigen Licht. Eines Tages, als eine Mitschülerin eine Puppe fallenließ, die Sarah ihr geliehen hatte, wurde diese am ganzen Körper von Zuckungen geschüttelt. Sie liebte die Puppe, die ein Geschenk ihres Vaters Edouard Bernhardt war, über alles. Und als sie in dieser Nacht erwachte, schluchzte sie: »Papa ist tot! Papa ist tot!« Drei Tage später kam Judith Van Hard vorbei und berichtete ihr, Edouard Bernhardt sei nach kurzer Krankheit in Pisa gestorben. »Papa ist tot! Papa ist tot!« schrie Sarah. »Ich wußte es ja! Ich wußte es ja!« Und der Blick in ihren Augen ließ ihre Mutter um die geistige Gesundheit des Kindes fürchten.

Und dann kamen ihre Taufe und ihre erste heilige Kommunion. Sie war blaß und dünn und befand sich mit ihren weit aufgerissenen Augen in einem Zustand andauernder Ekstase – auch hier zeigte sich wieder ihre Neigung, die Dinge ins Extrem zu treiben. Erst als ihre Mutter sie nach Cauterets mitnahm, einem in den Pyrenäen gelegenen Ort, gelang es ihr, angeregt durch die zahlreichen »Koffer und Schachteln, die Pakete und den Rhythmus der Postkutsche und die sich vor ihr ausbreitende Landschaft«, allmählich ihre Nervosität und ihre mystische Versunkenheit zu überwinden. Es war das erste Mal, daß sie das Leben in seiner ganzen Fülle entdeckte.

Sie kehrte mit zwei kleinen Ziegen nach Grand-Champs zurück, die sie allen Widerständen zum Trotz aus Cauterets mitgebracht hatte. Sie blieb noch zehn Monate in dem Konvent und wäre vermutlich noch länger dort geblieben, wenn sich der Zwischenfall mit dem Tschako nicht ereignet hätte.

An einem freien Nachmittag gingen die Kinder im Gänsemarsch an der Gartenmauer entlang und sangen *De Profundis*. Sie wollten Sarahs Lieblingseidechse begraben. Plötzlich fiel ein Tschako, die Kopfbedeckung der Soldaten, vor Sarahs Füße.

Dann erschien ein Soldat, der rittlings auf der Mauer saß und fragte, ob sie seinen Tschako gesehen hätten. Sarah verbarg ihren Fund hinter dem Rücken und kletterte dann an einem Gymnastikgerät empor, das in dem Garten stand. Ganz oben angelangt, winkte sie provozierend mit dem Tschako, so daß alle es sehen konnten.

Der wütende Soldat sprang von der Mauer und rannte auf sie zu; die Nonnen eilten erschreckt davon, und Mère Saint-Sophie forderte die kleine Rebellin auf, den Tschako zurückzugeben; eine der Schwestern läutete die Sturmglokke, und schließlich wurde von der Satory-Kaserne eine Gruppe Soldaten losgeschickt, weil man dort annahm, ein Feuer sei ausgebrochen. Der Offizier, der die Soldaten anführte, verlangte, mit Mère Saint-Sophie zu sprechen, als er von dem Hergang der Geschehnisse erfahren hatte. Diese stand weinend vor Scham da. Und Sarah schleuderte den Tschako auf den Friedhof, der an den Klostergarten angrenzte. Sie weigerte sich im übrigen, von ihrem Platz herabzusteigen.

Alle Schüler wurden bestraft. Dann ging die Sonne unter, und auf dem Friedhof breitete sich eine beängstigende Stille aus; die schwarzen Bäume hüllten Sarah mit ihrem Schatten ein, und ein feuchter Abendnebel legte sich auf ihre Schultern. Und dann plötzlich fühlte sie sich mutterseelenallein, flehte die Heilige Jungfrau um ihre Hilfe an und brach in ängstliches Schluchzen aus. Und dann hörte sie, wie jemand ihren Namen rief, und unten im Garten stand die gütige Mère Saint-Sophie und betete für ihre rebellische Schülerin.

In den folgenden drei Wochen litt Sarah unter einer schmerzhaften Rippenfellentzündung; und als sie wiederhergestellt war, kam Judith Van Hard und holte sie nach Paris. Sarah hatte nun den Konvent endgültig verlassen, obwohl Mère Saint-Sophie in ihrem Denken noch lange eine wichtige Rolle spielte. Sie fühlte sich zur Nonne berufen; als nun Mlle. de Brabender, ehemals Gouvernante einer russischen Großfürstin, jeden Morgen erschien, um sie bei ihren Aufgaben zu überwachen, widmete sie sich hingebungsvoll ihren Studien.

Und dann, an einem Septembermorgen des Jahres 1859, wachte Sarah fröhlich auf. Bald würde sie fünfzehn sein; und dieser Morgen erschien ihr (jedenfalls in ihrer späteren Erinnernung) wie die Ankündigung eines neuen Lebens.

Sie sprang aus dem Bett und preßte ihr Gesicht gegen die Fensterscheibe. Von ihrem eigenen Traum berauscht, ließ sie im Geiste die prächtigen Häuser und Paläste, die Karossen, Juwelen und Perlen an sich vorüberziehen – oh, wie viele wundervolle Perlen! –, die Prinzen und die Könige; und dann ließ sie die Könige beiseite treten, denn sie wollte eine Nonne werden, und alle Perlen, die die Könige dieser Welt ihr zu Füßen legen könnten, waren nicht so viel wert wie die Perlen des Rosenkranzes, den sie in den Händen hielt.

An diesem Morgen hatten sich zahlreiche Gäste zum *déjeuner* eingefunden: Mlle. de Brabender, M. Régis (Sarahs Taufpate), Tante Rosine und schließlich ein weltgewandter und beeindruckender Mann von etwa Mitte Vierzig, der im vergangenen Jahrzehnt einen bedeutenden Beitrag zur Gründung des Zweiten Kaiserreiches geleistet hatte; er war der Halbbruder des Kaisers und Judith Van Hards Liebhaber – sein Name: Herzog von Morny.

Nach dem *déjeuner* kam Mme. Guérard (die Judith Van Hard einer herablassenden Freundschaft für würdig befand) aus dem oberhalb der Frühstücksräume gelegenen Stockwerk herunter. Noch ein oder zwei andere Personen schlossen sich der Gesellschaft an, die es sich zum Ziel gesetzt hatte, über Sarahs Zukunft zu diskutieren. Sarah war nach wie vor entschlossen, den Schleier zu nehmen.

Es war der Herzog von Morny, der allen Überlegungen ein Ende bereitete. War sein Vorschlag auf sein hochentwickeltes Wahrnehmungsvermögen zurückzuführen? Wollte er seiner Mätresse auf diese Weise eine unerwünschte Tochter vom Halse schaffen? Oder landete er nur einen

23

Zufallstreffer, weil die Unterhaltung ihn zu langweilen anfing? Welches seine Motive auch gewesen sein mögen – sein Vorschlag entschied über Sarahs Karriere. »Wissen Sie, was Sie mit dem Kind machen?« fragte er. »Sie schicken es aufs Konservatorium.«

3 Die Kunst des Theaters

Wie angenehm auch die Erinnerung an den Triumph sein mochte, den sie in *Tobie recouvrant sa Vue* errungen hatte, in diesem Augenblick war ihr dies ein schwacher Trost. Die einzige Schauspielerin, die sie bis dahin gesehen hatte, war Rachel gewesen, die eines Tages in dem Konvent erschienen war, um dort ein Kind zu besuchen. Man hatte sie in den von der Sonne erwärmten Garten gebeten, denn sie war bereits schwer an Tuberkulose erkrankt und konnte kaum noch frei atmen. Dann ließ man ihr Arzneien bringen, um ihr Erleichterung zu verschaffen. Sœur Appoline hatte Sarah erzählt, daß Rachel wegen ihrer Arbeit sterben müsse: weil sie eine Schauspielerin sei. Wie konnte man von der frisch aus dem Konvent entlassenen Sarah erwarten, daß sie den Weg dieser vom Schicksal zerschmetterten und vorzeitig gealterten Frau einschlagen würde, die im Konvent nur den Spott der Kinder geerntet hatte? Aber der Herzog von Morny hatte genau diesen Weg für Sarah bestimmt, und noch am gleichen Abend ging das junge Mädchen gemeinsam mit ihrer Mutter, M. Régis und Mlle. Brabender ins Théâtre-Français. Sie war zuvor noch niemals in einem Theater gewesen, und als das dreimalige Klappern durch das Auditorium hallte, die Lichter erloschen und der Vorhang sich langsam hob, glaubte sie einen Augenblick lang, sie werde ohnmächtig. Tatsächlich hob sich in diesem Moment der Vorhang zu ihrem künftigen Leben.

Während der nun folgenden Vorstellung schweifte sie mit ihren Gedanken immer wieder ab. Auf der Bühne wurde *Britannicus* gespielt, aber sie träumte von dem Konvent in Grand-Champs, von Monseigneur Sibour und Mère Saint-Sophie und von der Ecke in dem Garten, wo von ihr selbstgepflanzte Blumen leuchtend blühten. Sie träumte von dem weißen Schlafsaal und der kleinen Lampe, die über dem Bild der Jungfrau Maria brannte; dieses Bild hatten die Kinder oft mit eigenen Händen geschmückt. Und M. Régis sah, daß Tränen in ihren Augen standen. Sarah bekam das Geschehen auf der Bühne kaum mit, sie empfand nur tiefes Mitleid mit dem tragischen Helden. Sie wurde von unkontrollierbarem Schluchzen geschüttelt, und die übrigen Zuschauer richteten – belustigt über ein solches Maß an Empfindsamkeit – ihre Lorgnetten auf die Loge der Familie Bernhardt. Judith Van Hard, die für Sarah nur wenig übrig hatte und ihre jüngere Tochter Jeanne dieser bei weitem vorzog, zerrte ihr ungeliebtes und nun auch noch Peinlichkeit erregendes Kind aus dem Theater, wo ein verlegen vor sich hinbrummelnder M. Régis zurückblieb.

Und dann allmählich begann Sarah, sich in Gedanken mit ihrem neuen Lebensweg vertraut zu machen. Die Werke Corneilles und Racines trafen ein; und Daniel Auber, der Direktor des Konservatoriums (und angeblich ebenfalls einer der Liebhaber ihrer Mutter), ließ Sarah zu sich kommen. Einen Monat später war der Tag der Aufnahmeprüfung gekommen, und Sarah sah sich plötzlich einem ehrfurchterweckenden Gremium von Prüfern gegenüber. Da waren: Auber selbst, Léon Beauvallet, Jean-Baptiste Provost, der Tragiker, und eine dralle, äußerst freimütige Frau von etwa Mitte Dreißig, die Sarah durch ihre Lorgnette gnadenlos musterte: Augustine Brohan. Außerdem war noch Joseph-Isidore Samson in dem Raum, ein kleiner, wohlwollender weißhaariger Mann, der von allen wohlgelittene ehemalige Lehrer Rachels.

Sie stand eigenartig schmal und zerbrechlich vor ihnen mit ihrem leicht zerzausten blonden Haar und dem Gesicht, in dem die jüdischen Züge unverkennbar waren und dessen auffälligstes Merkmal ihre außergewöhnlichen Augen waren; diese eigentümlich langgezogenen, prächtigen Augen konnten scheinbar je nach der Qualität des Lichtes, dem sie ausgesetzt waren, ihre Farbe wechseln: Sie erschienen golden, wenn sie träumte, grün, wenn sie zornig war, und dunkelblau, wenn sie lächelte. Und dann rezitierte sie la Fontaines Fabel *Les Deux Pigeons*, und ihre Stimme erklang, eine Stimme, die bereits zu diesem Zeitpunkt Erstaunen erregte und bezauberte.

Das furchterregende Tribunal nahm Sarah (was allerdings bereits im voraus beschlossene Sache gewesen war) als Schülerin in das Konservatorium auf. Beauvallet und Provost luden sie beide ein, an ihren jeweiligen Kursen teilzunehmen, und Sarah konnte sich nun sogar einen Lehrer auswählen. Sie fand Beauvallets plump-direkte Art unsympathisch und entschied sich daher für Provost. »Ich bedauere nur eines«, erklärte Auber, »nämlich, daß Ihre schöne Stimme für Musik ungeeignet ist.«

Bei ihrer ersten Semesterabschlußprüfung erhielt Sarah den zweiten Preis im tragischen Fach. Sarah – die immer von Mlle. Brabender begleitet wurde – nahm auch Unterricht in gutem Betragen. Jeden Morgen bekam sie von ihrer Mutter zwanzig Sous für eine Busfahrkarte; aber dieses Geld sparte das junge Mädchen, um statt täglich den Bus alle zwei Tage eine Droschke zu nehmen. Sie genoß bereits die Bequemlichkeiten des Stadtlebens. Sie nahm Fechtunterricht (wobei Mlle. Brabender entsetzt war, als sie sah, daß der Fechtlehrer während der Unterweisung seinen Hut aufbehielt). Am meisten genoß sie zweifellos den Sprechunterricht des höflichen und zuvorkommenden Régnier; ihre grandiose Körpersprache lernte sie jedoch von Provost, und die Einfachheit ihres Ausdrucks verdankte sie Samson; und noch fünfzig Jahre später, als diese bereits lange tot waren, gedachte sie voll Dankbarkeit und Liebe ihrer drei Lehrer.

Auf ihre zweite Semesterabschlußprüfung bereitete sie sich mit dem gleichen Eifer vor, der schon während ihrer Kindheit in Grand-Champs so charakteristisch für sie gewesen war. Sie beschloß (was wieder einmal ihre Radikalität bewies), sie werde ihre Theaterträume begraben und in einen Orden eintreten, falls sie nicht den ersten Preis im komischen Fach gewinnen sollte.

Und genau wie sie früher einmal hatte zusehen müssen, wie ihr anläßlich der Aufführung von *Tobie recouvrant sa Vue* eine Freundin vorgezogen worden war, so erlebte sie auch jetzt, daß eine andere junge Schauspielerin (namens Marie Lloyd) als Célimène Begeisterungsstürme entfachte.

Diese Erfahrung war ihr eine Lehre fürs Leben: Die dunkelhaarige Marie Lloyd mit ihren schönen großen Augen hatte den Preis gewonnen, weil sie sich in ihrer Rolle als die Inkarnation der Kokotte präsentierte. Sie verdankte den Preis ihrer Schönheit. Sie hatte für alle sichtbar das Ideal Molières verkörpert. »Ich habe diese Preisverleihung nie vergessen«, schrieb Sarah noch in den letzten Jahren ihres Lebens. »Und wann immer ich eine Rolle gestalte, sehe ich im Geiste vor mir, wie der betreffende Charakter gekleidet und frisiert ist, wie er geht und grüßt und wie er sich setzt und sich wieder erhebt.«

Eines Tages, als die inzwischen berühmte Sarah Bernhardt die Rolle der Cleopatra spielte, wurde sie von Mrs. Patrick Campbell gefragt, warum sie selbst ihre Handflächen schminke. »Ich werde sie sehen«, antwortete Sarah nachdenklich, »ich tue es für mich selbst. Denn wenn ich meine Hand ansehe, wird diese Cleopatras Hand sein. Und das hilft mir.«

Zugegebenermaßen hatte Sarah während der ersten Jahre ihre Karriere im Kreise der Männer, die das Boudoir ihrer Mutter frequentierten, eine Reihe einflußreicher Gönner. Nach ihrer zweiten Prüfung sorgten Camille Doucet, der Kulturminister, und der Herzog von Morny dafür, daß sie Zugang zur Comédie-Française erhielt. An dem Tag, da sie erstmals von M. Thierry, dem Direktor dieses berühmten Hauses, empfangen wurde, trug sie ein kohlgrünes Kleid, das an den Rändern mit schwarzem Samt abgesetzt war (sie erinnerte sich ihr Leben lang mit Grausen an diese Situation). Als sie nach einem eher unverbindlichen Gespräch das Theater wieder verließ, traf sie Régnier und Doucet im Treppenhaus. »Wir vertrauen auf Sie«, sagte Régnier geradeheraus. Dann wandte er sich an Doucet: »Was meinen Sie, Exzellenz?«

»Ich glaube«, erwiderte Doucet (meinte er es ehrlich, oder war er nur höflich?), »ich glaube, daß dieses Kind einmal eine sehr große Künstlerin sein wird.«

4   Débuts de Mlle. Bernhardt

Unmittelbar nachdem Judith Van Hard den Vertrag ihrer Tochter mit der Comédie-Française unterzeichnet hatte, stürzte sich Sarah mit der gleichen Inbrunst in die Theaterarbeit, mit der sie sich früher der Religion verschrieben hatte. Sie hatte sich in den Kopf gesetzt, sie wolle – wenn überhaupt – eine hervorragende Schauspielerin werden. Wahrscheinlich hatte sie bereits zu diesem Zeitpunkt in ihrem kindlichen Herzen (denn ihre Volljährigkeit hatte sie noch nicht erreicht) beschlossen, sie wolle die größte Schauspielerin ihrer Zeit werden.

Es sei noch einmal darauf hingewiesen, daß sie im Gegensatz zu Rachel erhebliche Starthilfe erhielt. Zwar ist richtig, daß Sarahs Mutter der warmherzigen Zuneigung der Mme. Félix nicht fähig war, ja daß sie sogar froh war, wenn sie sich der Verantwortung für ihre ungeliebte Tochter entledigen konnte; sie ließ auch nicht den geringsten Zweifel daran bestehen, daß ihre Tochter Jeanne ihr Lieblingskind sei – aber Judith Van Hard war dennoch die Mätresse des Herzogs von Morny. So wurde Sarahs Schicksal von einem Herzog entschieden, und es war immerhin ein Herzog, der ihr diskret den Weg bahnte. Und ein paar

Tage, nachdem die Comédie-Française Sarah unter Vertrag genommen hatte, veranstaltete deren Tante Rosine ein Diner, um das vermutlich die meisten Debütantinnen das junge Mädchen beneidet hätten. Natürlich war Morny bei dieser Gelegenheit anwesend, außerdem Camille Doucet und Walewski aus dem Kulturministerium und schließlich Rossini. Es war kein Geringerer als Rossini, der Sarah um die Rezitation eines Gedichtes bat, und für Rossini deklamierte sie Casimir Delavignes *l'Ame du Purgatoire*; und Walewski schlug vor, sie solle das Gedicht noch einmal in Begleitung Rossinis wiederholen. Der Graf von Kératry, ein eleganter junger Husar, überschüttete sie mit Komplimenten und lud sie zu einer weiteren Rezitation in das Haus seiner Mutter ein. Und das Mädchen, das am Abend verlegen und beschämt in ihrem ersten Abendkleid das Haus ihrer Mutter verlassen hatte, kehrte einige Stunden später wie verwandelt dorthin zurück. Einige behaupten, Kératry sei der erste ihrer Liebhaber gewesen.

Und vielleicht war er tatsächlich der erste in der langen Reihe der Liebhaber, die in Sarahs Leben eine Rolle spielten. »J'ai été une de plus grandes amoureuses de mon temps«, dieser Ausspruch Sarah Bernhardts trifft die Wahrheit genau[1]. Sarah, die natürliche Tochter einer Kokotte des Zweiten Kaiserreiches erbte auch die moralischen Grundsätze einer Kokotte des Zweiten Kaiserreiches. Hat sie jemals wahrhaft geliebt? Man kann es mit Fug und Recht bezweifeln. Sie war jung und leidenschaftlich, und sie war den traditionellen Versuchungen ihres Berufsstandes ausgesetzt, und da sie ein unerwünschtes Kind gewesen war, sehnte sie sich um so mehr nach Liebe. Aber sie war in die Liebe, nicht in ihre Liebhaber verliebt; sie genoß die körperlichen Freuden; das alle Lebensäußerungen durchdringende, unendliche, zarte Verständnis der geistigen Zuneigung blieb ihr fremd. Und in dieser Hinsicht – genau wie in ihrer Schauspielkunst – erinnert sie an Rachel: Wie ihre große Vorgängerin hing sie mit allen Banden an ihrer Familie; für Menschen indessen, die außerhalb dieser Grenzen standen, zeigte sie nur eine aufflackernde Leidenschaft oder bestensfalls Gefühle einer festgegründeten Freundschaft.

Ende August 1862 begann Sarah mit den Proben für *Iphigénie*; und am 1. September schlenderte sie durch die Rue Duphot und bewunderte die farbenprächtigen Verlockungen der Theateraushänge: ODÉON: *Le Paradis trouvé; Le Marquis Harpagon*; GAITÉ: *Le Chateau de Pontalec*. Insbesondere bewunderte sie den Aushang der Comédie-Française, denn darauf stand zu lesen: DÉBUTS DE MADEMOISELLE SARAH BERNHARDT.

An jenem Abend kam sie um fünf Uhr in Begleitung der behäbigen und mütterlichen Mme. Guérard sowie der herb-offenen und beeindruckenden Mlle. de Brabender in der Rue Richelieu an. Sie brauchte eine halbe Ewigkeit, bis sie angekleidet war. Mme. Guérard bestand darauf, daß Sarah zu blaß sei; Mlle. de Brabender wiederum erklärte, Sarahs Gesicht sei vom Lampenfieber ganz rot. Und als schließlich der Inspizient in die Garderobe stürzte und verkündete, daß es jetzt gleich losgehe, wäre Sarah fast ohnmächtig geworden. Sie war schweißgebadet, ihre Zähne klapperten, sie bebte am ganzen Körper. Provost, ein stattlicher Mann mit silbergrauem Haar, wartete im Korridor, um ihr Mut zuzusprechen; auch Rachels ehemaliger Lehrer Samson war dort, um sie zu beruhigen.

Die beiden Männer erinnerten sie (wie Sarah später berichtete) an eine Geschichte, die ihnen zu Ohren gekommen war – daß nämlich Sarah als Kind einmal, um ihren Mut zu beweisen, über einen tiefen Graben gesprungen sei und noch, als sie mit einem gebrochenen Handgelenk davongetragen wurde, geschrien habe, sie würde es gleich noch einmal tun, wenn man sie dazu herausfordere: »*Si, si, je recommencerai, quand même, si on me défie encore! Et je ferai toute ma vie ce que je veux faire!*« An jenem Tag ihrer Kindheit hatte sie das Motto ihres Lebens gewählt, ein Motto, das ihrem großen gotischen Stuhl eingeschnitzt und ihrem

Briefpapier, ihren Büchern, ihrem Silber und sogar dem Geschirr ihrer Pferde eingraviert war, und dieses kompromißlose Motto lautete: *Quand même* – ›trotzdem‹!

Samson und Provost riefen ihr jetzt diese Geschichte ins Gedächtnis. Aber es war Provost, der Iphigénies Stichwort hörte und sie – die starr vor Schrecken war – auf die erste Bühne Frankreichs stieß.

Sie flüchtete sich zu ihrem Vater Agamemnon und klammerte sich an ihn; sie stürzte sich auf ihre Mutter Klytämnestra; sie stammelte ihren Text herunter; und als ihr Auftritt zu Ende war, rannte sie von der Bühne sogleich in ihre Garderobe und begann sich hastig zu entkleiden. Die verwirrte Mme. Guérard fragte sie, ob sie verrückt geworden sei: Denn sie hatte gerade erst den ersten Akt hinter sich gebracht, und vier weitere lagen noch vor ihr. Sarah beherrschte ihre Nervosität und ging wieder auf die Bühne; aber sie war absolut bedeutungslos. »Mlle. Bernhardt, die gestern in *Iphigénie* ihr Debüt gegeben hat, ist ein großgewachsenes, hübsches junges Mädchen«, schrieb Francisque Sarcey in *L'Opinion Nationale,* »die obere Partie ihres Gesichtes ist bemerkenswert fein geschnitten. Sie hat eine gute Haltung, und ihre Aussprache ist makellos klar. Mehr läßt sich zu diesem Zeitpunkt über die junge Schauspielerin noch nicht sagen.«

Es ist üblich, am *Français* drei Debütauftritte zu absolvieren. Den zweiten dieser Auftritte hatte Sarah in *Valérie,* den dritten als Henriette in *Les Femmes savantes.* Auch diesmal forderte sie wiederum Sarceys Kritik heraus, der schrieb: »Diese Vorstellung war mehr als dürftig und gibt Anlaß zu einigen traurigen Überlegungen: Daß Mlle. Bernhardt den Erwartungen nicht gerecht wurde, ist nicht von Bedeutung; denn sie ist Anfängerin. Es ist allerdings bedauerlich, daß ihre Mitspieler kaum besser waren als sie. Und sie sind schließlich feste Mitglieder des Ensembles! Sie konnten sich gegenüber ihrer jungen Kollegin kaum Vorteile herausspielen und profitierten nur von ihrer größeren Bühnenerfahrung. Sie sind heute, was Mlle. Bernhardt in zwanzig Jahren sein wird – jedenfalls wenn sie an der Comédie-Française bleibt.«

Ein unerwartetes Ereignis sorgte dafür, daß Sarah tatsächlich nicht mehr lange dort blieb. Molières Geburtstag rückte näher, und wie üblich sollte seine Büste auf der Bühne der Comédie ausgestellt und bekränzt werden. Sarah war erstmals bei dieser Zeremonie zugegen, und ihre jüngste Schwester Régina hatte Sarah gebeten, sie doch bitte mitzunehmen.

Alle Mitglieder der Comédie hatten sich im Foyer versammelt; der Inspizient verkündete, daß das Zeremoniell gleich beginnen werde, und alle drängten sich in den Korridor, in dem die Büsten der großen Schauspieler ausgestellt waren. In diesem Durcheinander trat Régina auf Mme. Nathalies Schleppe.

Mme. Nathalie, eine stämmige und selbstherrliche Frau, ein Mitglied des Comédie-Ensembles, stieß das Kind so brutal zur Seite, daß die kleine Régina stürzte und eine Platzwunde im Gesicht davontrug. Daraufhin versetzte Mlle. Sarah Bernhardt Mme. Nathalie eine schallende Ohrfeige.

Der Vorhang hob sich an jenem Abend mit zwanzigminütiger Verspätung. Am nächsten Morgen wurde Mlle. Sarah Bernhardt zum Intendanten gerufen.

M. Thierry hielt ihr eine Standpauke und verlangte von ihr, sie solle sich bei Mme. Nathalie entschuldigen. Er erklärte: »Ich habe Mme. Nathalie hierhergebeten. Sie werden sich in Anwesenheit von drei Ensemblemitgliedern bei ihr entschuldigen, und wenn sie Ihre Entschuldigung annimmt, wird das Komitee darüber entschieden, ob Sie bestraft werden oder ob wir Ihren Vertrag auflösen.«

»Ich werde sie nicht um Verzeihung bitten«, erwiderte Mlle. Sarah Bernhardt. »Ich möchte, daß Sie umgehend meinen Vertrag auflösen.«

Alle guten Worte Thierrys konnten sie von diesem Entschluß nicht mehr abbringen.

5   Maurice

Die Erschütterungen, die Sarahs vehementer Bruch mit der Comédie ausgelöst hatte, setzten sich bis in das Leben ihrer Familie fort. Sie war beständig Vorhaltungen und versteckter Kritik ausgesetzt; und sie war nur glücklich, wenn es ihr gelang, aus dieser unerquicklichen Atmosphäre nach oben in die Räumlichkeiten der warmherzigen Mme. Guérard zu entfliehen, die ihr beibrachte, Rührei, Schokolade und Blätterteiggebäck zu machen. Sarah hatte seit ihrer Zeit in Grand-Champs soviel Wärme und Verständnis nicht mehr kennengelernt. Aber trotz Sarahs Bruch mit der Comédie hatte die Familie die Hoffnung auf eine Theaterkarriere des jungen Mädchens noch nicht aufgegeben. Wieder wurden die zahlreichen Gönner der Familie aktiviert; und infolge der wertvollen Dienste von M. Régis, der ein Freund eines gewissen M. Dubois war, der seinerseits mit Montigny, dem Direktor des *Gymnase*, befreundet war, stand Sarah eines Morgens im Mai 1863 im Büro dieses M. Montigny. Dieser befragte sie kurz nach den Gründen für ihr Ausscheiden bei der Comédie und versprach ihr viele schöne Rollen. Dann setzte er ihren Vertrag auf, und sie brauchte nur mehr zu unterschreiben.

Während der ersten Monate stand M. Montigny zu seinem Wort. Und dann erhielt sie die Rolle der verwöhnten, dümmlichen Prinzessin Dunchinka; diese russische Prinzessin hatte in Raymond Deslandes' *Un mari qui lance sa Femme* nichts weiter zu tun, als pausenlos zu essen und zu tanzen.

Die Rolle war enttäuschend; aber Sarah fand sie mehr als enttäuschend. Mit ihrer gewohnten Heftigkeit dachte sie sogleich daran, ihre Theaterpläne ganz aufzugeben; und jetzt, da ihre Erinnerung an den Konvent allmählich verblaßte, beschloß sie, sich im Geschäftsleben zu versuchen. Ein Freund der Familie riet ihr, einen Süßwarenladen am Boulevard des Italiens zu übernehmen, und er fuhr sie zu dem kleinen Laden, den er im Sinn hatte. Als Prinzessin

Dunchinka das Geschäft sah, gab sie den Plan, ein Geschäft aufzumachen, für alle Zeiten auf.

Man muß jedoch zugeben, daß Sarahs Unentschlossenheit nicht allein auf Launenhaftigkeit oder berufliche Enttäuschungen zurückzuführen war. Mehr als einmal hatte ihre Mutter, die sich ihrer unerwünschten Tochter möglichst schnell entledigen wollte, junge bürgerliche Männer ins Gespräch gebracht, die sich um Sarahs Hand beworben hatten. Natürlich kamen nur bürgerliche Heiratskandidaten in Frage, denn welche weiterreichenden Ansprüche konnte Sarah als illegitimes Kind stellen? Verständlicherweise hatte das junge und verführerische Mädchen diese Heiratsofferten abgelehnt und sich selbst einen Liebhaber gesucht, der ihren romantischen Vorstellungen mehr entsprach. Im Frühjahr 1864 wurde sie die Mätresse des Prinzen Henri de Ligne.

Er entstammte einer der ältesten belgischen Familien; er war jung und, wie Fotografien ausweisen, zweifelsohne sehr attraktiv. Das Mädchen, das auf der Bühne eine Prinzessin darstellte, hatte nun einen Prinzen gefunden, der all ihre Träume erfüllen konnte. Und bereits im März war sie schwanger. Natürlich kam zwischen einem Prinzen aus altem Geschlecht und einer obskuren Schauspielerin, deren Mutter eine Kokotte war, eine Heirat überhaupt nicht in Frage. Möglich war nur eine leidenschaftliche Liaison und, als die Geburt fällig war, eine heimliche Entbindung.

Sarah Bernhardt wurde in der ersten Vorstellung von *Un mari qui lance sa Femme* überhaupt nicht wahrgenommen – außer von ihrer Mutter, die schlicht erklärte: »Mein armes Kind, du warst einfach lächerlich! Du warst für mich eine große Enttäuschung.«

Trotz all der verletzenden Gleichgültigkeit, die Judith Van Hard ihrer Tochter Sarah entgegenbrachte, hatte diese ihre Mutter dennoch gern, und um so mehr fühlte sie sich durch diesen Kommentar getroffen. Aber sie litt zweifelsohne auch unter ihrer Schwangerschaft. In dieser Nacht schlief sie sehr schlecht. Bereits um sechs Uhr stand sie am nächsten Morgen auf und ging zu Mme. Guérard hinauf; sie erbat sich von ihrer älteren Freundin absolute Verschwiegenheit und beichtete ihr dann, daß sie ein Kind erwarte und sofort nach Spanien abreisen werde. Mme. Guérard, so erklärte Sarah, werde sie dorthin begleiten. Aber selbst *mon petit' dame* schlug diese Einladung aus. Daher wandte sich Sarah an Caroline, eine junge Näherin, die ihr einmal angeboten hatte, sie würde sehr gern als ihr Mädchen arbeiten. Dann nahm sie ihre gesamten Ersparnisse (etwa neunhundert Francs) und borgte sich von der verständnisvollen Mme. Guérard weitere sechshundert. Caroline packte derweil die Koffer. Als alles soweit vorbereitet war, schnappte Sarah das Kruzifix, das sie immer in ihrem Zimmer hatte, sprang die Stufen der Treppe hinunter und direkt in eine wartende Droschke. So war sie bereits auf dem Weg nach Spanien, bevor ihre Mutter auch nur den Morgenkaffee getrunken hatte. Sie hatte sich schon lange gewünscht, einmal nach Spanien zu reisen, und es schien ihr, als folge sie dem ihr vom Schicksal bestimmten Weg.

Der Dramatiker Victorien Sardou war gerade in Montignys Büro, als Sarahs knappe Erklärung eintraf. Montigny erkannte sogleich das grau umrandete Briefpapier. »Ah, das ist von unserer verrückten jungen Quertreiberin! Ist sie krank?« fragte er den Boten. »Nein«, antwortete dieser, »sie ist nach Spanien gefahren.« – »Zum Teufel mit ihr!« zischte Montigny.

»Die Zeitungen zählten tausend verschiedene Gründe für ihre Flucht auf [erinnerte sich später Sardou]: Einige erklärten, sie sei wegen eines fantastischen Vertrages nach Amerika abgereist; andere wollten gesehen haben, wie sie den Zug nach Brüssel bestieg; wieder andere wußten angeblich genau, sie habe Paris gar nicht verlassen, sondern verberge sich in einem Rosenbett. Und während die Pariser Klatschkolumnisten die falsche Fährte verfolgten, labte sie sich am

Strand von Manzanares an frischen Orangen. Denn es war gerade die Jahreszeit, da die Orangenbäume ihre Blüten abgeworfen haben und ihre goldenen Früchte spenden.«[1]

Wußten jene, die den Zug nach Brüssel und das Rosenbett erwähnt hatten, von Sarahs Liaison mit dem Prinzen de Ligne? War sich Sardou, als er von Orangen sprach, bewußt, daß Orangenblüten ein Symbol der Fruchtbarkeit sind?

In Marseille bestiegen die Weltenbummlerin und ihre Begleiterin ein Handelsschiff, und nach sechstägiger Reise legten sie in Alicante an. Sie gingen in das erstbeste Hotel, das sie sahen, fielen in einen tiefen Schlaf und wachten erst am nächsten Tag auf, als ein Dieb sich in ihrem Zimmer zu schaffen machte. Im Hotel wimmelte es bereits nach kurzer Zeit nur so von Polizisten, und auch ein Vizekonsul traf bald ein, der offenbar in Alicante Österreich-Ungarn und Frankreich vertrat. Er nahm sie mit zu sich nach Hause und gab ihnen auch eine Reihe von Empfehlungsschreiben mit auf den Weg, die ihnen in Madrid von großem Nutzen waren. Am nächsten Tag reisten sie in die spanische Hauptstadt und stiegen dort im Puerto-del-Sol-Hotel ab. Etwa zwei Wochen lang genoß Sarah die Faszination der Stierkämpfe. Sie spielte bereits mit dem Gedanken, sich ganz in Spanien niederzulassen, als Mme. Guérard ihr telegrafisch mitteilte, Judith Van Hard sei ernstlich erkrankt. Sarah nahm den ersten Zug nach Paris, wo sich ihre Mutter inzwischen von einer Rippenfellentzündung erholte.

Aber durch ihre Flucht nach Spanien hatte sie die Freuden der Unabhängigkeit kennengelernt; und jetzt, da sie kurz vor der Niederkunft stand, erfuhr sie, daß die Hälfte ihres väterlichen Erbes sofort an sie fallen werde.

So zog sie also zusammen mit ihrer jüngsten Schwester Régina in die Rue Duphot. Auch Caroline wurde in den neuen Haushalt aufgenommen; dann engagierte Sarah eine Köchin. *Mon petit' dame* verbrachte von nun an den Großteil ihrer Zeit in Sarahs Wohnung. Jeden Abend ging Sarah in rührender Anhänglichkeit zum Essen zu ihrer Mutter, obwohl diese eine solche Behandlung kaum verdient hatte. Und am 22. Dezember fanden Sarahs Wankelmut, ihr labiler Gesundheitszustand und die Differenzen, die sie immer wieder mit ihrer Mutter hatte, eine Erklärung. An diesem 22. Dezember entdeckte sie einen neuen Lebensinhalt, einen neuen und bleibenden Mittelpunkt ihrer fürsorglichen Liebe: Sie gebar ihren Sohn Maurice, ihr einziges Kind, dessen Vater Henri, Prinz de Ligne war.

6 Interim

Zu dieser Zeit wurde im Porte-Saint-Martin das äußerst populäre Märchenspiel *La Biche au bois* (»Die Hirschkuh im Wald«) aufgeführt. Sarah bekam häufig Karten für das Porte-Saint-Martin und war schon mehrmals in der Vorstellung gewesen. Aber eines Abends im Dezember 1865 traf sie an der Kasse einen Schauspieler, den sie kannte. »Hier ist sie!« schrie Josse. »Hier ist sie, unsere Prinzessin, unsere kleine *biche au bois*, hier ist sie! Der Gott des Theaters hat sie uns gesandt.«

Die Darstellerin der Prinzessin war krank geworden, und Sarah war in der Tat wie eine *dea ex machina* auf der Szene erschienen. Sie setzte sich umsonst zur Wehr. Marc Fournier, der Direktor des Theaters, umgarnte sie mit seinem ganzen Charme, dann wurde mit Mme. Ugalde, die die Rolle des Prinzen sang, rasch eine Probe arrangiert, und Sarah (die den Text bereits fast auswendig konnte, weil sie das Stück inzwischen so oft gesehen hatte) wurde in das Kostüm der Prinzessin Désirée gesteckt. Dann hob sich der Vorhang. Als die Vorstellung vorüber war, bot Marc Fournier Sarah einen Dreijahresvertrag an.

Sollte sie Racine gegen leichte Unterhaltung vertauschen? Bevor sie sich in dieser Frage entschied, schrieb sie einen Brief an Camille Doucet; und bereits nach wenigen

Tagen hatte der Minister für Kultur, der sie wie ein gutmüti-
ger Vater behandelte, für sie einen Termin bei Félix Duquesnel, dem Direktor des Odéon, arrangiert.

Von dem jungen und eleganten Duquesnel angenehm
überrascht, von dessen Kollegen, dem etwas vulgären
Chilly, hingegen weniger angetan, unterzeichnete sie wieder einmal einen neuen Vertrag. »Sie wissen«, erklärte
Chilly, »für Ihr Engagement ist allein Duquesnel verantwortlich. Ich hätte Sie um nichts in der Welt genommen.« –
»Mein lieber Herr«, erwiderte Sarah mit bewundernswerter
Geistesgegenwart, »wenn nur Sie mich hätten engagieren
wollen, dann hätte ich den Vertrag ganz bestimmt nicht
unterschrieben.«

Ihr Auftritt in *Le Jeu de l'Amour et du Hasard* war kein
besonderer Erfolg. Aber während der Proben zu *Athalie*
fand sie plötzlich eine ihr angemessene Ausdrucksform.
Die vom Conservatoire für diese Gelegenheit »ausgeliehe-
nen« Schüler waren einfach nicht imstande, die Chor-
szenen überzeugend zu sprechen. Schließlich sagte Chilly
abrupt: »Also gut, dann lassen wir das Mädchen diese
Passagen alleine sprechen – mit ihrer schönen Stimme wird
sie es schon hinkriegen.« Die Premiere war (wie Sarah
zufrieden berichtete) ein persönlicher Triumph. Gautier
und Sarcey, die beiden Großkritiker, nahmen ihre Zacharie
sehr wohlwollend auf. Und von dem Tag an waren Sarah
und Chilly Freunde.

Das Odéon wurde ihr Lieblingstheater; dort ging es
immer lustig zu. Im Publikum gab es viele theaterbegeister-
te Studenten, und Duquesnel war galant und unterhaltsam. Wenn der Prinz de Ligne nicht in der Stadt war, so war
da immer noch Pierre Berton, der nach Mounet-Sully
attraktivste Pariser Schauspieler, der heftig in sie verliebt
war. Mehr als einmal wies sie seine Heiratsanträge zurück,
aber ihre Liaison dauerte mehr als zwei Jahre; und die Tage,
die sie gemeinsam verbrachten, waren, wie sie viel später
einmal sagte, von unvergänglicher Schönheit gewesen.

Wie anders die Atmosphäre am Odéon war als an der pompösen und engstirnigen Comédie-Française, als an dem oberflächlichen Gymnase, wo immer nur von Hüten und Kleidern geredet wurde. Am Odéon wurde hart gearbeitet, und sie liebte es, hart zu arbeiten.

In jenem Sommer, als sie in Auteuil lebte, kutschierte sie eigenhändig in einem kleinen Einspänner zum Odéon. Der Wagen wurde von zwei temperamentvollen Ponys gezogen, die Tante Sarah ihr geschenkt hatte; so raste sie in halsbrecherischem Tempo die *Quais* entlang. »Und trotz der lichtdurchfluteten Sommerluft, trotz des bunten Treibens auf den Straßen eilte ich voller Freude in meine Garderobe und tauschte auf meinem Weg dorthin mit den übrigen Angestellten des Theaters fröhliche Guten-Morgen-Grüße aus. Und als ich mich endlich meines Mantels, Hutes und meiner Handschuhe entledigt hatte, sprang ich – glücklich, nun wieder von dieser unendlichen Dunkelheit umfangen zu sein – auf die Bühne.«

Sie spielte die wilde Baronesse in *Le Marquis de Villemer* und die Mariette in *François le Champi*; und während der Probenarbeiten bewunderte sie George Sand, die mit großen verträumten Augen im Parkett saß. Prinz Napoleon, der Vetter des Kaisers – der besser unter dem Namen Plon-Plon bekannt ist –, war ein Verehrer von Mme. Sand und besuchte häufig die Proben, und als Sarah ihn das erste Mal sah, setzte ihr Herzschlag aus – so stark war seine Ähnlichkeit mit dem großen Napoleon. George Sand machte die beiden miteinander bekannt, und Sarah lernte die Gespräche mit ihm bald immer mehr schätzen; denn er sprach zugleich ernst und amüsant, gut unterrichtet und ungezwungen. Schon bald verbreiteten die Zeitungen das Gerücht, Rachels ehemaliger Liebhaber sei nun Sarahs Liebhaber geworden. Und ganz so unwahrscheinlich wäre das wohl auch nicht gewesen.

Und dann spielte Sarah die Anna Damby in Dumas' *Kean* und konnte abermals den Zauber ihrer Stimme unter Be-

weis stellen. Zu diesem Zeitpunkt hatte die Auseinandersetzung zwischen den Anhängern Dumas' und den Bewunderern des im Exil lebenden Hugo gerade einen Höhepunkt erreicht. Und als Dumas aus Anlaß der Premiere des
Kean mit einer seiner Mätressen erschien, buhten, pfiffen
und trampelten die Hugo-Anhänger und erklärten, sie
wollten nicht ein Wort von ihm hören, solange eine Frau in
seiner Loge sei. Eine Stunde lang schrien die Parteigänger
Hugos frenetisch immer wieder: »*Ruy Blas! Ruy Blas!* Victor
Hugo! Victor Hugo!« Schließlich kündigten Duquesnel und
Chilly an, die Vorstellung müsse nun beginnen.

Das Publikum war äußerst gereizt, als Sarah in einem
enganliegenden Kleid – wie sie um 1820 modern waren –
auf die Bühne trat, und sie wurde von höhnischem Gelächter empfangen. Aber dann erstickte der Beifall der ihr treu
ergebenen Studenten, der sogenannten *saradoteurs*, das
Gelächter. Sarah gewann ihre Fassung zurück und ließ sich
von der Begeisterung ihrer Bewunderer inspirieren. Als sie
ihre Liebe für Kean gestand, erhielt sie eine Ovation. »Ihre
magische Stimme, ihre einzigartige Stimme bewegte die
Zuschauer«, schrieb *Le Figaro*. »Sie bezähmte die Zuschauer
wie ein kleiner Orpheus.«

Teil II
Les Ailes qui battent

7 Le Passant

Mit *Anna Damby* konnte Sarah einen Triumph feiern. Und dennoch war sie Ende 1868 – immerhin wurde sie bald fünfundzwanzig – der breiteren Öffentlichkeit, wenn überhaupt, dann nur durch ihre Eskapaden bekannt. Sie muß damals voller Bitterkeit an Rachels Werdegang gedacht haben, die bereits mit siebzehn Jahren Mlle. Mars' Anerkennung gefunden hatte und von Jules Ramin in den höchsten Tönen gepriesen worden war: Rachel, die – kaum zwanzig – alle Vorurteile hinweggefegt und über Nacht das englische Publikum erobert hatte.

Jetzt, im November 1868, spielte Sarah im Odéon in dem Melodram *Le Drame de la rue de la Paix*, dessen Verfasser ein gewisser Adolphe Belot war. Sie spielte die Rolle einer Witwe, die sich in den Mörder ihres Mannes verliebt; und Mlle. Sarah Bernhardt, so schrieb Théophile Gautier milde, »hat eine Schönheit von der Art, wie sie der Rolle der Julia Vidal anstünde, eine düstere, fast tragische Schönheit noch in all ihrer Anmut. Sie spricht sehr talentiert, und hätte das Publikum sich ein wenig wohlwollender verhalten, so wäre sie wahrscheinlich mehr aus sich heraus- und dadurch besser zur Geltung gekommen.«[1]

In diesem lauwarmen Zuspruch schwingt kaum die Ahnung zukünftiger Brillanz mit. Und man darf sich mit Fug und Recht fragen, wie lange Sarah wohl auf den Ruhm hätte warten müssen, wäre da nicht ein junger Angestellter des Kriegsministeriums namens François Coppée gewesen. Im September dieses Jahres schrieb er *Le Passant*.

Silvia, eine venezianische Kurtisane, ist ihr bisheriges Leben leid; sie sehnt sich nach einer jungen, reinen Liebe und betrachtet eines Abends, von einer sanften Brise umspielt, traumverloren den Sternenhimmel. Da kommt ein junger Mann des Weges, der auf seiner Gitarre spielt und ein Lied singt. Silvias Herz ist sogleich von neuer Leidenschaft erfüllt; als sie jedoch in sein offenes, unverdorbenes Gesicht blickt, gewinnt in ihr das Gefühl die Oberhand, sie müsse ihn vor einer Enttäuschung bewahren. Sie bittet ihn daher weiterzuziehen und weist ihm sogar den Weg. So nimmt er seine Gitarre und zieht singend davon. Das Stück verklingt mehr, als daß es enden würde.

Mlle. Agar, Coppées Mätresse, war von dem Stück begeistert, verlangte für sich die Rolle der Silvia und beharrte darauf, nur eine junge Kollegin aus dem Odéon könne den Part des Zanetto spielen. »Sarah Bernhardt ist bezaubernd, und ich glaube, sie ist für die Rolle geradezu geboren.« Anfang Januar 1869 war Coppée bei der Kleiderprobe anwesend: »Was soll ich von der Agar sagen, die in ihrem weißen Satinkleid mit seiner langen Schleppe so majestätisch schön aussieht?... Was soll ich von der entzückend zarten und anmutigen Sarah sagen? Sarah, deren ganze Erscheinung die Geschmeidigkeit, die Leichtigkeit und den Charme eines Jungen ausstrahlt? Wie reich beide von der Natur beschenkt sind! Welche Vornehmheit des Ausdrucks und welche Gefühlstiefe nahm ich an meiner Silvia wahr! Welche Verzückung, welch liebliche Freude und welch jugendliche Narrheit an meinem Zanetto! Sie beide sprachen wundervoll, und der Kontrast zwischen der bezaubernden goldenen Stimme Sarahs und der tief anrührenden Altstimme der Agar bereitete mir das reinste Vergnügen. Um diese erste Interpretation von *Le Passant* angemessen zu beschreiben, fällt mir nur ein passendes Wort ein: Ich habe eine *vollkommene* schauspielerische Leistung gesehen.«[2]

Am 14. Januar wurde im Odéon eine Doppelvorstellung gegeben: der Einakter *La Gloire de Molière* von Banville, worin Sarah Bernhardt die Rolle der Poesie spielte, und *Le Passant.* Zu seinem unendlichen Bedauern saß François Coppée selbst irgendwo in den Kulissen neben einem Feuerwehrmann, der ihm allerdings die Sicht auf die Bühne versperrte, so daß er das ganze Ausmaß seines Triumphes nicht sehen konnte. Aber in weniger als einer Stunde war über seinen eigenen und den Ruhm Sarah Bernhardts entschieden.

Es war Sarah, die einem hingerissenen Publikum seinen Namen nannte; und Got, der Doyen der Comédie-Française, fragte sich, ob dies »der Beginn der Karriere eines guten zweitklassigen Dichters und einer fast erstklassigen Schauspielerin« sei.[3]

Francisque Sarcey war weniger zurückhaltend: »Es erinnerte mich alles an die Juwelen der Renaissance, so kostbar und so fein geschliffen; das ganze Stück läßt uns die großzügige und mächtige Hand eines wahrhaftigen Künstlers spüren... Es ist nur ein Traum, aber ein bezaubernder Traum... Mit welch feinsinniger und zärtlicher Anmut Mlle. Sarah Bernhardt jene kostbaren Zeilen sprach! Sie wurde von dem ergriffenen Publikum immer wieder auf die Bühne gerufen und frenetisch gefeiert... Diese Uraufführung war von Anfang bis Ende ein einziger Erfolg. Sie wird in die Annalen des Odéon eingehen.«[4]

Und Théophile Gautier erklärte geradezu feierlich und voll des überschwenglichen Lobes:

»Es ist schon lange her, daß ich in einem Theater ein vergleichbares Gefühl der Freude empfunden habe... Es war wirklich eine so entzückende Szenerie, daß Shakespeare seine Freude daran gehabt hätte, eine seiner romantischen Komödien darin anzusiedeln:
In blaue Schatten getauchte Riesenbäume streben dem unendlich ruhigen Himmel entgegen, und Tropfen fahlen Lichtes perlen durch den schwarzen Blätterwald... Das

silberne Licht ergoß sich wie eine kostbare Seidenschleppe die Stufen der breiten, geschwungenen Treppe hinab:

> Mignonne, voici l'avril!
> Le soleil revient d'exil;
> Tous les nids sont en querelles;
> L'air est pur, le ciel léger,
> Et partout on voit neiger
> Des plumes de tourterelles...

Die Stimme kommt näher und singt, inzwischen fast unterhalb der Terrasse angelangt, auf der Silvia sich hinter Strauchwerk verborgen hat, die zweite Strophe... Der Sänger, der dieses Lied dem Mond entgegenschmettert, ist ein zarter, graziöser und aufgeweckter Jüngling, der einem musizierenden Engel des Donatello gleicht...

Mlle. Agar spielte in ihrer vollkommenen Schönheit die Rolle der Silvia so ergreifend, daß sie sogar das Ideal des Dichters noch übertraf. Mlle. Sarah Bernhardt ist der hinreißendste Zanetto, den man sich nur vorstellen kann, und ihre Gestaltung der Rolle ist derart beeindruckend, daß sie alle ihre bisherigen Sünden vergessen macht.«[5]

Einige Tage nach der Uraufführung wurde der scheue junge Angestellte des Kriegsministeriums, der mit den Manieren der großen Welt noch nicht vertraut war, von Théophile Gautier auf Bitten der Prinzessin Mathilde, der Notre Dame des Arts, in die luxuriösen Salons der Rue de Courcelles eingeführt. Man fragte ihn, ob er damit einverstanden sei, wenn *Le Passant* dort in Gegenwart Napoleons III. aufgeführt werde. Am 29. April versammelten sie sich daher aus Anlaß des kaiserlichen Geburtstags in dem strahlend erleuchteten Tropenhaus, in dem der Eindruck eines immerwährenden Frühlings herrschte. Metternich saß bei dieser Gelegenheit Schulter an Schulter mit Alexandre Dumas *fils*; und Lord Lyons, der britische Botschafter, konnte das Geschehen nur von einem angrenzenden

Raum aus verfolgen. »Von den Seitenflügeln aus«, schrieb der Korrespondent von *La vie parisienne*, »kann ich das Publikum betrachten. Dort, in der Mitte der ersten Reihe, sitzen Ihre Majestäten und zeigen sich beispielhaft wohlwollend und aufmerksam. Welchem Traum mag der Kaiser, der mit nach vorne gebeugtem Kopf und halb geschlossenen Augen dasitzt, nachhängen? Wir wissen es nicht; aber die Kaiserin beobachtet voll Aufmerksamkeit die winzigste Geste der Schauspielerin, die kleinsten Nuancen ihres Ausdrucks..., ihre großen leuchtenden Augen unter ihren geschwungenen Augenbrauen sind weit geöffnet und lassen sich nichts entgehen.« Im Anschluß an diesen Abend wurde die Agar auf Befehl des Kaisers in der Comédie-Française empfangen; und Sarah Bernhardts von allerhöchster Seite begünstigte Zukunft hatte begonnen.

Aber nicht nur in der Rue de Courcelles fand eine Aufführung statt; auch in den Tuilerien sollte das Stück gegeben werden. In Begleitung Mme. Guérards und des Grafen von Laferrière ließ Sarah sich daher dorthin fahren, um das dortige Palasttheater in Augenschein zu nehmen.

»Wir stiegen alle drei an den Tuilerien aus, und man führte mich in einen kleinen gelben Raum im Erdgeschoß.

›Ich werde Ihrer Majestät Bescheid geben‹, sagte M. de Laferrière. Als ich nun mit Mme. Guérard allein war, beschloß ich, meine drei Hofknickse noch einmal zu üben... Ich hatte bereits mehrfach einen Knicks gemacht: ›Sire...‹, meinen Kopf gebeugt und die Augen gesenkt, als ich ein unterdrücktes Lachen hörte.

Wütend richtete ich mich auf und blickte zu Mme. Guérard hinüber, aber ich sah, daß sie ebenfalls einen Knicks machte. Als ich nun eine volle Kehrtwendung machte, stand hinter mir der Kaiser, der höflich klatschte und zurückhaltend, aber unüberhörbar lachte.«

Der Kaiser stellte Sarah der Kaiserin vor; der Kronprinz half ihr, auf einer improvisierten Bühne Blumen zu arrangieren, und dann wurde vor der kaiserlichen Familie, der niederländischen Königin und dem Prinzen von Orange

(Prinz Citron, wie er in Paris genannt wurde) *Le Passant*
noch einmal aufgeführt.

Der Kaiser überreichte Zanetto ein Armband; und Zanetto gedachte seiner noch lange mit warmer Zuneigung:
»Seine Augen mit den schweren Lidern waren so feinsinnig... Sein Lächeln war traurig und ein wenig rätselhaft.
Sein Gesicht war blaß und seine Stimme ruhig und einnehmend... Ganz sicher war er ein sehr feiner, empfindsamer
und großzügiger Mensch.«

8 Szenenwechsel

Nach ihrem Auftritt in *Le Passant* wurde Sarah zur Königin
der ›rive gauche‹, zur Herrscherin des Pariser Studentenviertels. Veilchensträuße, Sonette und seitenlange Gedichte regneten auf sie herab; und manchmal wurde sie bereits
von einem Blumenregen begrüßt, wenn sie vor dem Odéon
eintraf.

Und dennoch brachte das Jahr von *Le Passant* ihr kein
ungetrübtes Vergnügen. In jenem Herbst, nur ein paar
Monate nach ihrem ersten Triumph als Schauspielerin,
mußte sie erfahren, daß das Unglück genauso plötzlich
über den Menschen hereinbrechen kann wie das Glück
oder der Ruhm. Sie lebte nun bereits einige Zeit in einer
teuer möblierten Wohnung in der Rue Auber 16. Als eines
Morgens ein Versicherungsagent Sarah aufsuchte, um mit
ihr einen Vertrag abzuschließen, konnte sie sich aus lauter
Leichtsinn nicht dazu durchringen, das Dokument zu unterzeichnen. Am Abend dieses Tages noch brach ein Feuer
in ihrer Wohnung aus. Es blieb gerade Zeit genug, Sarah
und den kleinen Maurice in Sicherheit zu bringen; ihr
ganzer Besitz fiel innerhalb von Minuten den Flammen zum
Opfer. All ihre Bücher – einschließlich einer Racine-Ausgabe – verbrannten; desgleichen ein Pastellporträt ihrer Mutter und ein Ölporträt ihres Vaters. Das Armband, das ihr
der Kaiser geschenkt hatte, war zu einem unförmigen

Goldklumpen zusammengeschmolzen. Und auch ihre Schildkröte Chrysagène, deren Panzer mit bunten Topasen besetzt war, war ebenso wie deren Gefährtin Zerbinette in den Flammen umgekommen.

Bösartige Zungen (und bösartige Kritiker gab es in Sarahs Leben immer) berichteten, daß das Feuer nur ein weiterer Versuch Sarahs gewesen sei, Publizität zu gewinnen. Duquesnel dachte allerdings anders und bot ihr an, am Odéon eine Wohltätigkeitsveranstaltung zu organisieren. Und Adelina Patti war kaum aus Hamburg und Baden-Baden in Paris eingetroffen, als sie schon bedrängt wurde, »der unbekannten Schauspielerin Sarah Bernhardt, die ihren gesamten bescheidenen Besitz durch ein Feuer verloren habe«, zu helfen. Der Marquis de Caux, Adelinas Gatte, war anfangs von der Idee, seine Frau solle für eine »unbekannte Schauspielerin« singen, nicht gerade begeistert. Schließlich stimmte er jedoch zu; und am 5. November 1869 sang Adelina Patti im Odéon-Theater zugunsten von Sarah Bernhardt. Nach dem Konzert näherte sich Sarah, »die einen schwarzen Wollumhang um sich geschlungen hatte, scheu der großen Sängerin und überreichte ihr ein kleines Bouquet, und da sie zu scheu war, ein Dankeswort zu sprechen, küßte sie nur Adelinas Hand. »Wer [fragte fünfzehn Jahre später die Verfasserin von Pattis Biographie] hätte damals gedacht, daß aus diesem unscheinbaren Mädchen einmal die berühmte Sarah Bernhardt, die wir heute kennen, werden würde, die die Welt gleichermaßen durch ihre Schauspielkunst wie durch ihre Streitigkeiten in Erstaunen versetzt?«[1]

Fräulein Lauw hätte sich vielleicht denken können, daß die Sarah, die den unschuldigen Zanetto gespielt hatte, ebenfalls in der Lage sei, das unterwürfige Opfer zu spielen. Denn Sarah war sehr wandlungsfähig. Am Abend des zu ihren Gunsten veranstalteten Wohltätigkeitskonzertes trat sie selbst in *La Conjuration d'Amboise* auf und beeindruckte Gustave Flaubert so tief, daß dieser noch am nächsten Tag »ganz erschüttert« war.[2]

Trotz des zu ihren Gunsten veranstalteten Wohltätigkeitskonzertes war Sarahs finanzielle Lage katastrophal. Sie
konnte sich mit einfachen Lebensverhältnissen niemals
abfinden: Sie mußte sich in Seide, Brokat und Pelze kleiden;
sie legte großen Wert auf gutes Essen und trank besonders
gerne Champagner. Sie konnte ohne Luxus einfach nicht
leben, und sie erzog ihren Sohn (sehr zum Nachteil für sein
späteres Leben, denn er wurde unverantwortlich extravagant) wie einen Prinzen.

Sie kehrte für einige Tage in das Haus ihrer Mutter
zurück, doch die dort vorherrschende Atmosphäre be-
drückte sie; sie wollte ihre Flügel voll ausbreiten. Dann
nahm sie eine möblierte Wohnung in der Rue de l'Arcade,
aber die Räumlichkeiten erschienen ihr alsbald zu düster.
Impulsiv und extravagant wie sie war, beschloß sie, nach
Rußland zu gehen; man hatte ihr dort einen günstigen
Vertrag angeboten. Aber Mme. Guérard fürchtete die Auswirkungen der dortigen Steppen auf Sarahs Gesundheit,
denn deren Atemwege waren äußerst anfällig, und sie hätte
sich in Rußland gewiß eine ernstliche Erkältung zugezogen.

In diesem Augenblick (wie es so oft in Sarahs Leben der
Fall war) geschah etwas Unerwartetes. Der Rechtsberater
ihres Vaters traf ein und informierte sie darüber, daß
Edouard Bernhardt ihr ein größeres Vermögen hinterlassen
habe, als sie bis dahin angenommen hatte. Und bereits
einige Tage später war sie um 120000 Francs reicher.

Wiederum vollzog sich in ihrem Leben eine scharfe Wende.
Sie zog aus den in der Rue de l'Arcade gelegenen Räumen
aus und kaufte eine sonnendurchstrahlte Wohnung in der
Rue de Rome. Dann spielte sie in einem Stück von Georges
Sand eine Rolle, die ihr künstlerisch neue Anerkennung
einbrachte:

»Kurz nach meiner Ankunft in Paris, am 12. April 1870, sah
ich zum ersten Mal Sarah Bernhardt [schrieb Georg Brandes, der dänische Kritiker]. Sie fing damals gerade an, sich

am Odéon einen Namen zu machen. Sie spielte in Georges Sands schönem und rebellischem Drama *L'Autre*: einem Plädoyer für die freie Liebe... Sarah Bernhardt war in diesem Stück ein junges Mädchen, das in ihrer Unschuld alle moralischen Irregularitäten mit äußerster Strenge verurteilt, bis schließlich ihre Augen für die Wirklichkeit dieser Welt geöffnet werden...

Sarah spielte ihre Rolle mit großer Zurückhaltung, sozusagen mit der für eine Waise gleichsam natürlichen Melancholie und mit der ganzen Begeisterung eines unerfahrenen jungen Mädchens für die absolute Gerechtigkeit; und dennoch wirkte sie in all ihrer Kälte durch die in ihren Worten spürbare Unsicherheit und durch den lieblichen und vollen Klang ihrer Stimme so weise, daß eine lange unterdrückte Zärtlichkeit in all ihren Gesten mitzuschwingen schien.«[3]

Diese glückliche Wende in Sarahs Geschick währte jedoch nicht lange. Am 19. Juli 1870 begann der Deutsch-Französische Krieg. Eine allgemeine Hysterie brach aus. Sarah wurde durch tumultartige Szenen, deren Zeuge sie Tag für Tag in Paris wurde, aufgewühlt, von den Menschen, die begeistert die *Marseillaise* sangen und immer wieder skandierten: »Nach Berlin! – Nach Berlin!«, vom Anblick der jungen Männer, die furchtlos in den Krieg zogen, und von den stolzen, entschlossenen und verzweifelten Müttern, die ihren Söhnen Lebwohl sagten. Sie wurde krank von dem allgemeinen Aufruhr, und als die Ärzte sie nach Eaux-Bonnes schicken wollten, weigerte sie sich, Paris zu verlassen. Erst am 27. Juli bestieg sie gemeinsam mit Maurice und Mme. Guérard – geschwächt und einem Zusammenbruch nahe – den Zug.

Nach zwölf Tagen der relativen Ruhe in der Provinz kehrte ihre Ruhe allmählich zurück. Dann wurde jedoch ihr Vertrauen in den Sieg Frankreichs erschüttert. Zunächst kam Canroberts heroische Verteidigung von Saint-Privat, dann jedoch Bazaines Verrat. Sarah bewunderte Canrobert wegen seines Mutes, seiner Bescheidenheit und seiner vollendeten Höflichkeit. Die aus Saint-Privat eintreffenden Nachrichten lösten bei ihr einen Rückschlag aus, des Nachts wurde sie von Alpträumen heimgesucht; und dann im September traf die Nachricht von der Kapitulation bei Sedan ein.

»Ich bin Französin«, sollte Sarah Bernhardt einmal sagen, »ich bin Französin von Geburt, in meinem Herzen, in meinem Geist, in meiner Kunst und in meiner Liebe.« Die schlechten Nachrichten, die aus Sedan eintrafen, führten zu einem weiteren Rückfall, der ihre Gesundheit neuerlich schwer erschütterte.

Als sie sich erholt hatte, beschloß sie, nach Paris zurückzukehren. Doch die preußische Armee rückte unaufhaltsam gegen Paris vor, die Belagerung der französischen Hauptstadt stand kurz bevor, und sie konnte nicht zulassen, daß ihre Mutter und ihre Schwestern in dieser schweren Zeit dort blieben. Es gelang ihr, gegen ein astronomisches Entgelt einen Fahrer aufzutreiben, der bereit war, sie nach Bordeaux zu fahren, wo sie den erstbesten Zug nehmen wollte; dort angekommen wurde sie in einen völlig überfüllten Waggon gesteckt. Mit einem ihrer Reisegefährten, einem blonden, gutaussehenden jungen Mann namens Félix Faure, blieb sie fortan in Freundschaft verbunden. Fünfundzwanzig Jahre später wurde er Präsident der französischen Republik.

In Paris angekommen, blieb Sarah keine Zeit zum Zaudern und Klagen, und sie stürzte sich sogleich in tausendfältige Aktivitäten. Während sie Maurice und dessen Amme, ihre Mutter und ihre Schwestern nach Le Havre schickte, blieb sie selbst in Paris, um ein Hospital zu organisieren. Sie setzte Himmel und Erde in Bewegung. Und mit Hilfe Félix Duquesnels und Emile de Girardins, des bewundernswerten Senators und Publizisten, erhielt sie die Genehmigung, im Odéon ein Hospital zu eröffnen.

Selbst Florence Nightingale hatte fünfzehn Jahre zuvor nicht mehr Selbstaufopferung an den Tag gelegt. Es genügte Sarah jedoch nicht, nur eine Unterkunft geschaffen zu haben; sie brauchte auch Nahrungsmittel und sandte dem Polizeipräsidenten ein kurzes Schreiben. Wie es der glückliche Zufall wollte, der in Sarahs Leben immer wieder eine solche Rolle spielte, war der Graf von Kératry zu diesem Zeitpunkt Polizeipräfekt, jener Graf also, der sie bereits an jenem Abend Jahre zuvor bewundert hatte, als Rossini Sarah anläßlich einer Soirée bei ihrer Tante Sarah begleitet hatte. Jener Comte de Kératry, der – wie einige behaupten – Sarahs erster Liebhaber gewesen war. Beeindruckt von Sarahs Entschlossenheit, vielleicht aber auch durch die Erinnerung beflügelt, schenkte Kératry ihr die Vorhänge der Kaiserin aus den Tuilerien. Mit dieser Großzügigkeit begnügte sich Sarah indessen noch lange nicht; als sie seines pelzbesetzten Mantels ansichtig wurde, beschlagnahmte sie diesen ebenfalls prompt für ihre Verwundeten. Niemand, so scheint es, konnte sie zurückweisen, wenn sie um etwas bat. Kératry sandte ihr dreißigtausend Eier, hundert Säcke Kaffee und tausend Dosen Konserven. Menier, der Schokoladenfabrikant bot ihr fünfhundert Pfund Schokolade an. Félix Potin, der einmal ihr Nachbar gewesen war, fügte noch hundert Dosen Sardinen und drei Säcke Reis hinzu. M. de Rothschild spendete den Verletzten zwei Fässer Branntwein und hundert Flaschen Wein. Eine ihrer Freundinnen aus der Zeit in Grand-Champs, die inzwischen mit einem Landwirt verheiratet war, schickte fünfzig Pakete Butter. Bei all ihren Bekannten requirierte Sarah die Wintermäntel. Aus allen Stadtteilen traf Verbandsmaterial ein. Und Sarahs Köchin fand sich plötzlich im Odéon wieder, wo sie Hunderte hungriger Mäuler zu betreuen hatte. Ihr Ehemann wurde beauftragt, für Ordnung zu sorgen. Mme. Guérard und Mme. Lambquin halfen Sarah bei der Betreuung der Kranken. Selbst jene Freunde, die ansonsten an den Pariser Verteidigungsanlagen die Stadt verteidigten, kamen in ihrer knapp bemessenen Freizeit noch zum Odéon hinüber, um sich Sarah als Sekretäre zur Verfügung zu stellen. Alles wurde mit der gleichen Sorgfalt arrangiert, wie sie ansonsten für Sarahs schauspielerische Arbeit charakteristisch war; und es besteht wohl kaum ein Zweifel daran, daß sie in ihrem hellroten Umhang und mit ihrer weißen Schürze damals eine ihrer schönsten Rollen spielte.

Der Deutsch-Französische Krieg zeigte Sarah Bernhardt, wie schwach der einzelne Mensch ist. Diese Erfahrung half ihr, ihrer Überheblichkeit Zügel anzulegen; und sie erkannte nun erst die ganze Bedeutung des Patriotismus und der höheren moralischen Ziele. Sie wurde bescheidener und verfiel nicht mehr so häufig in ihre Launen wie zuvor. Sie war sich lange Zeit nur ihrer eigenen Bedeutung und der Wichtigkeit des Theaters bewußt gewesen; jetzt begriff sie die Bedeutungslosigkeit des menschlichen Lebens und gleichermaßen des persönlichen Triumphes.

Und sie lernte neue Menschen kennen. Da war Rochefort, der enthusiastische politische Journalist, der sie leidenschaftlich verehrte (er brachte ihr später, so heißt es, ein tendenziöses politisches Drama mit dem Titel *L'Insurrection*; aber Sarah hielt sich aus der Politik heraus und wies das Drama umgehend zurück). Da gab es Paul de Rémusat, den politischen Schriftsteller, zu dessen Füßen Sarah oft stundenlang saß, während er ihr seine neuesten Arbeiten vorlas; und als die Regierung ihn zum Kulturminister machen wollte, bat man Sarah – so geht das Gerücht –, ihn von der Richtigkeit eines solchen Schrittes zu überzeugen. »Sie wissen sehr wohl«, erwiderte Rémusat auf Sarahs Nachfrage, »daß das Schönheitsideal, das Sie mir eingeflößt haben, zu parteilich ist, um der Welt zu dienen; es läßt mir den Verzicht auf die Kämpfe und den Ehrgeiz der Welt nur um so verlockender erscheinen.« Und während Pierre Berton aus ihrem Gefühlsleben verschwand, wuchsen ihr andere Menschen ans Herz. James O'Connor, ein Kavalleriehauptmann irischer Herkunft, war unter den Verwundeten, die in das Odéon gebracht wurden. Er arrangierte während der Zeit der Kommune Sarahs Flucht aus Paris; er verschaffte ihr Unterschlupf in einem kleinen Häuschen zwischen Saint-Germain und Versailles. Er wurde ihr neuer Liebhaber.

Sarah Bernhardt erhielt für die aufopferungsvolle Arbeit, die sie während der Belagerung geleistet hatte, eine goldene Medaille. Und als dann ein elender Friede unterzeichnet und die elende Kommune zerschlagen wurde und in Paris immer noch die beißende Luft der Niederlage spürbar war, öffneten die Theater wieder ihre Tore. Eines Morgens erhielt sie eine Probenbenachrichtigung vom Odéon. »So würden wir also wieder im Galopp durch unsere Träume eilen. Neue Spielpläne wurden aufgestellt. Der Kampf hatte wieder begonnen.«

9   Ruy Blas

Am 6. Januar 1872 trat Sarah Bernhardt in der Titelrolle von Louis Bouilhets posthum erschienenem Stück *Mademoiselle Aïssé* auf. Aber während sie des Abends Mlle. Aïssé spielte, verbrachte sie die meisten ihrer Tage damit, eine wesentlich wichtigere Rolle zu proben. Und diese Rolle sollte schließlich ihren Aufstieg zu wahrer künstlerischer Größe begründen.

Sarah hatte in der Vergangenheit fast ausschließlich negative Urteile über Victor Hugo gehört und seine Werke genauso begeistert gelesen, wie sie seine politische Haltung verurteilt hatte. Dennoch war es immer ihr Wunsch gewesen, die Königin in *Ruy Blas* zu spielen. Auch Duquesnel glaubte, sie sei die ideale Besetzung für diese Rolle. Paul Meurice und Auguste Vacquerie, die intimen Freunde und Berater des Dichters, hatten sich gegenüber dem Meister immer wieder für Sarahs Sache eingesetzt. Schließlich hatte Hugo seine allerhöchste Zustimmung gegeben, und die erste Leseprobe für den *Ruy Blas* war für den 6. Dezember in Hugos Haus angesetzt.

Es erscheint ein wenig befremdlich, daß eine noch nicht dreißig Jahre alte Schauspielerin, die dazu noch hatte daran zweifeln müssen, ob sie die Rolle überhaupt erhalten werde, sich jetzt gegenüber Hugo wie eine Autokratin aufführte – gegenüber jenem Hugo, der seit der Zeit seines Exils zum Nationalhelden emporgestiegen war. Aber Sarah – geblendet durch die Lobhudeleien des studentischen Paris und eines kleinen Kreises von Bewunderern – fand es angemessen, Hugo mit königlicher Geringschätzung zu behandeln. Sie fand das Benehmen eines Mannes empörend, der verlangte, sie solle zu den Proben in sein Haus kommen, der es nicht für notwendig befand, sich selbst in das Theater zu bemühen – und ihre Höflinge diskutierten über Hugos Einladung in einer Weise, als handele es sich um eine Frage des spanischen Hofprotokolls. Verlangte Hugo etwa, Sarah solle ihn aufsuchen? Marschall Canrobert beschloß, sie solle sich wegen einer plötzlichen Unpäßlichkeit bei Hugo entschuldigen lassen.

»Sire«, schrieb Sarah an den Dichter, »die Königin leidet unter einer Erkältung und ihr Leibarzt hat ihr verboten auszugehen. Sie kennen die am spanischen Hof geltende Etikette besser als irgendwer sonst. Haben Sie Nachsicht mit Ihrer Königin.«

»Ich bin Ihr Diener, Madame«, erwiderte Hugo.

Und so fand die erste Leseprobe zu *Ruy Blas* auf der Bühne des Odéon statt; und Sarah, die sich ihres Benehmens nun schämte, machte Hugos Bekanntschaft und war schon bald eine seiner größten Verehrerinnen. Sie fand ihn charmant, empfindsam, amüsant und galant. Und wenn er im Theater eintraf, war es, als gehe im ganzen Raum das Licht an.

Die Wiederaufführung von *Ruy Blas* fand am 26. Januar des folgenden Jahres statt. Gustave Flaubert fand die schauspielerischen Leistungen dürftig – »mit Ausnahme Sarahs«.[1] »Das Odéon hat *Ruy Blas* wiederaufgeführt«, schrieb Edmond Got, »aber bemerkenswert ist daran für mich nur der Umstand, daß die Königin von einer unbekannten Schauspielerin gespielt wird, die erstmals vor zehn Jahren auf einer Bühne zu sehen war und dann 1869 kurzfristig mit großem Erfolg in Coppées *Le Passant* auftrat. Jetzt hat sie durch eine außerordentliche schauspielerische Leistung neuerlich auf sich aufmerksam gemacht.«[2] Francisque Sarcey, der meist mißmutige Kritiker der *Débats*, geriet geradezu in Ekstase: »Mlle. Sarah Bernhardt hat von der Natur das Geschenk der Melancholie und einer vom Leid gezeichneten Würde erhalten. Jede ihrer Bewegungen ist vornehm und harmonisch; die langen Falten ihres silbern-glänzenden Kleides umspielen sie wie von selbst mit poetischer Anmut. In ihrer Stimme halten sich Sehnsucht und Zärtlichkeit die Waage, und sie spricht so rhythmisch und außerordentlich klar, daß dem Zuschauer niemals eine Silbe entgeht, selbst wenn ihre Worte wie eine sanfte Liebkosung verwehen.«[3] Und Théodore de Banville schrieb nur: »Immer, bis zum Ende aller Zeiten, werden die Menschen das Bild Sarah Bernhardts vor sich sehen, wenn Ruy Blas erklärt: ›Sie trug ein kleines Diadem aus Silberwerk.‹« Hugo selbst kniete verzaubert vor ihr nieder, um ihre Hände zu küssen.

Wie weit, so könnte man fragen, ließ Hugo sich von seiner Verzauberung hinreißen? Es ist gelegentlich behauptet worden, Sarah sei seine Mätresse gewesen. In seinem Tagebuch ist von einem leidenschaftlichen Kuß die Rede und von einem Besuch, den er ihr in ihrer Garderobe abstattete. Und am 2. November 1875, als sie bei ihm gewesen war, verzeichnet sein Tagebuch: »No sera el chico hecho ... L'enfant ne sera pas fait.« Und in dem gleichen Jahr verschob Sarah, wie Hugos Biograph mitteilt, einen England-Besuch, weil sie sich »Sorgen um Victor Hugo machte«.[4] Clament weiß von einem apokryphen Gespräch zwischen den beiden zu berichten, währenddessen »sich der Dichter zu Sarah hinübergebeugt und gesagt haben soll: ›In neun Monaten wird Frankreich ein kleiner Republikaner geboren werden, ein Erlöser, der dies Land vor den Cumonts, den de Broglies und den de Fortous bewahren wird!‹ Dieser kleine Patriot blieb jedoch ein Traumkind, das nur auf den sanften Wellen einer charmanten Konversation gewiegt wurde...«[5]

War in dieser Konversation doch ein Körnchen Wahrheit enthalten? Hat sich Sarah mit achtundzwanzig Jahren einem siebzigjährigen Mann hingegeben? Hat die Kurtisane, die für sich in Anspruch nahm, eine der erfahrensten und erfolgreichsten Liebhaberinnen ihrer Zeit gewesen zu sein, dem Satyr-Dichter ihre Gunst geschenkt, der in seinem hohen Alter auf ein außerordentlich erfülltes Sexualleben zurückblicken konnte? Wir dürfen wohl mit Fug und Recht daran zweifeln, daß diese Liaison – falls es sie überhaupt gab – sehr lange gedauert hat. Denn 1872, im Jahr der Wiederaufführung des *Ruy Blas* also, war Sarah leidenschaftlich in Jean Mounet-Sully verliebt, einen jungen Schauspieler, »der, wie es scheint, dazu geboren war, die vom Schicksal verfolgten Helden darzustellen: die Hamlet und Orest...«.[6]

Mounet-Sully war damals einunddreißig; er hatte dunkles Haar und einen ebenso dunklen Bart, nachdenklich-versonnene Augen und die Gabe, Poesie so zu sprechen, als sei sie die ihm natürliche Ausdrucksweise. Trotz seiner starken Aura muß Victor Hugo neben einem solchen jungen Helden unattraktiv gewirkt haben.

10   Der Wolf im Schafstall

»Sie werden gezwungen sein, an die Comédie zurückzukehren«, sagte Canrobert zu Sarah. »Sie werden dazu gezwungen sein, meine Liebe; und, glauben Sie mir, je früher Sie es tun, um so besser.«

Das war anläßlich eines Mittagessens, das nicht lange nach dem sensationellen Erfolg des *Ruy Blas* stattfand. Einige Tage später traf ein Kuvert mit dem wohlvertrauten Siegel der Comédie-Française ein.

Wenn ein Ereignis Sarahs Leben in Unordnung brachte, kam immer ein Augenblick des Zauderns über sie: Für einen kurzen Moment noch klammerte sie sich an die Vergangenheit; dann jedoch stürzte sie sich, von dem Unbekannten und Mysteriösen unwiderstehlich angezogen, Hals über Kopf in die Zukunft.

»Ich habe eine große Menge an Briefen, und manchmal scheint mir, ich kann nie genug davon haben. Ich sehe zu, wie sie sich aufstapeln, etwa so, wie ich die Wellen des Meeres betrachte. Was werden sie mir bringen, diese rätselhaften Briefumschläge: die großen und die kleinen, die violetten, die blauen, die gelben, die weißen?

Was werden sie auf die Felsen schleudern, diese riesigen, wilden, mit unheilverkündendem Strandgut beladenen Wellen? Welchen zerschundenen Schiffsjungen? Welche Hoffnungstrümmer? Was werden sie auf diesem Sand ausspeien, diese kleinen Wellen – ein Widerhall des blauen Himmels –, diese winzigen lachenden Wellen? Welchen rosafarbenen Seestern? Welche malvenfarbene Anemone? Welch glänzende Perlmuschelschalen?

Ich öffne meine Briefe niemals sofort. Ich betrachte den Umschlag, versuche, die Schrift und das Siegel zu erkennen, und erst wenn ich ganz sicher bin, wer der Absender des Briefes ist, öffne ich das Kuvert.«

Der Absender dieses Briefes war Emile Perrin, der Intendant der Comédie-Française, der Sarah um eine Unterredung bat.

Duquesnel riet ihr, am Odéon zu bleiben. Er und Chilly erklärten ihr warnend, daß sie noch einen Einjahresvertrag zu erfüllen habe, und sie weigerten sich, ihre Gage zu erhöhen. »Halten Sie mich für einen Idioten?« brauste Chilly auf. »Ich halte Sie für einen Vollidioten«, erwiderte Sarah. Sie fuhr eilends zur Comédie und betrat Perrins Büro mit den Worten: »Ich bin gekommen, um zu unterschreiben.«

Sie unterzeichnete ihren Vertrag und ließ einen großen Tintenklecks auf dem Papier zurück. »Warten Sie!« schrie sie. »Ich möchte gerne wissen, ob ich das Richtige oder das Falsche getan habe. Wenn es ein Schmetterling ist, dann war es richtig, daß ich unterschrieben habe.« Dann falteten sie den Vertrag sorgfältig. Gespannt beugten sie sich anschließend über das Blatt Papier: Mlle. Sarah Bernhardt und M. Emile Perrin, der Intendant der Comédie-Française. Dann falteten sie den Vertrag wieder auseinander. Und auf dem Blatt entfaltete ein prächtiger, tiefschwarzer Schmetterling seine Flügel.

Chilly erstattete – wie nicht anders zu erwarten – Anzeige gegen Sarah wegen Vertragsbruchs, und sie mußte eine Entschädigungssumme von 6000 Francs zahlen. Es war ihre erste gerichtliche Auseinandersetzung mit einem Theater, und es sollte nicht ihre letzte sein. Wochenlang sprachen sie kaum miteinander, und erst als Hugo anläßlich der hundertsten Vorstellung des *Ruy Blas* ein großes Festdiner gab, wurden die Schauspielerin und der Direktor gleichsam mit sanfter Gewalt versöhnt: Man hatte sie an der Tafel nebeneinander gesetzt.

An jenem Abend saß Sarah zwischen Chilly und Hugo, dem Dichter, der mit seinen hochgezogenen Augenbrauen, seinem grau melierten Haar, »das kräftig wie ein vom Mond beschienenes Weizenfeld auf seinem Haupte wuchs, und mit seinen lachenden, von einem tiefen Glanz erfüllten Augen« schon einem Propheten ähnlich sah. Ihr gegenüber saß ein weiterer Dichter: der treueste und exzellenteste von Hugos Schülern: Theophile Gautier, der nur noch wenige Monate zu leben hatte.

»Er strahlte eine orientalische Vornehmheit aus, die nur durch die westliche Mode seiner Kleider und durch seine westlichen Manieren zurückgedrängt wurde. Ich kannte fast alles, was er geschrieben hatte, und ich sah ihn zärtlich an, diesen überaus feinfühligen Mann, dessen ganzes Herz der Schönheit gehörte.

Gern hätte ich ihn in das vornehmste orientalische Gewand gehüllt. Ich sah ihn auf weichen Kissen ausgestreckt, wie er seine schönen Hände in kostbare und in allen Farben erstrahlende Juwelen tauchte. Einige seiner Verse umspielten sanft meine Lippen, und ich versank gerade mit ihm in einen unendlichen Traum, als mich ein Wort Victor Hugos der Versunkenheit entriß.«

Hugo brachte einen Toast auf die Besetzung des *Ruy Blas* aus. Sarah forderte Chilly zu einer Erwiderung auf. Chilly, der schon lange kränkelte, erhob sich und brach über dem Tisch zusammen. Drei Tage später, am 14. Juni, verstarb er.

Sarah bedauerte ihren Abschied vom Odéon. Sie liebte den dort herrschenden Enthusiasmus, die Atmosphäre der Jugend, der Hoffnung und des Talentes, die in dem Theater überall spürbar war. Sie verschenkte die Kostüme und den Bühnenschmuck, der sich im Laufe ihrer Zeit am Odéon angesammelt hatte. »Ich spürte, daß nun das Ende eines ganz von der Hoffnung getragenen Lebensabschnittes gekommen war. Ich spürte, daß die Zeit reif war für die Erfüllung all meiner Träume, aber auch, daß der eigentliche Lebenskampf jetzt erst beginnen würde. Und mein Gefühl trog mich nicht.«

Am 6. November 1872 kehrte sie an das Théâtre-Français zurück. »Mlle. Sarah Bernhardt hat heute – nicht ohne einen großen Erfolg zu feiern – hier ihr Debüt in *Mademoiselle de Belle-Isle* gegeben«, meldete Jules Janin in *Le Journal des Débats*. »Sie hat ihre bezaubernde Rolle sofort begriffen. Sie hat Anmut und verfügt über die Fähigkeit zu gefallen; sie ist äußerst charmant.«[1]

Das war ein lauer Willkommensgruß; und, wie Sarah selbst betonte, war ihr Auftritt tatsächlich ziemlich belanglos gewesen. Der Grund war jedoch nicht Lampenfieber, sondern eine persönlich motivierte Befürchtung: Judith Van Hard hatte bereits seit längerem unter einer Herzschwäche gelitten, und an jenem Abend war sie, kurz nachdem der Vorhang sich gehoben hatte, zusammengebrochen und vor Sarahs Augen aus dem Zimmer getragen worden. Mme. Guérard, die stets zur Stelle war, wenn sie gebraucht wurde, hatte versprochen, sie werde sich nach Judiths Zustand erkundigen und Sarah ständig auf dem laufenden halten. Während der ersten beiden Akte war Sarah deshalb von ihrer Angst wie gelähmt. Am Ende des dritten Aktes fragte der Graf von Richelieu Mademoiselle de Belle-Isle: »Sind Sie nicht der Meinung, daß uns jemand belauscht, der sich hier irgendwo versteckt hält?« Mademoiselle de Belle-Isle blickte auf und sah, wie *mon petit' dame* ihr aus den Kulissen kräftig zunickte. »Ja, es ist die Guérard«, schrie sie dem Grafen von Richelieu entgegen, »es ist Mme. Guérard, die mir eine gute Nachricht bringt!« Bressant, der den Grafen spielte, rettete zwar die Situation, aber Sarahs Auftritt war völlig verpatzt.

Drei Jahre zuvor war Sarahs Stern in *Le Passant* erstmals am Theaterhimmel aufgegangen; aber der Krieg und der Bürgerkrieg und ihr ständiger Wechsel von Theater zu Theater hatten sie in der Rue Richelieu fast zu einer Fremden werden lassen. Banville, der sie an diesem Novemberabend sah, stellte sie seinen Lesern als eine fast unbekannte Schauspielerin vor und beschrieb sie mit der Sorgfalt eines Miniaturisten Detail für Detail. Wir wollen daher für einen Augenblick Sarah gleichsam durch seine Augen betrachten; denn immerhin sind es die weisen und von Liebe erfüllten Augen des Dichter-Kritikers, durch die wir die heimgekehrte Rebellin sehen, die an diesem Abend endlich wieder auf der hell erleuchteten Bühne des ersten Theaters Frankreichs steht.

»Die Linien ihres feingeschnittenen und ausdrucksstarken Kopfes erinnern an die Miniaturen, mit denen die Illuminatoren des Mittelalters ihre Manuskripte schmückten. Sie hat tief-leuchtende, durchscheinende Augen, eine gerade, feingeschnittene Nase, rote Lippen, die wie eine Blüte sich öffnen und ihre strahlend-weißen Zähne freigeben, einen langen, biegsamen Hals; und das alles wird durch den kaum vorstellbaren Glanz der ihr eigentümlichen Farben verschönt... All diese seltenen Vorzüge von Mlle. Sarah Bernhardt finden jedoch ihre Krönung in ihrer reichen Haarpracht, die sie wie eine jener von den Bildhauern der Renaissance geschaffenen, mit allen Wundergaben natürlicher Schönheit ausgestatteten Göttinnen erscheinen läßt...

Der Charakter der Schauspielerin ist nicht weniger Erstaunen erregend als die Erscheinung der Frau überhaupt. Von Provost lernte sie eine absolut reine, elegante und unendlich präzise Aussprache, aber die Natur stattete sie noch mit einer anderen äußerst seltenen Begabung aus. Sie ist mit dieser Gabe so reich beschenkt, daß, was immer sie auf der Bühne tut, ohne ihr bewußtes Zutun ganz von allein von lyrischer Schönheit erfüllt ist. Ihrer Stimme sind wie dem Klang der Lyra der natürliche Rhythmus und die Musikalität wahrer Poesie eingeboren... All ihre Inspiration und all ihre Stärke verdankt sie der Poesie, und je höher die Poesie sich emporschwingt, und je lyrischer sie sich entfaltet, desto stattlicher wird ihre Erscheinung, desto mehr ist sie mit sich in Harmonie...

Lassen Sie sich nicht täuschen, das Engagement von Mlle. Sarah Bernhardt an der Comédie-Française ist ein revolutionärer Akt, der nicht folgenlos bleiben wird. Denn mit ihr betritt die Poesie das Haus der dramatischen Kunst: Sie ist der Wolf im Schafstall.«[2]

11 Die unergründliche Sphinx

Etwa zu dieser Zeit begannen für Sarah die Proben für Octave Feuillets *Le Sphinx*; ihr war in diesem Stück die Rolle der Berthe de Savigny zugedacht. Und in Feuillet fand Sarah einen weiteren glühenden Verehrer:

»Ein seltsames Mädchen [so berichtete Feuillet seiner Frau]. Es ist das erste Mal in meiner langen Laufbahn, daß ich die wahre Schauspielerin der Romane, die Schauspielerin-Kurtisane des achtzehnten Jahrhunderts getroffen habe, elegant, geschminkt und exzentrisch wie la Desmares oder la Duthé. Anders als diese Schauspielerinnen erscheint sie voll kostümiert auf den Proben oder doch wenigstens sorgfältig nach ihrem eigenen Geschmack gekleidet: ganz in Samt gehüllt. Sie trägt ein Samtkleid, einen Samtumhang, einen schwarzen Spitzenschal, der wie ein Ordensband um ihre Brust geschlungen ist, und immer eine Halskrause. So ausgerüstet und mit puppenhaft gekräuselten Haaren und frischen Blumen in ihrer Hand probt sie ihre Rollen mit großer Sorgfalt und Ernsthaftigkeit. Manchmal nimmt sie in Rachel-Manier hübsche Posen ein. Wenn dann der Akt vorüber ist, macht sie einen munteren Ballett-Schritt, hüpft auf einem Bein herum, setzt sich ans Klavier und spielt einen verrückten Negertanz (wozu sie sehr hübsch singt). Dann erhebt sie sich wieder, schreitet aufgeblasen wie ein Clown auf der Bühne auf und ab und lacht einem ins Gesicht, während sie Schokolade knabbert (all ihre Taschen stecken voller Schokolade). Daraufhin holt sie einen kleinen Dachshaarpinsel hervor, um damit die Farbe ihrer karmesinroten Lippen aufzufrischen. Dann zeigt sie ihre mandelweißen Zähne und knabbert anschließend wieder an ihrer Schokolade herum.

Es gibt kaum etwas Komischeres, als zu beobachten, wie Sarah und Croizette nach den Proben das Theater verlassen. Sie entfernen sich mit hoch erhobener Nase wie zwei beleidigte Göttinnen; ihre Rabagas-Hüte haben sie weit zurückgeschoben, dann wirbeln sie ihre Sonnenschirme lustig durch die Luft und unterhalten sich, so laut sie können, so daß die Passanten sich nach ihnen umdrehen, schließlich tauchen sie in Chibousts *Pâtisserie* unter und stopfen sich bis zum Platzen mit Kuchen und Gebäck voll.«[1]

Die Proben verliefen allerdings nicht immer so glatt. Sarah mochte zwar voller Energie stecken, aber ihr Gesundheitszustand war nach wie vor labil, und körperliche Anstrengungen führten mitunter zu Schwächeanfällen. Wenn sie sich emotional besonders verausgabte, so hatte dies gele-

gentlich Hustenanfälle zur Folge, bei denen sie Blut aus-
spie. Setzte Sarah diese Anfälle vielleicht manchmal ein,
um ihren Willen durchzusetzen? War Feuillets Charakterisierung ihres Leidens dramatisch übertrieben? Wie besorg-
niserregend ihre Krankheit auch immer gewesen sein mag
(der Verdacht, es habe sich um hysterische Anfälle gehan-
delt, liegt nahe), bald schon schrieb Feuillet seiner Frau in
ernstem Ton:

»Gestern wurde ich im Theater Zeuge eines sehr schmerzli-
chen Zwischenfalls. Sarah hustete während der gesamten
Probe. Ich legte ihr sogar nahe, die Probe abzubrechen; sie
war blasser und sah gespenstischer aus denn je. Aber sie
wollte weitermachen. Plötzlich stürzte sie – steif wie ein
Brett – auf ein Sofa und schrie: ›Ich kann nicht mehr atmen!‹
Es entstand ein völliges Durcheinander, und alle stürzten
zu ihr hinüber. Dann wurde sie von einem furchtbaren
Hustenanfall geschüttelt, von einem nicht enden wollen-
den trockenen, fiebernden Husten, der nur hin und wieder
unterbrochen wurde, wenn sie Blut speien mußte. Auf
ihrem Taschentuch war Blut und auf ihren Lippen. Sie lag
zusammengekauert auf dem Sofa, ihren Kopf hielt sie in
den Händen, und sie hustete und würgte pausenlos, bis sie
kaum mehr Luft bekam. Ich kann dir die seltsame Wirkung,
die diese Szene auf mich hatte, kaum beschreiben: Das
Theater war ein einziges Chaos, das Licht abgedunkelt, und
da lag die sorgfältig gekleidete, elegante junge Frau mit
ihrem kunstvoll frisierten üppigen Haar und tupfte mit
ihrem zarten Taschentuch das Blut von ihren Lippen – ihr
blasses, liebliches Gesicht mit Blut bespritzt. Es war ein
wirkliches Drama, das unversehens in das Bühnendrama
hineinbrach, und der Tod legte bereits seine Maske auf
dieses schöne Gesicht. Es war eine außerordentlich beweg-
gende Situation.«[2]

Die Probenarbeiten zu Le Sphinx bereiteten Feuillet große
Sorgen; er hatte während dieser Arbeit mehr Verdruß als je

zuvor in seinem Theaterleben. Im übrigen kehrten Sarah und Croizette von ihren Schlemmereien bei Chiboust nicht immer in bestem Einvernehmen zurück: Manchmal betraten sie streitend die Bühne, und ihre Streitereien blieben nicht ohne Einfluß auf ihre schauspielerische Leistung. Häufig weigerte sich die Croizette, Feuillets Regieanweisungen Folge zu leisten. Und jeden Abend ging Feuillet oft der Alceste vergleichbar nach Hause und träumte von fernen einsamen Orten der Ruhe, vom Land des Lotus, in dem Schauspielerinnen unbekannt waren.

Als Mme. Feuillet jedoch die letzten Proben besuchte, war auch sie von Berthe de Savigny eigentümlich verzaubert: »Schlank und von ätherischer Schönheit schien es ihr fast unmöglich, ihren ungreifbaren Körper zu tragen. Mit nach hinten geneigtem Körper ging sie lautlos wie ein wildes Tier und wirkte mitunter wie ein wandelnder Schatten... Hinter dieser so überaus zerbrechlichen, schicksalsschweren und unendlich zarten Schönheit Sarahs war eine außerordentliche dramatische Ausdruckskraft verborgen. In ihr waren aber auch ganz unerwartete Empfindungen lebendig, und insbesondere im vierten Akt spielte sie die leidende Frau mit einer zu Herzen gehenden Eindringlichkeit. In dieser Szene konnte sie bereits bei der ersten Aufführung des Stückes einen wahren Triumph feiern.«[3]

Kurz darauf wünschte Sarah, für einen Monat von der Comédie freigestellt zu werden. Sie hatte sich bereits in der Rue de Richelieu etabliert und mischte nun kräftig in der in diesem Haus betriebenen Machtpolitik mit. Tatsächlich bestand schon zu diesem Zeitpunkt zwischen dem neuen Ensemblemitglied und dem Intendanten der Comédie-Française eine Art Dauerkonflikt. Natürlich war Perrin entschlossen, einer dickköpfigen neuen Schauspielerin, die sich dazu noch ein kindliches Vergnügen daraus machte, ihn auf die Palme zu bringen, eine längere Abwesenheit nicht zuzugestehen. Und er lehnte ihr Ansinnen kategorisch ab. Er bestand sogar darauf, daß sie im Juni und Juli an den Proben zu *Zaïre* teilnehmen müsse, und setzte die Premiere für den 6. August fest.

Vergeblich warnte Sarahs Arzt (zweifelsohne einer ihrer Sklaven) Perrin davor, daß eine solche Anstrengung in der Hitze des Pariser Sommers gefährlich für ihre Gesundheit sein könne. Aber Perrin blieb hart. Und Sarah, die am liebsten die Rolle der Sarah Bernhardt spielte und ihr Leben als einen einzigen großen Auftritt betrachtete, fand, daß nun die Zeit für die Eröffnung des fünften Aktes reif sei. Sie wollte auf der Bühne sterben und Perrin so zur Weißglut ärgern.

Schon als Kind hatte sie oft mit dem Gedanken gespielt, sich umzubringen, um andere Menschen in äußerste Verlegenheit zu bringen. Als ihre Mutter sie einmal zwingen wollte, eine Brot-Milch-Suppe zu essen, die Sarah verabscheute, hatte sie den Inhalt eines Tintenfasses hinuntergeschüttet und ihre Mutter beschuldigt, sie treibe ihre Tochter in den Selbstmord. Dieser Auftritt hatte die gewünschte Wirkung gezeigt, und nie mehr zwang Mme. Van Hard ihre Tochter hinfort, eine Speise zu essen, die diese ablehnte.

Nun, am 6. August 1874, ging Sarah völlig in ihrer Rolle auf und glaubte schon, ihre letzte Stunde habe geschlagen. Dann fiel der Vorhang, und prasselnder Beifall brach aus. Und zu ihrer eigenen Erleichterung sprang sie von ihrem Totenbett auf, um die Ovationen entgegenzunehmen.

Dieser Tag war ein Meilenstein in Sarahs Karriere. An diesem Tag begriff sie, daß sie sich auf ihre körperliche Verfassung verlassen konnte, ganz gleich, was die Kritiker und sie selbst bis dahin über ihre Gebrechlichkeit kundgetan hatten, und ganz gleich, was ihre Hysterie ihr auch vorgaukeln mochte. Sie würde den Anforderungen der Zukunft gewachsen sein. Und in diesem Bewußtsein beschloß sie, von nun an stark und voller Lebenskraft und Energie zu sein.

Diese Stimmung ließ sich jedoch mit der trägen Lebensweise, zu der Perrin sie jetzt verdonnert hatte, nicht vereinbaren, und sie beschloß daher, Bildhauerin zu werden. Ungestüm wie immer mietete sie sogleich ein Atelier in der Nähe der Place de Clichy. Dort versammelten sich von nun an um fünf Uhr nachmittags ihre Freunde, Verehrer und Liebhaber zum Tee. Es gab, wie es heißt, zu jener Zeit in Paris drei allgemein bekannte fixe Stunden: um ein Uhr mittags rauchte Gambetta seine zweite Zigarre, um vier Uhr nachmittags fielen die Kurse an der Börse, und um fünf Uhr versammelte man sich bei Sarah zum Tee.

Aber ihre Ambitionen als Bildhauerin waren mehr als nur ein reiner Zeitvertreib. Im folgenden Jahr sandte sie ihr erstes Ausstellungsstück an den Salon: eine Marmorbüste ihrer Schwester Régina. Und falls die Mitglieder der Jury dieses Stück nur aus Rücksicht auf Doña Sol angenommen und ihren Ehrgeiz als Bildhauerin nur für eine vorübergehende Laune gehalten haben sollten, so hatten sie sich getäuscht. Sarah machte sich mit dem für sie charakteristischen Eifer an die Arbeit; sie nahm Unterricht bei Mathieu Meusnier, und 1876 waren im Katalog eine *Après la Tempête* betitelte Gipsgruppe und eine Bronzebüste von ihrer Hand verzeichnet. »Auf jeder Ausstellung [schrieb 1897 ein erstaunter Kritiker] ist sie mit einer neuen Arbeit vertreten: einmal mit der Büste Emile de Girardins, ein andermal mit der Büste Busnachs, des Vaudeville-Verfassers. Dies Jahr stellt sie die Büste ihrer Freundin Mlle. Abbéma aus...

Aber Sarah Bernhardt begnügt sich nicht mit der Anfertigung von Skulpturen, sie möchte auch malen. Nichts kann diese Frau, wahrlich Inbegriff künstlerischer Vielseitigkeit, aufhalten; bereits nach ein oder zwei Unterrichtsstunden war sie imstande, erstaunlich naturgetreue Porträts zu malen. Und Frankreich hat einen weiteren außerordentlichen Künstler. Jeder hat inzwischen ihr im *Nouveau Journal* veröffentlichtes Selbstporträt gesehen...

Und wenn sich Sarah nicht mehr damit begnügen mag, nur selbst künstlerisch tätig zu sein, dann hebt die Fee, die sie seit ihrer Geburt begleitet hat, ganz einfach ihre Hand; *Le Globe* wird gegründet und Doña Sol wird natürlich sofort gebeten, ob sie nicht die Exponate des Salons besprechen mag.

Schauen Sie sich nur einmal diese junge Frau mit ihrem rötlich schimmernden, immer ein wenig aufgelösten Haar an. Sie kommt gerade aus einer Probe in der Comédie-Française. Sie läßt sich auf den Sitz der Droschke fallen und murmelt: ›Ich bin völlig erschöpft!‹

Ja, sie ist es. Der Kutscher knallt mit der Peitsche, und im leichten Galopp geht es zum Palais d'Industrie. Und hier absolviert sie nun ein Hindernisrennen durch die verschiedenen Galerien; vor jedem Bild bleibt sie etwa eine Minute lang stehen. Mit der Ruhe und Selbstsicherheit Napoleons diktiert sie ihren drei oder vier ergebenen Sekretären ihre Erlasse in den Block, die getreulich jedes ihrer Worte aufnehmen und diese respektvoll an Ort und Stelle niederschreiben. Sie selbst hat nicht die Zeit zu schreiben, sie denkt nur laut, und die Zeitung druckt ihre lebendigen Kommentare im Wortlaut ab und verbreitet sie in der fiebernden Öffentlichkeit; denn jeder kulturell Interessierte *muß* unbedingt wissen, was Sarah von diesem oder jenem Bild hält.«[4]

Die Malerin Sarah Bernhardt stellte im Salon *La Jeune Fille et la Mort* aus; Sarah, die Plastikerin, fertigte Büsten von Georges Clairin, Aristide Damala und Victorien Sardou, fand 1876 eine ehrenvolle Erwähnung und zeigte die von ihr verfertigte Skulptur *Wasserpflanzen* auf der Pariser Weltausstellung von 1900. Und weil die Malerin und die Bildhauerin ohne anatomische Kenntnisse nur die Hälfte wert waren, konnten die Studenten der École pratique de médicine beobachten, wie Sarah in Begleitung eines Arztes ihren Studien sogar im Sezierraum nachging, die sezierten Körper genau in Augenschein nahm und Fragen an ihren Begleiter richtete.[5]

Es verwundert daher kaum, daß in der Öffentlichkeit unablässig wahre und falsche Berichte über Sarahs vielfältige Aktivitäten kursierten und daß diese so zur unergründli-

chen Sphinx von Paris avancierte; so wurde Sarahs Privatleben schließlich eines der Lieblingsthemen der Presse und
der Gesellschaft. So verwundert es ebenfalls nicht, daß
Clament sehr anschaulich ihre Wohnung in der Rue de
Rome 4 beschrieb, »wo ausgestopfte Geier, die Totenköpfe
in ihren Klauen halten, neben einem schielenden Skelett
schon seit langem als Dekoration ihres Salons dienen. Die
eigentlichen Herren des Hauses waren ein junger, äußerst
verzogener Affe und ein Wurf Hunde und Katzen, die von
ihrer Herrin eigenhändig aufgezogen worden waren, da
Sarah niemand anderen mit dieser Aufgabe betrauen zu
können glaubte.

In ihrem Schlafzimmer steht der berühmte mit rotem
Tuch ausgeschlagene Sarg; auch dies ein Beispiel ihrer
extravaganten Fantasie – doch gibt es wohl kaum irgendwo
ein Land, in dem man ein solches Möbel als *Liebesnest*
betrachten würde.«[6]

Tatsächlich? Félicien Champsaur war wohl anderer Meinung, als er während der Arbeit an seinem Roman über
Sarah Bernhardt das Gedicht *Caprice d'Hiver* schrieb:

> Ils ont tendu la chambre,
> en riant, de drap noir,
> ayant choisi ce soir,
> le dernier de décembre.
>
> Elle, blonde come ambre,
> ouvre, avec nonchaloir
> et pudeur, son peignoir
> sur son corps qui se cambre.
>
> La bise, sur le toit,
> pleure, la neige choit
> et tend des nappes blanches.
>
> Tirant plaisir du deuil,
> Eux deux, entre les planches,
> dorment dans un cercueil.[7]

»Ich bin eine der größten Liebhaberinnen meines Jahrhunderts gewesen«, erklärte Sarah einmal gegenüber Suze Rueff. Ihre Liebhaber waren natürlich ein Thema von bleibendem Interesse, aber auch ein Anlaß unendlicher Mutmaßungen und Andeutungen. Und Clament weiß zu berichten, daß Sarah, als sie einmal wegen eines kleinen operativen Eingriffs anästhesiert werden mußte, »über Gott und die Welt daherplapperte« und Koseworte in alle Himmelsrichtungen austeilte und ihre größten Geheimnisse so offenherzig preisgab und die Fantasie ihrer Zuhörer zu solch kühnen Spekulationen anregte, daß der behandelnde Arzt ihr gewaltige Mengen Chloroform verabreichte, um sein Gesicht nicht völlig zu verlieren.[8]

Und Sarahs Bestiarium war ein nicht minder ergiebiges Thema und regte die wildesten Spekulationen an:

»Mlle. Sarah Bernhardt [schrieb ein Journalist voller ätzender Ironie] findet Geschmack an Grausamkeiten und überläßt sich ihren blutrünstigsten Instinkten, und da sie weiß, daß man nicht ungestraft menschliche Wesen aufschneiden und verstümmeln darf, tut sie sich statt dessen an Tieren gütlich.

Man kann sich den entsetzlichen Zeitvertreib kaum ausmalen, den diese junge, charmante Frau, die so zartfühlend und zerbrechlich erscheint, sich ausgedacht hat...

Vor einiger Zeit war sie mit einigen ihrer Freunde in ihrem Studio beisammen. Da sie sich durch ein herumspringendes Kätzchen gestört fühlte, faßte sie das kleine Tier im Nacken und warf es bei lebendigem Leib in einen Ofen, in dem ein starkes Feuer brannte...

Mlle. Sarah Bernhardt soll auch, wie man sagt, mit ihren eigenen weißen Händen zwei kleine Affen, an denen sie das Interesse verloren hatte, vergiftet haben.

Sie hat einem Hund den Kopf abgeschnitten, weil sie das Problem des Lebens nach einer Enthauptung studieren wollte. Einige Leute gehen sogar so weit, zu behaupten, daß das berühmte Skelett namens Lazarus, das Mlle. Bernhardt in ihrem Schlafzimmer aufbewahrt, durchaus ein weiteres Opfer der grausamen Schauspielerin sein könnte...

Und die Polizei? Sie ist angeblich über all dies informiert, ihr sind jedoch die Hände gebunden. Denn wir haben nicht genügend Schauspielerinnen. Und wenn wir einmal das Glück haben, eine wahre Schauspielerin zu entdecken, dann ist es besser, die Augen vor ihren privaten Lastern zu verschließen.«[9]

Sarah hatte jedoch tatsächlich Schwächen, vor denen wir die Augen nicht verschließen können. Ihre jüngste Schwester Régina war – bereits an Tuberkulose erkrankt – zu ihr in die Rue de Rome gezogen. In dem winzigen Schlafzimmer, das nur Raum für ein Bett bot, wurde Régina Sarahs Bett zugewiesen, während diese (wie sie selbst berichtet) neben ihr in dem bereits erwähnten Sarg schlief. Als Régina starb und die Geschichte mit dem Sarg sich herumsprach, herrschte allgemeine Empörung. Daß Sarah sich für eine derart unkonventionelle Bettstatt entschieden hatte, konnte man vielleicht noch als eine ihrer Launen durchgehen lassen; aber immerhin hätte sie dann unter den gegebenen Umständen in einem anderen Raum schlafen können. Wie sie ihrer sterbenden Schwester dieses unablässige *memento mori* zumuten konnte, sprengte tatsächlich die Grenzen jeglichen Verständnisses. Sollte Sarahs Bericht tatsächlich der Wahrheit entsprechen, so ist ihr Verhalten auch für uns heute Lebende genauso unverständlich und unverzeihlich wie für ihre Zeitgenossen.

Nach Réginas Tod wurde Sarah ernstlich krank; der Arzt verordnete ihr daher einen Kuraufenthalt in Südfrankreich. Sie versprach, nach Menton zu reisen, und fuhr dann – wie es typisch für sie war – unmittelbar in die Bretagne, wo der kleine Maurice, sooft er seiner wachsamen Amme entwischen konnte, am Strand Sandburgen baute. Sarah gönnte sich nun einige Tage der Ruhe in dem Land ihrer Träume.

Sie war noch immer müde und niedergeschlagen, als sie nach Paris zurückkehrte; denn es war nun bereits Monate her, seit sie zuletzt auf einer Bühne gestanden hatte, und sie haßte nichts so sehr wie Untätigkeit. Sie richtete sich nun wieder zwischen den Leitern und Bärenfellen, den Holzhämmern, Meißeln, Pinseln und den übrigen Arbeitsmitteln ihres Studios ein; aber die plastische Arbeit bereitete ihr im Augenblick keine Freude. Und dann waren ihre Kraftlosigkeit und ihre Niedergeschlagenheit plötzlich wie weggeblasen: Perrin besuchte sie eines Tages und machte ihr einen wundervollen Vorschlag. Eine Woche später wurde die Premiere der *Phädra* für den 21. Dezember, Racines Geburtstag, festgesetzt, und Sarah sollte die Titelrolle übernehmen.

Bereits ein Jahr zuvor hatte sie neben Mounet-Sully die Aricia gespielt, »und niemand hatte die erhabenen Verse je schöner gesprochen. Ihre Stimme«, rief Sarcey aus, »ist wahre Musik, und die Reinheit und Klarheit ihrer Sprache übertreffen selbst unsere kühnsten Vorstellungen. Ein Schauder der Wonne durchbebte das Publikum.«[10]

Die Rolle der Aricia war jedoch verglichen mit der Partie, die zu meistern Sarah sich jetzt vorgenommen hatte, ein Kinderspiel. Und so wurde ihre Interpretation mit Spannung erwartet. Die Rolle der Phädra war eine Gratwanderung, die nur die größten Schauspielerinnen unbeschadet bestehen konnten. Und obwohl niemand daran zweifelte, daß Sarah die Figur der Phädra mit der für sie charakteristischen poetischen Empfindsamkeit, ihrer geradezu magischen Sprache und der ihr eigentümlichen klassischen Gebärdensprache ausstatten würde, so befürchtete man doch, daß ihre physische Kraft für den Part der Phädra nicht ganz ausreiche.

Und genau dies war tatsächlich der Fall: Im vierten Akt, da Phädra von Hippolytos' Liebe zu Aricia erfährt, verließen Sarah deutlich sichtbar ihre Kräfte, ihre Stimme versagte, und es gelang ihr nicht, die leidenschaftlichen Gefühle, die ihr doch ansonsten so vertraut waren, überzeugend zum Ausdruck zu bringen. Aber in den Szenen, die von ihr keine solchen Ausbrüche der Kraft verlangten, war sie außerordentlich beeindruckend, und einige Kritiker glaubten sogar, daß die berühmte Liebeserklärung noch nie mit soviel kontrollierter Leidenschaft und einem so feinen Gespür für die feinsten Bedeutungsnuancen vorgetragen worden sei.

Sarah selbst war der Überzeugung (so berichtet ein ihr vertrauter Mensch), daß Rachels Phädra einzigartig und schlechthin nicht zu übertreffen sei; und das, obwohl sie selbst Rachel niemals auf der Bühne gesehen hatte.[11] Wenn Rachel die Erinnerung an die Statuen des alten Griechenlands weckte, so beschwor Sarah vor den Augen des Publikums das Bild einer lebendigen Frau der alten Welt herauf, und sie brauchte ihre Seufzer nicht eigens einzustudieren. Sarahs Tränen flossen leicht, und die Trauer, die sie so natürlich zum Ausdruck brachte, ging dem Publikum unmittelbar zu Herzen. Und sie spielte die Rolle der Phädra immer mit einer Inbrunst, wie sie sie in keine andere Partie einbrachte. Am Tag vor der Aufführung dieser Tragödie sprach sie kaum ein Wort, und wenn es eben ging, vermied sie es auch, in den Pausen zwischen den einzelnen Akten zu sprechen. Sie schien dann geradezu mit ihrer Rolle zu verschmelzen und nichts von alledem wahrzunehmen, was außerhalb der durch diese Rolle umgrenzten Wirklichkeit vor sich ging. Sie ging bitterlich schluchzend und halb ohnmächtig von der Bühne ab; und einmal, als sie Hippolytos gerade angefleht hatte, sie zu töten, stolperte sie in die Kulissen, ohne das Blut überhaupt zu bemerken, das von ihren Händen tropfte. Sie hatte gar nicht registriert, wie fest sie sein Schwert umklammert hatte.[12]

Es war im folgenden Jahr, 1875, kurz nachdem Sarah in Phädra aufgetreten war, als ihre außerordentlichen Fähigkeiten offizielle Anerkennung fanden.

Am 15. Februar 1875 konnte sie als Berthe in Henri de Borniers *La Fille de Roland* einen weiteren Triumph feiern.

Noch lange Zeit später erinnerte sich ein Kritiker daran, wie sie damals vor Furcht bebend von ihrem Fenster aus den Kampf zwischen Gerald, ihrem Liebhaber, und dem Mohren verfolgt hatte; sie erschien dabei wie eine der Figuren, mit denen die Fenster der großen Kathedralen geschmückt sind. Sarcey war voll des Entzückens über ihre unvergleichliche Zärtlichkeit und ihren heroischen Stolz. In seinen Augen hatte sie die Ehre, nach der sie sich so sehr sehnte, bereits lange verdient, eine Ehre, die ihr an ebendiesem Tag zuteil geworden war. Denn Sarah war an diesem Tag als *Societaire* in die Comédie-Française aufgenommen worden.[13]

12 Die Verkörperung des Erfolges

Unter allen Dramatikern, denen Sarah im Laufe ihrer Karriere begegnete, gab es nur einen, den sie von Herzen verabscheute. Emile Augier, dessen ganze Erscheinung eher vulgär genannt werden muß und der in seinen öffentlichen Äußerungen vor Dreistigkeiten nicht zurückschreckte, fand ihr Mißfallen, weil er es gewagt hatte, *La Fille de Roland* zu kritisieren; und als sie bald nach ihrer Mitwirkung in Borniers Drama in Augiers *Gabrielle* auftreten sollte, hatte sie nichts Eiligeres zu tun, als zu erklären, das Stück sei einfach ›gräßlich‹. Sie stritt während der Proben unablässig mit dem Autor, und als schließlich die Premiere stattfand, war sie nach eigenem Bekunden »so mittelmäßig wie das Stück selbst, was schon eine Menge heißen will«.

Über derartige Ärgernisse und über das auch ansonsten künstlerisch nicht gerade produktive Jahr tröstete sie sich hinweg, indem sie mit ganzer Kraft den Bau ihres neuen Stadthauses überwachte, das an der Ecke Avenue de Villiers und Rue de Fortuny errichtet wurde. Félix Escalier, ein zu diesem Zeitpunkt gerade populärer Architekt, hatte es für sie entworfen, und sie kletterte mit ihm auf dem Gerüst herum, wie sie viele Jahre früher auf das Gymnastikgerät im

Garten von Grand-Champs geklettert war. Es war charakteristisch für sie, daß sie mit ihren nun dreißig Jahren – auf dem Höhepunkt ihres schauspielerischen Ruhmes – vielseitiger, energischer und unternehmungslustiger war denn je. Nicht einen Augenblick lang dachte Sarah Bernhardt an eine gesicherte, ruhige Zukunft in der Rue de Richelieu oder etwa daran, sich fortan mit ganzer Hingabe der *Andromache* oder der *Phädra* zu widmen. Es war das Geheimnis ihres Erfolges, daß sie sich in ihren Aktivitäten niemals ganz auf das Theater beschränkte, daß sie von ihrer überschäumenden Energie unablässig vorangetrieben wurde. Schauspielerin, Bildhauerin, Malerin, Kritikerin war sie schon gewesen, und in späteren Jahren sollte sie sich auch noch als Autorin hervortun, jetzt spielte sie einen Augenblick lang mit dem Gedanken, sich ernsthaft mit der Architektur zu befassen. Und als ihr Stadthaus gebaut wurde, half sie einem ganzen Bataillon von Freunden und einem ganzen Regiment von Künstlern, die sich ihr für dieses Werk zur Verfügung gestellt hatten, die Decken ihres Eß- und ihres Schlafzimmers sowie der Empfangshalle mit Malereien zu verzieren.

Als Herrin eines vornehmen Hauses hieß sie schließlich Alexandre Dumas *fils* in der Avenue de Villiers willkommen. Er hatte gerade für die Comédie seine *L'Étrangère* geschrieben und eigens für Sarah Bernhardt eine vielversprechende Rolle hineingebracht: nämlich die Duchesse de Septmonts.

Als die gesamte Besetzung einen Monat später zu einer ersten Leseprobe in der Comédie zusammenkam, erhielt die Croizette, Perrins Favoritin, den Part der Herzogin, und Sarah bekam die Rolle der Mrs. Clarkson. Perrin versuchte sogar, den Titel *L'Étrangère* in *La Duchesse de Septmonts* umzuändern.

Diese Neuigkeiten trafen Sarah wie ein Verrat und brachten sie zur Weißglut. In einem ihrer nun zwar seltener, jedoch nicht weniger furios gewordenen Wutanfälle nahm sie sich Dumas vor. Sie erinnerte ihn an seinen Besuch in der Avenue de Villiers und hielt ihm die Intrige vor, die er gemeinsam mit Perrin gegen sie gesponnen habe... Und als sie schließlich ganz atemlos zu sprechen aufhörte, erwiderte Dumas väterlich: »Mein liebes Kind, wenn ich eine Gewissenserforschung angestellt hätte, so hätte ich mir all dies selbst gesagt... Aber ich dachte, daß Ihnen das Theater ziemlich gleichgültig geworden ist und daß Ihnen Ihre Bildhauerei und Malerei bei weitem mehr bedeuten. Schließlich haben wir nur sehr selten miteinander gesprochen... Aber das Stück wird seinen Originaltitel *L'Étrangère* behalten – das verspreche ich Ihnen. Und nun geben Sie mir zum Zeichen Ihrer Vergebung einen Kuß.«

»Ich küßte ihn«, fährt Sarah in ihren Memoiren fort, »und seit jenem Tag waren wir gute Freunde.«

Am 14. Februar 1876 trat Sarah als Mistress Clarkson in diesem ersten Stück von Dumas *fils* auf, das am Français aufgeführt wurde. »Ich muß zugeben«, schrieb Henry James, »daß mir *L'Étrangère* wie ein ziemlich verzweifeltes Herumstrampeln in der dramatischen Gattung erscheint... Die Ausländerin wird von einer äußerst interessanten Schauspielerin namens Sarah Bernhardt gespielt... [Aber sie] erscheint ein wenig wie die aus einem altbackenen Drama vom Boulevard du Crime entlaufene Heldin, die sich versehentlich in ein Werk literarischen Ranges verirrt hat.«[1] Sarcey hielt das Stück gleich Henry James für einen außerordentlichen Mischmasch; seiner Ansicht nach gab es in dem Stück nur zwei Szenen, die über das Niveau eines minderwertigen Vaudeville-Schauspiels hinausragten. Was die berühmte Rede anbelangt, in der Mrs. Clarkson die Geschichte ihres Lebens erzählte, so betrachtete er sie als »eine Ansammlung von Überspanntheiten und Vulgaritäten. Hätte nicht Mlle. Sarah Bernhardt die faszinierende Poesie ihres Gebärdenspiels und ihrer wundervollen Sprache über derartige romantische Idiotien ausgebreitet, so wäre das Publikum in lautes Lachen ausgebrochen.«[2]

Es war in der Tat großenteils Sarahs magische Ausstrahlung, der das Stück seinen festen Platz im Spielplan verdankte. Als sich der Vorhang zum dritten Akt hob und die Sicht auf Sarah freigab, die in einem weißen Seidenkleid auf ihrer Couch lag, erschien sie wie das lebende Abbild der Mme. Récamier; und als sie ihre Stimme erhob, war es, »als hauche sie mit jedem Wort einen Kuß ins Publikum«.[3]

Dumas, der über Sarahs Publikumswirkung sehr erfreut war, widmete ihr ein Exemplar von *L'Étrangère* und schrieb hinein: »Der Autor bittet noch einmal um Verzeihung und möchte hiermit seinen Dank und seine uneingeschränkte Anerkennung zum Ausdruck bringen.«

Es ist ein weiterer Beweis für Sarahs Energie, daß sie bereits im Herbst des gleichen Jahres in der Rolle der Posthumia in Alexandre Parodis *Rome vaincue* einen weiteren großen Erfolg feiern konnte. Sie hatte sogar die Rolle der Vestalin ausgeschlagen und darauf bestanden, eine alte Frau von siebzig Jahren zu spielen.[4]

Und auch diesmal war sie für den Autor eine Offenbarung: Parodi, der an den Proben teilnahm, hatte den Eindruck, seine Worte würden durch ihre Stimme gleichsam verwandelt. *Rome vaincue* war wie auch *L'Étrangère* ihr ganz persönlicher Triumph.

»Das Stück ist pompös und langatmig [notierte Henry James], und der wählerische Teil des Publikums hat es sich bereits zur Gewohnheit gemacht, erst gegen zehn Uhr einzutreffen, gerade rechtzeitig für die letzten beiden Akte, in denen, wie man hier sagt, Mlle. Bernhardt ›sehr stark‹ herauskommt... Sie gestaltet ihre Rolle in der Tat außerordentlich plastisch und anschaulich. Sie verhüllt ihre Jugend und Schönheit in langen grauen Schleiern, bis sie schließlich wie eine vollkommene Mater Dolorosa – die Madonna einer *pietà* wirkt. Wie es ihr gelingt, Blindheit zu simulieren und dem Publikum eine halbe Stunde lang ohne Unterbrechung nur das Weiße ihrer Augen zu zeigen, ist ihr eigenes

Geheimnis; das Publikum jedenfalls ist von dieser Wirkung völlig hingerissen. Ihr kaum hörbar vorgetragener Bericht über den Unfall, der zum Verlust ihres Augenlichtes geführt hat, löst im Publikum wahre Beifallsstürme aus... Ich sollte vielleicht noch hinzufügen, daß *Rome vaincue* das Glück gehabt hat, von dem Kritiker in höchsten Tönen gelobt worden zu sein, der hier sozusagen ganz allein über den Erfolg oder Mißerfolg eines Stückes entscheidet – und dieser Kritiker ist M. F. Sarcey.«[5]

M. F. Sarcey unterstützte das Stück in der Tat; er schrieb eine einzige Lobeshymne:

»Sie brachte Nuancen der Kraft und des Pathos zum Ausdruck [schrie er geradezu auf], die selbst ihre Verehrer nicht in ihr vermutet hätten.

Sie war wundervoll kostümiert, und auch die Maske hatte hervorragende Arbeit geleistet: ein verbrauchtes, faltiges Gesicht von außerordentlicher Erhabenheit; ins Leere schweifende Augen, ein weiter Umhang, der sich zugleich mit den Bewegungen ihrer Arme hob und senkte und sie so mitunter wie eine riesige, bedrohliche Fledermaus erscheinen ließ. Etwas Entsetzlicheres und zugleich Poetischeres ist schlechthin undenkbar...

Da stand nicht mehr länger eine Schauspielerin vor uns, sondern die reine Natur, der sie ihren Geist, ihre von Leidenschaft erfüllte Seele und die melodiöseste Stimme geliehen hatte, die je menschliche Ohren verzaubert hat. Diese Frau agiert auf der Bühne mit ihrem ganzen Herzen und mit ihrem allumfassenden Sein. Sie wagt Gebärden, die jeden anderen der Lächerlichkeit preisgeben würden, und sie versetzt so das Publikum in atemloses Erstaunen...«[6]

»Was Mlle. Sarah Bernhardt anbelangt [fügte Henry James seinem Bericht als Postkriptum hinzu], so ist sie derzeit in Paris eine der herausragendsten Erscheinungen. Es ist kaum möglich, sich eine glänzendere Verkörperung weiblichen Erfolges vorzustellen.«[7]

13 Die Sternschnuppe

Victor Hugos *Hernani* brachte Sarah schließlich den ganz
großen Durchbruch in der Öffentlichkeit – genaugenommen die triumphale *Hernani*-Aufführung vom 21. November 1877. Trotz all seiner Schönheit und seines strahlenden
Talentes reichte Mounet-Sullys Hernani an Sarahs Doña Sol
bei weitem nicht heran. Und nach der Vorstellung schrieb
Victor Hugo an die Schauspielerin:

»Madame,
Sie waren großartig und zauberhaft; Sie haben selbst mich
alten Krieger tief bewegt, und während das gerührte und
hingerissene Publikum Ihnen Ovationen darbrachte, gab es
einen Augenblick, da ich weinte. Diese Träne, die ich
Ihretwegen geweint habe, gehört Ihnen, und ich lege sie
Ihnen zu Füßen.«

Dem Brief beigefügt war ein goldenes Armband, das mit
einem Diamanten geschmückt war. Sarah verlor diesen
Diamanten später bei Alfred Sassoon, aber sie gestattete es
diesem nicht, den Stein zu ersetzen. Auch ein Sassoon
konnte ihr Victor Hugos Träne nicht wiedergeben.

Sarah war jetzt nicht nur der Liebling des Publikums,
sondern gleichermaßen auch der Kritiker. Und Henry James war geradezu hingerissen von ihrer unglaublichen
Ausstrahlung und von der Anmut, mit der sie die Figur der
Andromache verkörperte: »Sie versteht sich wie niemand
sonst auf die Kunst der Bewegung und der Körpersprache,
und ihre außerordentliche Anmut läßt sie nie im Stich. Ihre
Andromache zeichnet sich durch eine nicht mehr zu über-
bietende Subtilität der Körpersprache aus – sie erinnert
mitunter an den geknickten Stiel und den herabhängenden
Kelch einer Blume... Sie beugt sich über ihre klassische
Vertraute wie die Figur der Klage in einem Basrelief.«[1] Ihre
Kollegen an der Comédie waren verständlicherweise ein

wenig eifersüchtig auf Sarah; und Perrin brach (wie sie berichtet) beständig Streit vom Zaum. Es beleidigte seinen Stolz, daß sie nicht von ihm abhängig war. Und da er ihr die Erfüllung all ihrer Bitten ausschlug, richtete sie ihre Anfragen über seinen Kopf hinweg unmittelbar an das Ministère des Beaux-Arts, wo man für jedes ihrer Anliegen Verständnis hatte.

Während der Weltausstellung, die 1878 in Paris stattfand, gab sie der Comédie-Française noch einen weiteren Anlaß zur Verärgerung.

Wann immer sie die Ausstellung besuchte, galt ihre besondere Bewunderung einem auf dem Gelände vertäuten Fesselballon. Eines Tages konnte sie es nicht mehr länger aushalten und erklärte dem Aeronauten Giffard, sie brenne darauf, einen Ballonflug zu unternehmen. Giffard, der ihr völlig ergeben war, versprach, er werde die Verantwortung für ein solches Wagnis übernehmen und sie in der kommenden Woche zu einer Ballonfahrt einladen.

Prinz Napoleon hatte darauf bestanden, ebenfalls an dem Flug teilzunehmen, aber er stand zu diesem Zeitpunkt bereits nicht mehr in Sarahs Gunst (wenigstens zum Teil – so Sarah –, weil er an Napoleon III. Kritik geübt hatte). Als daher die *Doña Sol*, ein eigens für diesen Anlaß gebauter Ballon, eines Abends gegen 17.30 Uhr in den Pariser Himmel entschwebte, waren außer Sarah nur der junge Ballonfahrer Louis Godard und der Maler Georges Clairin (Sarahs damaliger Liebhaber) an Bord; Plon-Plon mußte auf der Erde zurückbleiben. Trotz aller Vorsichtsmaßnahmen, die Sarah getroffen hatte, hatte sich die Nachricht von ihrer neuesten Eskapade bereits wie ein Lauffeuer ausgebreitet. Und sie war kaum fünf Minuten in der Luft, als einer ihrer Freunde, der Graf de Montesquiou, Perrin auf dem Pont des Saints-Pères traf: »Schauen Sie einmal dort oben«, sagte er. »Da fliegt Ihre Sternschnuppe!« Perrin starrte auf den hoch über der Stadt fliegenden Ballon; die drei Abenteurer winkten ihm aus der Gondel zu. »Wer ist das?« fragte er. »Sarah Bernhardt«, erwiderte Montesquiou.

»Offenbar«, so berichtete Sarah später milde, »wurde Perrin sofort puterrot und preßte zwischen den Zähnen hervor: ›Wieder einer ihrer verdammten Streiche! Aber diesmal wird sie mir dafür bezahlen!‹« Er setzte seinen Weg fort, ohne sich auch nur von Montesquiou zu verabschieden.

> L'aérostat est une bulle,
> et, lent, monte vers le soleil.
> La brise d'avril, en éveil,
> au-dessous, dans la nue, ondule.
>
> Il va, le ballon minuscule,
> plane dans le matin vermeil,
> rose, bleu, violet, pareil
> à l'aile d'une libellule.
>
> Le filet est tressé de fils
> de la Vierge, tenus, subtils.
> Une étoile encore étincelle.
>
> Il va, soutenant, en plein ciel,
> un myosotis pour nacelle,
> et, dedans, Dinah Samuele.[2]

In der vergnüglichen, wenn auch ein wenig selbstgefälligen Fantasie *Dans les Nuages: Impressions d'une Chaise* beschrieb Sarah ihren Flug aus der Perspektive des Stuhls, auf dem sie während ihres Aufstiegs gesessen hatte. Sehr rasch erhob sich der Ballon über dem von Menschenmassen bevölkerten Ausstellungsgelände, »und dann: nichts! Gar nichts!... Unter uns die Erde, über uns der Himmel... Ich schwebe in den Wolken. Ich habe Paris im Nebel zurückgelassen – vor mir ein blauer Himmel und eine strahlende Sonne. Die kleine Gondel taucht in einen milchigen Dunst, der von der Sonne erwärmt ist. Um uns herum sind dunkel leuchtende Berge mit schimmernden Kämmen... Es ist wundervoll! Atemberaubend!«

Sarah Bernhardt,
1843–1923

Als junge Schauspielerin
in Paris

Alexandre Dumas d. J.
Autor des Dramas ›Die Kameliendame‹.
In der Titelrolle feierte Sarah Bernhardt Triumphe;
links: Das Plakat aus dem Jahre 1896

Rollenfoto,
um 1890, auf dem Höhepunkt
ihres Ruhms

Sie schwebten über den Pont de la Concorde hinweg und über die Tuilerien, wo sich ein großer Menschenauflauf bildete, als der Ballon vorüberglitt...

»Dann wurde meine Aufmerksamkeit von Doña Sols goldener Stimme angezogen«, fährt der Stuhl fort: »›Oh, ich habe jetzt genug von diesem Stuhl‹, sagte sie. ›Wie wär's, wenn wir ihn einfach hinauswerfen...‹

Ich hatte natürlich bereits davon gehört, daß sie Katzen verbrennt, um sich an geröstetem Katzenfell gütlich zu tun – daß sie mit großem Genuß Eidechsenschwänze und in Affenbutter gedünstetes Pfauenhirn verzehrt. Ich wußte, daß sie mit Totenschädeln, die Ludwig-XIV.-Perücken trugen, Krocket spielte. Ich traute ihr schlichtweg alles zu... Aber daß sie sogar einen völlig wehrlosen Stuhl massakrieren würde, das übertraf all meine Erwartungen.«

Der Stuhl überstand den Flug unbeschädigt. Doña Sol rezitierte Verse und ließ sich über Literatur aus. Ein dunkler Schwalbenschwarm zog vorüber. Der Ballon schwebte weiter, über Père-Lachaise, und Doña Sol zupfte von dem Blumenstrauß, den sie bei sich trug, die Blütenblätter und streute sie – selbstbewußt, wie sie war – über dem Friedhof aus. Gegen halb sieben begann sie, Gänseleber-Sandwiches zu bereiten, Godard entkorkte eine Flasche Champagner, und eine Weinfontäne schoß in den Himmel; und »alle Wolken fingen zu tanzen an und küßten sich und vermischten sich miteinander und lösten sich wieder auf und umschwebten uns in himmlischer Trunkenheit«. Die Aeronauten tranken auf M. Giffards Gesundheit, auf die Zukunft der Ballonfahrt, auf die Kunst und auf Vergangenheit, Gegenwart und Zukunft. Dann schleuderten sie die Flasche in den Lac de Vincennes, und die Nacht zog herauf.

Bereits lange nach Einbruch der Nacht landeten sie in Verchère und kehrten dann in die Avenue de Villiers zurück, wo sie bereits voller Spannung erwartet wurden. Dann traf ein Brief von Perrin ein; er forderte darin Mlle. Bernhardt auf, am nächsten Tag mittags um zwei Uhr in der Comédie zu erscheinen.

Perrin, dieser Inbegriff offizieller Würde, auferlegte Sarah ein Bußgeld von 1000 Francs, da sie, ohne ihn zuvor um Erlaubnis zu bitten, eine Reise unternommen habe. Sarah erwiderte, sie werde diese Strafe nicht bezahlen, da ihr Leben außerhalb des Theaters nur sie selbst angehe. Im übrigen wolle sie ihren Vertrag mit der Comédie-Française ohnehin kündigen.

Am nächsten Tag schickte Sarah Bernhardt dem völlig aufgelösten kleinen Mann ihr Kündigungsschreiben. Einige Stunden später wurde sie zu M. Turquet, dem Kulturminister, bestellt. Sich ihrer Würde wohl bewußt, weigerte Sarah sich, den Minister aufzusuchen; und dieser sandte einen mit allen Vollmachten ausgestatteten hohen Beamten seines Hauses und ließ Sarah durch diesen erklären, daß Perrin seine Befugnisse überschritten habe und daß das Bußgeld ersatzlos gestrichen sei. Im übrigen ließ der Minister Sarah inständig bitten, doch ihre Kündigung zurückzunehmen.

Triumphierend willigte sie ein. Und nicht frei von Selbstgefälligkeit und völlig gleichgültig gegenüber dem Klatsch und der Empörung, die sie auslöste, setzte sie ihre gewohnte Lebensweise fort.

»Von einem ganzen Hof von Verehrern umgeben, lebte ich meine sonnendurchfluteten Träume aus. Alle königlichen Hoheiten und sonstige Berühmtheiten, die während der Weltausstellung Gäste Frankreichs waren, machten mir ihre Aufwartung. Diese Prozession erheiterte mich ungemein.«

Und so groß waren ihre Verführungskraft und ihr Ruhm, daß noch im Winter dieses Jahres der Seeschriftsteller Pierre Loti, als er sich in einer Kabine an Bord der *Moselle* einrichtete, Fotografien Sarah Bernhardts aufhängte; diese Bilder zeigten die inzwischen weltberühmte Schauspielerin in allen Kostümen, die sie in *Hernani* getragen hatte.[3] Und als Flaubert von dem Erfolg von Sarahs *Dans les Nuages* erfuhr, bat er seinen Verleger, in Zukunft »nicht Sarah Bernhardts Schriften den meinen vorzuziehen«.[4]

14   Auftritt: Mr. Jarrett

Als der unglückliche M. Perrin in den ersten Wochen des
Jahres 1879 beschloß, Racines *Mithridates* wiederaufzuführen, dachte er insbesondere an die Rolle der griechischen
Sklavin Monime, und er hoffte, daß die Rolle für Sarah zu
einem großen Erfolg werden würde. Aber Sarah kümmer-
ten Perrins Hoffnungen und Pläne wenig. Und da sie
»durch selbst auferlegte Verpflichtungen völlig in Anspruch genommen« war, blieb ihr nur wenig Zeit für das
Theater.

»Ich hätte nichts gegen ein Ensemblemitglied einzuwenden, das in seiner Freizeit der Bildhauerei nachgeht«,
erklärte der völlig niedergeschlagene Perrin gegenüber
Sarcey. »Was ich jedoch nicht akzeptieren kann und was
mir wirklich Kummer bereitet, ist, daß ich es mit einer
Bildhauerin zu tun habe, die nur gelegentlich einmal kurz
im Theater vorbeischaut, wenn sie gerade ein wenig Zeit
hat.«[1]

Über einige der zahllosen Aktivitäten der Monime berichtet
uns ein damals im Haus von Sarah Bernhardt gerngesehe-
ner Besucher:

»Den Eingang bewachen zwei riesige Terrakotta-Affen. Sie
empfängt ihre Gäste in dem originellen und malerischen
Durcheinander ihres riesigen Ateliers. Es ist acht Uhr
morgens, und Sarah ist bereits da. Wenn sie selbst Modell
steht, ist sie wie eine Frau gekleidet, falls jedoch jemand
anderer für sie Modell steht, trägt sie einen weißen Anzug,
in dem sie wie ein Junge wirkt...

Heute macht ihr ein junger Autor mit einem Manuskript
seine Aufwartung; das Manuskript umfaßt fünf – natürlich
für die Comédie-Française geschriebene – Akte mit einer
eigens für sie verfaßten Rolle. Mit ihrer schönen Stimme
trägt sie den Text völlig konzentriert vor, legt Pausen ein,
erhebt einen Einwand, macht Alternativvorschläge, stellt

bestimmte Passagen um und streicht mit einem roten Stift erbarmungslos alles aus, was ihr überflüssig erscheint. Dabei zeigt sich immer wieder ihr großes Verständnis, und ihre Änderungsvorschläge sind fast immer einleuchtend und klar.

Dann plötzlich erwacht wieder die Schauspielerin in ihr, und sie hält an einer schönen Textpassage inne, die irgendeine andere Figur des Stückes zu sagen hat:

›Aber das möchte ich selbst sprechen!‹ begehrt sie auf. ›Ich würde diesen Satz sehr gut sprechen. Passen Sie einmal auf!‹

Und sie liest dem jungen Autor, der vor lauter Begeisterung außer sich ist und bereits hundert Aufführungen und seine Wahl in die *Académie* für gewährleistet hält, die entsprechende Textstelle vor.

Und während all dies geschieht, wird plötzlich die Ankunft eines männlichen Modells gemeldet, das Gérôme vorbeigeschickt hat. Der junge Mann entkleidet sich hinter einem Wandschirm und stellt sich dann vor. Sie hebt einen Augenblick lang die Augen, sieht ihn an und erklärt dann:

›Ja, kommen Sie morgen wieder‹, und sie setzt ihre vorherige Arbeit fort, während ihre beiden Windhunde in dem großen Raum herumtollen...«[2]

Welche bildhauerischen Pläne verfolgte sie jedoch zu dieser Zeit? Es heißt, daß Sarah, als Charles Garnier in diesem Jahr das neue Theater von Monaco erbaute, nicht damit zufrieden gewesen sei, am Eröffnungsabend die ersten feierlichen Worte in dem neuen Haus sprechen zu können, sondern daß sie auch eine der beiden für die Fassade vorgesehenen Skulpturen nach Monaco sandte (die Ausführung der anderen hatte man Gustave Doré anvertraut). Garnier fand jedoch, so heißt es weiter, beide Statuen unbefriedigend und ließ sie auf dem Dachboden deponieren.[3] Als Kritikerin war Sarah indessen erfolgreicher: In diesem Frühjahr nämlich erbot sich Flaubert, seine malende Nichte – der er ans Herz gelegt hatte, sich in der Kunst der

Kritik zu üben – mit Sarah Bernhardt, der Kritikerin des *Globe*, bekannt zu machen.[4]

Am 2. April 1879, Sarah hatte nun den absoluten Höhepunkt ihrer Karriere erreicht, spielte sie erstmals mit Mounet-Sully als Partner die Rolle der Königin in *Ruy Blas*.

Sie betrat die Bühne wie so oft angstgeschüttelt: Sie zitterte so sehr, daß sie mit letzter Kraft einige ihrer Gesten anzudeuten vermochte. Aber »Sarah Bernhardt, die immer so hübsch, so elegant und so vollendet künstlerisch erscheint, war vielleicht noch nie so wundervoll kostümiert wie an jenem Abend«, schrieb Mortier. »Sie war die in ein traumhaft schönes Kostüm gekleidete Poesie selbst. Auch hat es nie in der Realität eine Königin gegeben, die königlicher aufgetreten wäre als diese mit einem atemberaubenden Kleid geschmückte Königin des Theaters. Sie trug ein weißes Samtkleid, das mit silbernen Stickereien verziert war, und eine Seidenschleppe; eine kleine Krone schmückte ihr Haar.«[5] Und es war nicht nur ihre Erscheinung, die das ganze Haus verzauberte. Als sie an diesem Abend mit dem äußerst attraktiven Mounet-Sully zusammenspielte, »strahlte sie all die zärtliche, sehnsuchtsvolle Anmut aus, die ihre Rolle verlangte. Einzelne Worte sprach sie mit unüberbietbarer Vollkommenheit und Zartheit des Ausdrucks; andere stieß sie voll unbändiger Leidenschaft hervor. Auch das erklärt jedoch noch nicht das ganze Ausmaß ihres Erfolges. Aber was dann [schrie Sarcey beinahe ehrfürchtig auf]? Die Erklärung ihrer geradezu magischen Wirkung besteht darin, daß sie mit ihrer melodiösen Stimme die Verse sang, die wie das Klagelied einer Äolsharfe verwehen, ja sie verlieh den Versen eine nie zuvor gehörte Musikalität:

Blessé! Qui que tu sois, ô jeune homme inconnu!
Toi qui, me voyant seule et loin de ce qui m'amine,
Sans me rien demander, sans rien espérer même,
Viens à moi, sans compter les périls où tu cours;

Toi qui verses ton sang, toi qui risques tes jour
Pour donner une fleur à la reine d'Espagne;
Qui que tu sois, ami dont l'ombre m'accompagne,
Puisque mon coeur subit une inflexible lois,
Sois aimé par ta mère et sois béni par moi!

Mlle. Sarah Bernhardt seufzte diese kostbare Kantilene wie ein Klagelied. Sie sah gänzlich davon ab, diesen Worten eine besondere Bedeutung verleihen zu wollen, vielmehr war ihre Klage wie eine lange Liebkosung, die in ihrer völligen Monotonie unendlich süß und anrührend wirkte. Sie fügte der Musik der Verse nur die Musik ihrer Stimme hinzu...«[6]

Ihre Garderobe war voller Blumen, selbst der Korridor war übersät – eine Blumenlawine ging auf sie hernieder. Und als ihr Victor Hugo Jahre später eine Widmung in ein Buch schrieb, waren seine Worte: »Der Königin, deren Ruy Blas ich so gerne gewesen wäre.«

Hugo war bezaubert. Auch Perrin war froh, daß Sarah solche Menschenmassen in das Theater zog. Aber er wäre noch zufriedener gewesen (jedenfalls glaubte sie das), wenn der Applaus jemand anderem gegolten hätte. Armer hilfloser Bürokrat, armer mißachteter Mann! Je grandioser Sarahs Triumphe wurden, um so mehr wurde er sich seiner eigenen Bedeutungslosigkeit bewußt. Ihre Unabhängigkeit ließ ihn innerlich vor Wut erbeben.

Es war klar, daß diese Spannung nicht von Dauer sein konnte und daß es früher oder später zu einer dramatischen Veränderung kommen mußte. Und genau wie Jahre zuvor der Anwalt ihres Vaters aufgetaucht und ihrem Leben eine völlig neue Richtung gegeben hatte, so erschien auch jetzt wieder ein *deus ex machina* auf der Bühne, dessen Eintreffen viel bedeutendere und weiterreichende Konsequenzen haben sollte, als er selbst oder Sarah es voraussehen konnte.

Sein Name war William Jarrett.

Eines Tages, als Sarah gerade damit beschäftigt war, ein sentimentales Porträt zu malen (das Motiv war ein Mädchen, das aus Anlaß des Palmsonntags ein Bündel Palmzweige auf den Armen trug), wurde ihr gemeldet, daß ein Engländer, der sich nicht abweisen ließ, draußen warte. Sie weigerte sich, ihn zu empfangen, und malte weiter, aber ihre sentimentale Stimmung wurde bald durch eine lebhafte Diskussion im Nebenzimmer gestört. Sie ging mit der Palette in der Hand hinaus, um den Eindringling zu vertreiben. Als sie die Tür öffnete, stand ein großgewachsener Mann mit silbergrauem Haar, einem gepflegten Bart und stahlblauen Augen vor ihr. Er entschuldigte sich sehr korrekt für sein Eindringen und äußerte sich bewundernd über das Porträt, das sie in den Händen hielt, ihre Skulpturen und die Einrichtung ihrer geräumigen Empfangshalle. Zehn Minuten später bat sie ihn, sich zu setzen und ihr den Grund seines Besuches zu erklären.

»Ich heiße William Jarrett«, sagte er, »Impresario. Ich kann Ihnen helfen, ein Vermögen zu verdienen. Wollen Sie nach Amerika kommen?«

»Niemals!« schrie Sarah heftig.

»Auch gut«, erwiderte Jarrett. »Hier ist meine Adresse, verlieren Sie sie nicht.«

Beim Hinausgehen erwähnte er, daß sie ein weiteres Vermögen verdienen könne, wenn sie bereit sei, in London einige Privatvorstellungen zu geben. Sarah hatte einen ebenbürtigen Partner gefunden und unterzeichnete den Vertrag. Jarrett flößte ihr von Anfang an Vertrauen ein, und dieses Vertrauen ging – wie sie etwa dreißig Jahre später schrieb – nie verloren.

Perrin und der Aufsichtsrat der Comédie-Française hatten tatsächlich bereits Vorbereitungen für eine französische Saison in London getroffen: Sie hatten einen Vertrag mit John Hollingshead, dem Direktor des Gaiety-Theaters, abgeschlossen, diese Entscheidung jedoch ohne jegliche Rücksprache mit den Ensemblemitgliedern getroffen; und

Sarah war mit einem derart selbstherrlichen Verhalten begreiflicherweise überhaupt nicht einverstanden. Ihre schweigende, jedoch unübersehbare Mißbilligung machte Perrin nervös, und er fragte sie deshalb nach ihren Absichten. Sarah verlangte, für die Dauer des London-Aufenthaltes aus ihrem Exklusivvertrag entlassen zu werden.

Dieser für sie vorteilhafte Status würde ihr die Möglichkeit verschaffen, so viele Privatvorstellungen zu geben, wie sie wünschte. Aber sie verlangte dieses Zugeständnis von der Direktion einer Comédie, die wegen Sarahs Verhalten ohnehin schon aufgebracht war. Und als der Aufsichtsrat diese Frage diskutierte, bestand Edmond Got, der *Doyen* dieses Gremiums, darauf, Sarah solle von der London-Tournee ausgeschlossen werden. Der Aufsichtsrat stimmte diesem Vorschlag zu; und Sarah hätte in diesem schwülen und für ihre weitere Zukunft so entscheidenden Sommer den Kanal vielleicht nicht überquert, hätte nicht John Hollingshead eine ganz klare Forderung erhoben. Er erklärte rundheraus, er betrachte den Vertrag als null und nichtig, wenn nicht Sarah, Croizette, Coquelin und Mounet-Sully sämtlich an der Tournee teilnehmen würden.

Wenigstens dies eine Mal ließ sich Sarah von ihrem Verantwortungsgefühl für die ganze Comédie-Française leiten. Sie suchte Perrin auf und erklärte ihm, daß sie ohne jegliche Vorbedingungen bereit sei, an der London-Reise teilzunehmen. Daraufhin entließ der Aufsichtsrat von sich aus Sarah und Croizette für die Zukunft aus ihren Exklusivverträgen. Perrin und Sarah umarmten einander; der Friede war wieder einmal gerettet, und die letzten Vorbereitungen für die Reise begannen.

In diese spannungsgeladene und hektische Atmosphäre, in der die Gerüchte sich nur so überschlugen, platzte der Marineoffizier und Romancier Pierre Loti hinein.[7] Er hatte sich, wie es heißt, bei seinem ersten Zusammentreffen mit Sarah in einen großen, schönen persischen Teppich gewikkelt. Diese originelle Form der Aufwartung (die mit der

Übergabe des Teppichs an Sarah verbunden war) hatte natürlich sofort den Beifall der Schauspielerin gefunden. Auch die Widmung seines nächsten Buches hatte er ihr bereits versprochen; er hatte die Gärten von Saint-Nazaire geplündert, um ihr Kamelien zu schicken. Jetzt, am 26. Mai, traf er für ein paar Urlaubstage in Paris ein. Er ließ sich am Français vorbeifahren und starrte voll innerer Aufruhr auf die so vertrauten Arkaden: »Es ist eine Tatsache, daß Sarah Bernhardt in meiner Vorstellung einen immer wichtigeren Platz einnimmt.«

Am folgenden Abend um acht Uhr betrat er in der feschen Seemannsuniform, die er gelegentlich zum Vergnügen anlegte, den Musentempel und nahm seinen Platz im Parkett ein. »Der Vorhang hob sich. Sarah Bernhardt saß in einem weißen, mit Perlen übersäten Kleid inmitten der spanischen Hofdamen; sie war hinreißend schön. Sie erkannte mich trotz meiner Verkleidung und lächelte mir von der Bühne zu, und das erstaunte Publikum starrte den tüchtigen Seemann an, dem gerade ein solcher Gunsterweis zuteil geworden war.«

Am nächsten Tag machte Loti in der Avenue de Villiers seine Aufwartung. Er war seit seinem Auftritt mit dem Teppich im Jahr zuvor nicht mehr dort gewesen. Er fand das Haus mehr denn je mit orientalischen Schätzen angefüllt; überall blühten und wuchsen seltene Blumen und Pflanzen, und inmitten einer Gruppe andächtiger Künstler und Gelehrter hielt Sarah Hof.

»Sarah ist ganz in Schwarz gekleidet; am Busen trägt sie eine echte Rose. Sie tritt auf mich zu und reicht mir mit namenloser Anmut die Hand. Dann gratuliert sie mir zu meinem *Rarahu*: Ich hatte ihr das Manuskript zugesandt, und sie hat es im Kreise ihrer Freunde herumgereicht, und wie es scheint, sehen alle in diesem Roman ein Werk ›echter Dichtung‹. Sie lobt mich gleichermaßen wegen des Aquarells, das ich ihr geschickt habe; es hängt zwischen den Meistern an der Wand des Salons. Als ich den Raum betreten habe, hat sie mich durch ihre Begrüßung sogleich mit allen anderen auf gleichen Fuß gestellt, und sie alle beäugen mich ausgiebig.

Ich frage sie, ob ich sie am nächsten Tag allein sehen kann, und schließlich sagt sie, ich solle am nächsten Tag um halb zwei Uhr vorbeischauen.

Ich verabschiede mich und küsse ihre Hand vielleicht inniger, als ich es eigentlich beabsichtigt hatte.«

Am nächsten Tag um Punkt halb zwei klingelte Loti erwartungsvoll an der Tür und wurde in den Salon geführt. Nach ein paar Minuten trat Sarah verträumt in das Zimmer.

»Sie ist wie gestern in Schwarz gekleidet, und die Rosen, die sie an ihrem Busen trägt, hüllen sie in einen süßen Duft.

Sie läßt mich neben sich auf einem Diwan Platz nehmen, dessen Bezug mit schönen chinesischen Stickereien geschmückt ist. Sie stellen Fabeltiere mit goldenen Tatzen dar. Über uns breiten tropische Pflanzen ihre großen Blätter aus.

In Sarahs Augen sehe ich einen Anflug von Melancholie, ein Ausdruck, der eigenartig mit der Lebendigkeit kontrastiert, die sie gestern gegenüber ihrem Hof von Bewunderern an den Tag legte. Ihre Stimme klingt frisch und klar und entführt mich in den einen oder den anderen lieblichen Traum...

Dann klopft unvermittelt jemand an die Tür, und der Zauber weicht. Menschen betreten den Raum: Kaufleute, Schneider und Kostümbildner und bringen wundervolle Kleider herein, die für ihr Gastspiel in London bestimmt sind...

›Heute abend um sechs Uhr‹, sagt Sarah Bernhardt und legt wie in *Hernani* ihre Hand auf meinen Arm, ›werden diese Leute wieder fort sein, und dann bin ich allein...‹

Ich suche zum verabredeten Zeitpunkt Sarahs Haus auf und treibe meinen Fahrer sogar noch an. Etwa zehn Kutschen stehen vor ihrem Haus. Im Hof eilen hastig Diener hin und her, alles steht kopf...

Ein Telegramm hat die Abreise um vierundzwanzig Stunden beschleunigt. Bereits am nächsten Tag mittags müssen sie nach England abreisen. Besucher, Männer von

Welt, Gelehrte und Theaterleute machen in Scharen ihre Aufwartung, um Abschied zu nehmen.

Ich sehe die Szene in dem großen Salon immer noch vor mir: M. Bastien Lepage, Mlle. Louise Abbéma, Mlle. Samary, die langjährige Gefährtin, die Dienstmädchen der Hausherrin, der große Windhund, den Clairin gemalt hat, und der Dalmatiner – sie alle rannten inmitten eines unbeschreiblichen Durcheinanders umher und waren mit den Reisevorbereitungen beschäftigt.

Sarah Bernhardt erteilte ihre Instruktionen überlegt und ruhig. Sie saß gelassen in dem großen gotischen Stuhl, in den ihr Motto *Trotzdem!* eingeschnitzt ist, an ihrem Schreibtisch. Inmitten des Aufruhrs schrieb sie einen ganzen Stapel von Abschiedskarten und -briefen; dann erhob sie sich und überreichte mir freundlich ihr Porträt als Doña Maria de Neubourg.

›Schreiben Sie mir nach London, Monsieur Pierre‹, sagte sie. ›Chester Square siebenundsiebzig. Und vergessen Sie mich nicht.‹«

Teil III
Les Ailes qui s'ouvrent

15 Sarah, die Eroberin

Sarah eroberte England in dem Augenblick, da sie an einem Maimorgen des Jahres 1879 in Folkestone an Land ging. Tausende hatten sich, wie es scheint, zu ihrer Begrüßung versammelt. Und es war in Folkestone und nicht in der Rue de Richelieu, wo sie erstmals den Ruf ›Vive Sarah Bernhardt!‹ vernahm. Mit diesem Hochruf empfing sie ein junger Mann, der wie Hamlet aussah und ihr eine Gardenie überreichte. Es war Forbes-Robertson. »Es dauert nicht mehr lange, dann breiten sie einen Blumenteppich für dich aus«, sagte ein eifersüchtiger Kollege zu ihr. »Die sind alle für Sie«, schrie ein anderer Verehrer, der durch sein langes Haar und seine leuchtenden Augen auffiel, und legte ihr einen ganzen Arm voll Lilien zu Füßen. Das war Oscar Wilde; und Wilde war es auch, der die begeisterte Menge anführte, als die Mitglieder der Comédie den Zug nach London bestiegen.

Sie trafen um neun Uhr mit mehr als einer Stunde Verspätung am Charing-Cross-Bahnhof ein. Sarah war deprimiert. Das Wetter war trübe, und außerdem hatte sie – durch den Empfang in Folkestone bereits verwöhnt – gehofft, auch in London werde ihr ein großer Bahnhof gemacht. Es hatte sich auf dem Bahnhof auch tatsächlich eine große Menschenmenge versammelt, aber niemand schien die Mitglieder der Comédie-Française zu erkennen. Auch hatte man auf dem Bahnsteig einen roten Teppich ausgebreitet, der allerdings für den Prinzen und die Prinzessin von Wales ausgerollt worden war, die soeben nach Paris abgereist waren. Der Prinz habe für das Gastspiel des französischen Theaters zwar eine Loge reservieren lassen (so erfuhr Sarah), aber am ersten Abend würde der Herzog von Connaught seinen Platz einnehmen.

Sarah Bernhardts Stimmung verfinsterte sich immer mehr, während sie durch London gefahren wurde; am Chester Square konnte sie sich kaum dazu durchringen, aus der Kutsche auszusteigen. Aber die Türen des Hauses standen weit offen, die darinnen angezündeten Lichter luden sie ein, und ein Blumenmeer zog sie gleichsam hinein. Sämtliche Blumen waren am Vortag aus Paris eingetroffen – alle, außer einem riesigen, leuchtenden Bouquet. Und an diesem Bouquet war eine Karte angebracht, auf der drei Worte zu lesen waren: »Willkommen! Henry Irving.«

Für den nächsten Tag war der Empfang der Presse festgesetzt. Sarah wollte allen Presseleuten gleichzeitig Rede und Antwort stehen, aber Jarrett untersagte dies. Wenn sie (so sein Argument) alle Journalisten gleichzeitig empfange, so würde jeder einzelne beleidigt sein und einen entsprechend unvorteilhaften Bericht abliefern. Deshalb mußte sie alle Journalisten einzeln empfangen. Es erschienen siebenunddreißig, und sie ließ keinen aus.

Im Grunde genommen war es jedoch Jarrett, der den Verlauf dieser Pressegespräche bestimmte. Wann immer Sarah etwas Dummes sagte, rettete er die Situation; und da sie nur wenig Englisch sprach, fungierte er als Dolmetscher. Als die Journalisten (und zwar alle siebenunddreißig) von Sarah wissen wollten, wie es ihr in London gefalle, wußte sie keine Antwort, denn sie hatte bis dahin nur den Chester Square gesehen. Jarrett antwortete an ihrer Stelle. Am nächsten Tag erfuhr sie, daß sie voller Bewunderung für die Schönheiten Londons sei und daß sie bereits zahllose historische Stätten besucht habe...

Und kaum hatten die siebenunddreißig Journalisten den Chester Square wieder verlassen, als bereits eine Herzogin Sarah ihre Aufwartung machte. Sarahs Gesellschaftsleben hatte begonnen.

Das viktorianische England, wie es sich in der *Times* vom 2. Juni 1879 widerspiegelt, war von verschwenderischem Reichtum. Der Forsyte, der an diesem Tag die Zeitung aufschlug, hatte die Auswahl zwischen eleganten Kaleschen und Landauern, Marmorgrabsteinen und mit Glas getäfelten Särgen sowie den neuesten Büchern von Mr. Ruskin. Falls er sich für ein ›fürstliches Domizil‹ in Upper Norwood (Surrey) entschied, so boten sich seine zukünftigen Diener bereits mit dem nötigen Respekt in dem Anzeigenblatt *Situations Wanted* an: »Kinderschwester sucht Anstellung in adeliger Familie«, »Irische (röm.-kath.) Wäschefrau sucht Stellung«, »Erfahrener Koch sucht Tätigkeit in gehobenem Privathaushalt«. Sollte er sich für eine komplette Eßzimmereinrichtung aus Eiche samt einem fein geschnitzten Sideboard entscheiden, auf dem historische Szenen, Vögel und Früchte dargestellt sind? Der Zulu-Krieg machte Schlagzeilen, und seine Helden wurden von den Herren Brock im Kristallpalast in Form eines Feuerwerks porträtiert. Die Königin unternahm derzeit gerade gemeinsam mit der Prinzessin Beatrice in Balmoral ihre Spaziergänge. Und wenn Forsyte die Programmseite für das Gaiety-Theater aufschlug, so fand er die Ankündigung der ersten Aufführung der Comédie-Française. Für diese Aufführung waren die folgenden Stücke vorgesehen: *Der Menschenfeind*, der zweite Akt der *Phädra* und *Die lächerlichen Preziösen*.

An jenem Tag hatte Sarah Bernhardt um Viertel nach zehn abends ihren ersten Auftritt auf der Bühne des Gaiety und damit vor einem englischen Publikum überhaupt. Sie hatte aus Paris nicht nur den Ruf einer außerordentlich leidenschaftlichen und exzentrischen Frau mitgebracht und nicht nur ihre schauspielerische Reputation, sondern – was viel gefährlicher war – sie hatte gleichermaßen mit der Aura und der Legende Rachels zu kämpfen, die hier in London Triumphe gefeiert hatte. Es war erst fünfundzwanzig Jahre her, seit Rachel London zuletzt im Sturm erobert hatte, und es mußte daher eine ganze Reihe von Zuschauern geben, die sie noch gesehen hatten und instinktiv Vergleiche anstellen würden. Es war typisch für Sarah, daß sie aus freien Stücken und aus Trotz gerade mit jener Rolle begann, in der Rachel ihre unsterblichsten Erfolge gefeiert hatte.

Hinter den Kulissen des Gaiety wurde Sarah jedoch plötzlich von jener eisigen Panik ergriffen, der sie mitunter zum Opfer fiel. Sie war halb ohnmächtig vor Furcht, sie preßte die Zähne zusammen, ihre Hände und Füße wurden kalt. Verzweifelt massierten ihre Kollegen Sarahs schlecht durchblutete Glieder und trugen sie fast mit sanfter Gewalt zu ihrem ersten Auftritt neben die Bühne. Sie sprach vor lauter Nervosität mit zu hoher Stimme und war deshalb gezwungen, diese Stimmlage während des gesamten Aktes beizubehalten. »Sie werden nun vielleicht denken, daß die Engländer dies als gleichermaßen unangenehm empfunden hätten wie wir Pariser. Aber nein«, schrieb Sarcey, der über den Kanal geeilt war, »sie waren bezaubert, sie klatschten frenetisch, sie riefen sie wieder und wieder vor den Vorhang; und als sie an Mounet-Sullys Schulter gelehnt – ohne dessen Unterstützung sie wahrscheinlich zusammengebrochen wäre – blaß und halbtot vor dem Vorhang erschien, jubelten sie ihr begeistert zu...«[1] Dem gerührten Kritiker der *Times*, der einst Rachel in höchsten Tönen gepriesen hatte, blieb nun keine Zeit, bis zum Auftritt von Rachels Schwester Dinah zu warten, die in *Die lächerlichen Preziösen* auftrat. Er eilte geradezu in Ekstase zum Verlagshaus zurück und schrieb: »Wir erinnern uns nur zu gut der melancholischen Größe Rachels, der geballten Leidenschaft, die wie ein Feuer in ihrem Herzen zu brennen schien. Ihre Phädra mag fürchterlicher und eindringlicher gewesen sein, aber sie war vielleicht weniger fraulich und sympathisch und weniger mitreißend als die Phädra Sarah

Bernhardts. Angesichts der einen durchfuhr uns ein Kälte-schauder, der unsere Nerven erstarren ließ, für die andere indessen empfinden wir ein lebhaftes, fast zärtliches Mitge-fühl. Die flehende Haltung jener langen, sich anklammern-den Arme drückt ein solches Maß an Zerbrechlichkeit und jugendlicher Unschuld aus, daß wir den Eindruck gewin-nen, von den zweien eher Hippolytos wegen seiner Kälte als Phädra wegen ihrer Leidenschaft tadeln zu müssen. Mlle. Sarah Bernhardt hat bereits die Herzen des Londoner Publikums erobert.«[2]

»Ihre körperliche Erscheinung«, schrieb ein anderer Zu-schauer, »ist von Sinnlichkeit und Wollust gänzlich frei. Blaß und ohne ausgeprägte weibliche Rundungen oder schwellende Formen ist sie fähig, gleichsam geistig ent-flammt die stärksten und quälendsten menschlichen Lei-denschaften zum Ausdruck zu bringen...

Als sie allein ins Rampenlicht trat – in jenem Monolog, da sie ihre unglückliche Liebe zugleich gesteht und beklagt –, herrschte tiefes Schweigen. Niemand konnte klatschen; wir konnten nur mühsam atmen und die Hände zusammen-pressen. Die langsam und emphatisch vorgetragene Dekla-mation sowie das kleine weiße und muskulöse Gesicht waren einfach zu ergreifend – die Tragödie erschien uns nur allzu wirklich.«[3]

Sarahs Entschlossenheit, London im Sturm zu nehmen, und die Leidenschaft, mit der sie ihre Rolle spielte, hatten sie völlig erschöpft. An jenem Abend hatte sie einen solch starken Hustenanfall, daß eilig ein Diener zur französi-schen Botschaft gesandt wurde, um einen Arzt zu holen.

Dr. Vintras, der Chefarzt des französischen Krankenhau-ses, war wegen Sarahs Zustand so besorgt, daß er darum bat, man möge ihre Familie zusammenrufen. Sarah, die vielleicht wußte, daß ihr Leiden hauptsächlich nervlich bedingt war, lehnte diesen Vorschlag ab und schrieb, da sie nicht sprechen konnte, auf ein Blatt Papier: »Senden Sie ein Telegramm an Dr. Parrot.«

Dr. Parrot, der bereits seit längerem ihr Hausarzt war, traf am Nachmittag des nächsten Tages ein und untersagte ihr kategorisch, in der Abendvorstellung mitzuspielen. Die Atmosphäre wurde jedoch immer spannungsgeladener. Dr. Vintras und Michael Mayer, der Impresario der Comédie-Française, warteten ungeduldig in einem Nebenzimmer. John Hollingshead, der Direktor des Gaiety, saß draußen nervös in seiner Kutsche, um zu erfahren, ob er die Aufführung von *L'Étrangère* absagen müsse oder nicht.

Es waren offenbar Parrots Anweisungen, die für Sarahs Entscheidung den Ausschlag gaben. Und Sarah hatte sich, seit dem Tag, da sie die Absicht gehabt hatte zu sterben, nur um die Autoritäten bloßzustellen, nicht verändert. Jetzt bat sie Parrot, den Raum zu verlassen, zog sich rasch an und fuhr in Windeseile in Mayers Einspänner zum Gaiety (wo sie sich vorsichtshalber im Büro des Direktors versteckte). Armer Parrot! Er machte die gleiche Erfahrung wie alle, die sich Sarahs Wünschen nicht fügen wollten. Eine halbe Stunde später überbrachte Sarahs Mädchen einen Brief von Parrot, in dem sich Zuneigung und Wut, Vorwürfe und Ratschläge mischten. Außerdem hatte er dem Schreiben für den Fall eines neuerlichen Zusammenbruchs noch ein Rezept beigefügt. Er schrieb, er werde noch in dieser Stunde nach Paris abreisen und habe nicht die Absicht, sich von ihr zu verabschieden.

Parrots Vorhaltungen waren durchaus berechtigt. Während Sarah für *L'Étrangère* umgekleidet wurde, hatte sie drei Ohnmachtsanfälle. Als sie schließlich auf die Bühne trat, war sie mit Opium vollgepumpt und wandelte wie im Traum umher. Sie konnte das Publikum durch das Scheinwerferlicht, das ihr entgegenstrahlte, kaum erkennen, und ihre Stimme schien von sehr weit her zu kommen.

Der erste Akt verlief tadellos; aber im dritten Akt, als Mrs. Clarkson der Herzogin von Septmonts die Geschichte ihres Lebens erzählen sollte, ließ ihr Gedächtnis Sarah im Stich. Umsonst soufflierte ihr die Herzogin, vergebens gab sie ihr

Stichwörter und Zeichen. Mrs. Clarkson konnte weder vom Mund ablesen noch ihr deutlich vorgesprochene Wörter verstehen. Und dann erwiderte sie – noch immer tief in ihrer Opium-Trance: »Madame, ich habe Sie hierhergebeten, um Ihnen mein Verhalten zu erklären... Ich habe es mir anders überlegt, ich werde es Ihnen heute nicht erklären.«

Sophie Croisette, die die Herzogin von Septmonts spielte, schaute sie entgeistert an, erhob sich und verließ die Bühne. Constant Coquelin, der Herzog von Septmonts, wurde auf die Bühne geschickt, um den Akt einigermaßen anständig zu Ende zu bringen. Und Sarah, die hundertsechsundsechzig Zeilen – und damit die wichtigste Szene – des Textes einfach weggelassen hatte, war sich ihres ungewöhnlichen Verhaltens glücklicherweise überhaupt nicht bewußt geworden.

Wie seltsam Sarah an diesem Abend auch auf der Bühne agierte, die Zuschauer hatten nur Augen für sie, und es erwies sich als »unmöglich, Sarah Bernhardts Verkörperung dieser gefährlichen *charmeuse* zu überschätzen, dieser Frau, die halb Sirene, halb Schlange ist und die geschmeidige und verlogene Schönheit der einen mit der magischen Stimme und der verführerischen Tücke der anderen vereinigt«.[4] Sarcey murrte unfreundlich in der Pose des unendlich überlegenen Parisers, der sich plötzlich unter die englischen Barbaren versetzt sieht, wenn Sarah nicht ihr ganzes Können gezeigt habe. Aber auch Sarcey sonnte sich nolens volens in den Strahlen ihres Triumphes. Nach Paris schrieb er: »Es ist kaum möglich, sich vorzustellen, welch ungeheure Begeisterung Mlle. Sarah hier erregt. Es grenzt schon an Besessenheit. Wenn ihr Auftritt kurz bevorsteht, geht geradezu ein Beben durch das Publikum. Dann tritt sie auf, und ein bewunderndes, freudiges ›Ah‹ entringt sich jeder Kehle. Die Menschen lauschen nach vorne gebeugt und mit vor die Augen gepreßten Operngläsern atemlos jeder Silbe, damit ihnen auch nicht das Geringste entgeht.

Sie brechen in wilden Applaus aus, sobald sie geendet hat. Wohin man auch geht, überall wird von ihr gesprochen, und jeder möchte alles über sie wissen...« Und als eines Abends die Dame, die im Gaiety neben Sarcey saß, von diesem erfuhr, daß Sarah möglicherweise in *Ruy Blas* auftreten werde, sah sie den eher unscheinbaren kleinen Kritiker an, »als sei ich die von der Arche Noah ausgesandte Taube, die mit einem grünen Zweiglein im Schnabel zurückkehrt«. Ein Zuschauer brachte zu Füßen des neuen Idols Rachel als Opfer dar; ein anderer erklärte, daß Sarah Bernhardt nicht nur die größte Künstlerin ihrer Zeit, sondern schlechthin aller Zeiten sei. »Sie öffnen jede Schleuse der Bewunderung und gießen eine Flut des Lobes über sie aus... Aber wird diese Flut vierzig Tage und vierzig Nächte andauern?« fragte Sarcey. »Was werden sie erst sagen, wenn sie wirklich gut ist?«

Als sie wirklich gut war, als sie sich nämlich aus Mrs. Clarkson in die jungfräuliche, von Liebe erfüllte Doña Sol verwandelte, war das ganze viktorianische London völlig hingerissen. Es war wirklich eine Aufführung voll höchster Poesie: »In dem Stück empfängt sie ihren als Räuber lebenden Geliebten mit einer wahrhaft bestrickenden und unendlich liebevollen Zärtlichkeit; es ist die reine Freude zuzusehen, wenn sie ihn ihrer Liebe versichert..., und all dies verwandelt sich, wenn es seinen sprachlichen Ausdruck findet, in die sanfte Musik der süßesten Stimme, die wir je auf einer Bühne gehört haben... In Doña Sol ist sie alles, was zu sein ihr die Rolle gestattet.«[5]

Der persönliche Triumph, den Sarah 1879 feiern konnte, kam jenem Erfolg gleich, den Rachel neununddreißig Jahre zuvor errungen hatte. Aber war es nicht vielleicht diesmal ebensosehr ein Triumph der Öffentlichkeitsarbeit wie des schauspielerischen Könnens? Man könnte es jedenfalls glauben. Sarah war ihrer Kunst nicht mit der gleichen Ausschließlichkeit hingegeben wie Rachel. Sie hatte viel mehr von einer Gauklerin an sich als ihre große Kollegin, und außerdem hatten die Techniken der Massenbeeinflussung in den Jahrzehnten zuvor rapide Fortschritte gemacht.

Aber aus welchem Grund auch immer: Als Sarah in *Phädra* auftrat, war jeder Platz im Gaiety ausgebucht, und das Ensemble der Comédie im allgemeinen und insbesondere Sarah Bernhardt feierten unzählige gesellschaftliche Triumphe. Der Lord Mayor empfing sie – wie die *Times* sich zu Ehren der französischen Gäste auszudrücken beliebte – zum *déjeuner* in seinem Amtssitz und ließ nach dem ausgedehnten Frühstück einen Pokal die Runde machen. Dann trank er auf die Gesundheit der Königin und des Präsidenten und führte seine Gäste durch die verschiedenen Amtsgebäude. (Einige hohe Beamte mußten »Mme. Bernhard und ihren Begleitern jedoch eigens versichern, daß der Bürgermeister, der anläßlich des Empfangs weder seine offizielle Robe noch seine Amtskette getragen hatte, gewiß nicht die Absicht gehabt habe, sie zu beleidigen, und daß auch der Umstand, daß er sie in einem Saal, dessen Stirnseite mit den Büsten Wellingtons und Nelsons geschmückt war, in keiner Weise als Kränkung aufzufassen sei!«) Was Sarah anbelangte, so war ihre Anwesenheit in London überall das beherrschende Thema. Eine Baronesse dinierte mit ihr in Princes Gate, und Sarah fand das Diner ganz vorzüglich. Lord Dudley kutschierte sie die Rotten Row hinunter. Ein Bewunderer, der sie bereits nach allzu kurzer Bekanntschaft in sein Haus einlud, wurde aufs unangenehmste enttäuscht: Seine äußerst gespannten Gäste warteten etwa eine Stunde lang vergeblich auf Sarah; dann nahm er eine Droschke, um sie abzuholen. Er kehrte alleine zurück und »erklärte ein wenig bekümmert, daß ihr Mädchen auf seine Frage erwidert habe: ›Madame ist im Bad und wird heute mit Mylady X das Mittagessen einnehmen...‹ Natürlich war die ganze Situation für meinen Mann äußerst peinlich«, fügte Mrs. Comyns Carr diesen Ausführungen noch hinzu. [6] Sir Algernon Borthwick (der spätere Lord Glenesk) von *Morning Post* hatte mehr Glück: Er konnte Madame nicht nur überreden, im Eaton Place eine Privatvorstellung zu geben, sondern er erhielt von ihr sogar ein von ihr selbst modelliertes bronzenes Tintenfaß, das den Körper einer Sphinx darstellte, der sie ihren eigenen Kopf aufgesetzt hatte. Jahrelang wechselten sie von da an »freundschaftliche Briefe, in denen hauptsächlich der neueste Klatsch ausgebreitet wurde«[7]; und anläßlich eines von Borthwick ausgerichteten Frühstücks traf Sarah erstmals mit Lily Langtry zusammen, die ihre Eindrücke in der für sie typischen weiblichen Großzügigkeit folgendermaßen zusammenfaßt:

»Diese große und überwältigende Künstlerin war so einzigartig, daß es mir fast unmöglich erschien, sie *zugleich* völlig zu verstehen und sie in angemessener Weise zu beurteilen. Ihre wundervolle Sprache, ihre liebliche, seidenweiche Stimme, ihr natürliches Verhalten auf der Bühne, ihr leidenschaftliches Temperament, das Feuer, das in ihr loderte – kurz, ihr unfaßbarer Genius –, erregten sprachloses Erstaunen ... Sie konnte die Fantasie der Menschen in ihren Bann ziehen, wie es sonst vielleicht nur einem großen Dichter möglich ist.

Sie kleidete sich wunderschön: Meist trug sie lange wallende, weiße Gewänder, die reich mit Stickereien und Perlen besetzt waren, wie es damals die Mode vorschrieb. Um den Hals hatte sie ein großes Tülltuch gebunden, wie man sie auf Georges Clairins Bildern häufig sieht ...

Maler und Dichter bewunderten sie. Oscar Wilde war hingerissen von ihrer Ähnlichkeit mit den Motiven altrömischer Münzen und schleppte sie mit ins Britische Museum, um auf Münzen, Gemmen und Vasen dieser historischen Periode nach ihrem Abbild Ausschau zu halten ...«

Während Mrs. Langtry das Britische Museum besuchte, schrieb die allgegenwärtige Sarah atemlos Briefe nach Hause, in denen sie von ihren Triumphen und Plänen berichtet (so jedenfalls hat uns ein erfindungsreicher Chronist überliefert):

»Ich bin nicht mehr Herrin meiner selbst, ich gehöre dem heiteren Albion und einer ganzen Nation von Enthusiasten. Ich mußte mich in letzter Zeit überall zeigen und dafür Sorge tragen, daß eine völlig außer sich geratene Öffentlichkeit mich zu Gesicht bekam, das ist der Grund, weshalb ich erst jetzt schreibe. Ich habe so viel zu tun...

Wie ihr sicherlich schon wißt, hatten wir eine schreckliche Überfahrt, weil die Navigatoren noch immer kein Mittel gegen die Seekrankheit gefunden haben. Ich werde dieses Heilmittel selbst finden... Da ich nicht die Absicht habe, neuerlich unwürdigen Krankheiten zum Opfer zu fallen, werde ich lernen, einen Ballon zu lenken, sobald ich einmal Zeit dazu finde... Das soll mich allerdings nicht davon abhalten, an dieser Stelle kurz auf den Plan für einen unterirdischen Tunnel zwischen England und dem Kontinent zu sprechen zu kommen. Die Ingenieure sind diesbezüglich nicht sehr optimistisch. Früher oder später werde ich mich wohl darum kümmern müssen, wenn aus alledem etwas werden soll. Aber wann? Ich habe nicht die geringste Ahnung: Ich habe so viel zu tun!

Ein eigenartiges Land, dieses England, und seine Geschichte ist noch nicht einmal wirklich niedergeschrieben worden. Sollte ich einmal fünf Minuten Zeit haben, werde ich mich auch mit dieser Frage befassen... Und im übrigen, was für eine großartige Verwaltung! Oh, wie glücklich ich doch wäre, könnte ich meinem Land eines Tages eine Kolonialverwaltung geben, wie sie für das perfide Albion bereits heute selbstverständlich ist... Aber ach! Auch dafür werde ich kaum die notwenige Zeit finden... Ich habe so viel zu tun!«[8]

Sie hatte tatsächlich viel zu tun. Am 26. Juni trat sie in *Andromache* auf, um die Kritiker wieder für sich einzunehmen, die *Le Sphinx* verrissen und auch für *Zaïre* wenig Verständnis gezeigt hatten. Und die Kritiker hatten sich nicht nur mit der Schauspielerin Sarah Bernhardt zu befassen, sondern ebenfalls mit der Malerin und der Bildhauerin. Auf Jarretts Betreiben hatte sie acht Plastiken und zehn Bilder mit nach London gebracht und sie in einer Galerie am Piccadilly ausgestellt.

Einhundert Einladungen waren verschickt worden, und zu ihrer großen Freude fanden sich zwölfhundert Gäste ein. Der Prinz und die Prinzessin von Wales hatten ihr Kommen zugesagt, Frederick Leighton bewunderte ihr Palmsonntag-Bild, und selbst Mr. Gladstone sprach an diesem Abend länger als zehn Minunten mit ihr über die *Phädra.*

Die glückliche Künstlerin stattete in den folgenden Tagen Liverpool einen heimlichen Besuch ab und erstand in Mr. Cross' Tierhandlung einen Geparden und einen Schäferhund. Mr. Cross, der voll der Bewunderung für Sarah war, schenkte ihr sechs kleine und ein großes Chamäleon, das bei Sarahs Rückkehr nach London – durch eine goldene Kette an der Flucht gehindert – auf Sarahs Schulter saß.

Das Personal am Chester Square 77 teilte ihr Vergnügen allerdings keineswegs. Mme. Guérard schrie laut auf, als sie die sieben Chamäleons sah; der *maître d'hotel* hatte panische Angst vor dem Schäferhund. Und als sie den Gepard in dem Garten des Hotels laufen ließ und Bizibouzou, der Papagei, wild kreischte und Darwin, der Affe, wütend die Zähne fletschte und an seinem Käfig schüttelte, öffneten sich alle Fenster am Chester Square. Und das viktorianische London beobachtete das Geschehen gleichermaßen amüsiert wie erstaunt und bestürzt.

Am nächsten Tag sprach man überall von Sarahs Privatzoo. Und als Got, der den Auftrag hatte, die schärfste Mißbilligung der Comédie zu übermitteln, dabei zusah, wie Sarah den Gepard von der Leine ließ, konnte er sich vor Lachen nicht mehr halten.

Der Klatsch über den Privatzoo, den Sarah am Chester Square eingerichtet hatte, wurde jedoch bald durch dramatische Ereignisse innerhalb der Comédie in den Hintergrund gedrängt.

Am 21. Juni sollte anläßlich einer Matinee zum zweiten Mal L'Étrangère aufgeführt werden. Sarah hatte darum gebeten, ein anderes Stück zu spielen, da sie sich nicht wohl fühle. Aber die Vorverkaufszahlen waren so beeindruckkend, daß sich die Comédie weigerte, ein anderes Stück aufzuführen. Got bat eine andere Schauspielerin, Sarahs Rolle zu übernehmen, aber die Schauspielerin bekam es mit der Angst zu tun und lehnte ab. Dann wurde Tartuffe anstelle von L'Étrangère auf den Spielplan gesetzt, und die Zuschauer verlangten ihr Geld zurück.

Dieser überwältigende Beweis für Sarahs Popularität ließ innerhalb des Ensembles der Comédie die Wellen des Neides und der Eifersucht hochschlagen. Sarcey, der wendige Opportunist, schloß sich diesen Angriffen an. Ein Gewirr bösartiger Gerüchte geisterte plötzlich durch die Presse. So hieß es beispielsweise, daß man Sarah Bernhardt für einen Schilling Eintrittsgeld in Männerkleidern bewundern könne – daß man sie sogar, ohne Eintritt zu bezahlen, dabei beobachten könne, wie sie auf ihrem Balkon riesige Zigarren rauche, daß sie sich als Hanswurst verkleide, im Garten fechte und Boxunterricht nehme. Offenbar fing die englische Öffentlichkeit allmählich an, den »Enten« der französischen Presse Glauben zu schenken, denn ein englischer Schneider bot Sarah an, ihr kostenlos einen Herrenanzug anzufertigen und ihr sogar 100 Pfund zu zahlen, wenn sie sein Meisterwerk öffentlich trage. Sie erhielt zahlreiche Kisten Zigarren, und Box- und Fechtlehrer boten ihr kostenlos ihre Dienste an. Ein von Albert Wolff im Figaro veröffentlichter Artikel brachte das Faß zum Überlaufen. Am 27. Juni antwortete sie ihm:

»Mein lieber Monsieur Wolff, glauben Sie diesen Unsinn etwa auch? . . . Gut, dann gebe ich Ihnen mein Wort, daß ich hier in London niemals Herrenkleider getragen habe. Ich habe nicht einmal das Gewand dabei, das ich beim Bildhauern trage. Ich habe nur ein einziges Mal meine kleine Ausstellung besucht, und zur Eröffnung habe ich nur einige private Einladungen verschickt. Niemand hat also einen Schilling dafür bezahlt, mich sehen zu können. Ich trete hier bei bedeutenden gesellschaftlichen Anlässen auf, das ist richtig. Aber immerhin bin ich – wie Sie vielleicht wissen – eine der am schlechtesten bezahlten Sociétaires der Comédie-Française. Folglich habe ich auch das Recht, mir für die entsprechenden finanziellen Einbußen einen Ausgleich zu suchen.

Ich zeige hier zehn Bilder und acht Plastiken. Das ist wahr. Aber da ich sie mitgebracht habe, um sie zu verkaufen, muß ich sie doch wohl ausstellen.

Was den Respekt anbelangt, den ich dem Haus Molières schuldig bin, so bin ich der Meinung, lieber Monsieur Wolff, daß ich es weniger an Achtung habe fehlen lassen als alle anderen. Denn ich persönlich bin außerstande, solche Verleumdungen zu erfinden...

Und für den Fall, daß Paris den Unsinn, der über mich in Umlauf gebracht wird, allmählich satt hat, und man beschlossen hat, mir zu Hause einen kühlen Empfang zu bereiten, so möchte ich nicht der Anlaß für ein derart würdeloses Verhalten sein. Deshalb werde ich meinen Vertrag mit der Comédie kündigen.«

In London löste diese Nachricht in weiten Kreisen Bestürzung aus. John Hollingshead ließ in der *Times* verlautbaren, daß der Spielplan des Gaiety von diesen Vorgängen nicht betroffen sei. Aber auch wenn Hollingshead die Londoner Theaterfreunde beruhigen konnte, in der Direktion der Comédie-Française breitete sich zunehmend Nervosität aus, und zwischen Got, der in London weilte, und dem völlig aufgelösten Perrin in Paris kam es zu einem hektischen Briefwechsel.

Und während diese aufgeregte Korrespondenz vonstatten ging, suchte Mme. Bernhardt die Situation zu ihren Gunsten auszuschlachten, schob ihre Kündigung zunächst wieder auf und stürzte sich fröhlich in eine neue Aktivität, die ihr die Möglichkeit bot, abermals im Mittelpunkt zu stehen: Dieser Anlaß war die alljährlich in der Royal Albert Hall stattfindende französische Fête.

Der Erlös der für den siebten und achten Juli angesetzten Fête sollte dem französischen Krankenhaus zugute kommen. »Wer weiß«, fragte ein begeisterter Journalist, »welch schwindelerregenden Preis eine Rose erreichen kann, wenn Mlle. Sarah Bernhardt sie zuvor in den Händen gehalten hat?«[9] Man erwartete an beiden Tagen den Besuch des Prinzen von Wales, und der Kentischen Eisenbahn oblag die ehrenvolle Aufgabe, die Musikkapelle der Garde Républicaine, die im Auftrag der französischen Regierung nach England reiste, kostenlos nach London zu transportieren. Die Kellereien Montebello und Mareuil spendierten einige Dutzend Flaschen ihres besten Champagners, und es sollte »Schokolade aus allen berühmten Konfiserien der Pariser Boulevards und der Bond Street« angeboten werden. Man erwartete, daß die Albert Hall so voller Menschen sein werde »wie die Pariser Oper während einer Galavorstellung«.[10]

Und die Fête enttäuschte selbst derart hochgeschraubte Erwartungen nicht. Der frankophile Prinz eröffnete den Tag mit einem Besuch im französischen Krankenhaus, wo er sich auch in das Besucherbuch eintrug – jedoch nicht, wie vielleicht noch hinzuzufügen ist, bevor Sarah Bernhardt das Buch mit ihrer eigenhändigen Unterschrift geschmückt hatte. Ihre Unterschrift erzielte, wie sich am Nachmittag noch zeigen sollte, Gebote zwischen zehn Schilling und zehn Pfund.

Bereits zehn Minuten nach der Eröffnung der Fête glich das Innere der Albert Hall »einer konfusen Symphonie in Violett, Weiß und Blau, in deren Mitte opulent verkleidete Gestalten mit erhobenen Händen winkten, Blumen streuten oder Süßigkeiten anboten«. Zwei kräftige Polizisten schirmten die Menschenmenge von Ihren königlichen Hoheiten ab, und der Thronfolger »hatte so Gelegenheit, eine Schachtel Bonbons von Mrs. Langtry zu erwerben, die, mit einem flachen gelben Hut und einem Brokatkleid angetan, an dem Verkaufstisch der Gräfin von Bülow stand. Die Prinzessin von Wales kaufte zwei kleine blauäugige Kätzchen von Sarah Bernhardt. Der Prinz erwarb ein Ölporträt Sarah Bernhardts, und die hohen Herrschaften hielten sich lange Zeit an dem Stand auf, an dem Mme. Bernhardt während des ganzen Nachmittags für ihre Autogramme und die übrigen Artikel, die sie anzubieten hatte, bei ihren Verehrern Höchstpreise erzielte, so daß sie am Ende unter allen Prominenten mit 256 Pfund die höchsten Einnahmen erzielt hatte. Ihr Vorrat an Fotografien war bald erschöpft. Die von ihr selbst bemalten Fächer gingen am frühen Nachmittag zur Neige, und ein begeisterter amerikanischer Verehrer erwarb an einem Nebenstand einen Fächer und gab ihr für das Autogramm, das sie darauf schrieb, eine Zehn-Pfund-Note. Die Kätzchen der Prinzessin von Wales kosteten Ihre königliche Hoheit zehn Pfund, und der Prinz von Wales warf, bevor er ging, ein Bündel Geldnoten auf den Tisch, um seine Rechnung zu begleichen. *Il a été très généreux*, lautete das allgemeine Urteil.«[11]

Hatte seine Großzügigkeit eine tiefere Bedeutung? Man kommt nicht umhin, sich zu fragen, ob der starke Eindruck, den Mme. Bernhardt auf den Prinzen ausgeübt hatte, bereits persönlicher Natur war. Als die dankbare Comédie ihm ein Album mit den Autogrammen der Ensemblemitglieder überreichen ließ, war er insbesondere von der Titelseite angetan, die Sarah signiert hatte; diese Titelseite zeigte die Büsten Shakespeares und Racines, über denen mit ausgebreiteten Flügeln die Ruhmesgöttin schwebte. Läßt sich dem kurzen Schreiben, das Got im Juni von Sarah erhielt, bereits entnehmen, daß zwischen dem Prinzen von Wales und ihr eine besondere Beziehung bestand?

»Mein lieber Monsieur Got,
bin gerade vom Prinzen von Wales zurückgekehrt. Es ist jetzt zwanzig nach eins, und ich kann an der Probe nicht mehr teilnehmen. Ich war seit elf Uhr beim Prinzen und konnte mich nicht losmachen.

Verzeihen Sie bitte, lieber Monsieur Got. Ich werde mir Ihre Vergebung morgen verdienen, indem ich auf meine Rolle bestens vorbereitet sein werde.

Mit herzlichen Grüßen
Sarah Bernhardt

Die Comédie gab ihre abschließende Vorstellung am 12. Juli. Eine der letzten Aufführungen war der *Ruy Blas*, und die Londoner erinnerten sich noch lange an die sanftmütige, in weiße Seide gekleidete Königin »mit ihrer altmodischen kleinen Krone aus unendlich fein verarbeitetem Silber – und an Mlle. Baretta, die ihr in ihrem goldgestreiften Seidenkleid als Casilda zur Seite stand –, an diese zwei jugendlichen und anmutigen jungen Frauen inmitten des von eiserner Etikette geprägten spanischen Hofes«. [12]

Sarcey gab der ihm genehmen Auffassung Ausdruck, daß Sarahs Vertragsaufkündigung ihr selbst bei weitem mehr schaden würde als der Comédie-Française: »Sie ist eine himmlische Lyra, aber sie allein hat nur zwei oder drei Saiten.« Paris reagierte zynisch; und auch Henry James konnte seinen Zynismus nicht ganz unterdrücken. Ihr Auftritt in *Ruy Blas*, so meinte er, sei »blutleer und ohne Reiz«; in *L'Étrangère* sei ihre Leistung beinahe »grotesk schlecht«; in *Zaïre* habe sie auch »keinen Eindruck« hinterlassen, und in der *Andromache* habe sie, obwohl ihr dies allerdings perfekt gelungen sei, »nichts weiter zu tun, als in der Haltung einer Trauerweide dazustehen«. Und als im Gaiety der letzte Vorhang niedergegangen war, machte er sich – lächelnd über Mme. Bernhardts unbändiges Ruhmverlangen – auf den Heimweg:

»Sie ist für mein Gefühl nicht berühmt, weil sie eine Künstlerin ist. Vielmehr ist sie offenbar so berühmt, weil sie dies mit einer Inbrunst wünscht, deren kaum je ein anderer Mensch fähig gewesen ist, und weil ihr kein Mittel zu schade ist, um dieses Ziel zu erreichen. Sie kann sich

allerdings, was das Londoner Publikum anbelangt, schmei-
cheln, dieses Ziel völlig erreicht zu haben... Ich habe den
starken Verdacht [fügte er hinzu], daß sie in der westlichen
Welt eine triumphale Karriere machen wird. Sie ist einfach
zu amerikanisch, um in Amerika nicht erfolgreich zu sein.
Das Volk, das die Kunst und die Wirkung der Publizität und
der Werbung zu höchster Blüte entwickelt hat, wird in einer
Figur, der es auf wundersame Weise immer wieder gelingt,
im Rampenlicht zu stehen, spontan einen verwandten
Geist erkennen. Das Ausscheiden von Mlle. Bernhardt
wird für die Comédie-Française zwar ein Verlust sein, das
Theater jedoch nicht in seinen Grundfesten erschüttern. So
reizvoll manche ihrer Talente und so außergewöhnlich und
romantisch ihre ganze künstlerische Persönlichkeit auch
sein mögen, so kann man dennoch nicht im geringsten von
ihr sagen, sie sei eine vollendete Schauspielerin oder das,
was die Franzosen eine echte Comédienne nennen. Sie hat
bei weitem nicht die Klasse einer Rachel oder einer
Desclée.«[13]

16   Abschied von der Comédie

Sarah war kaum in die Avenue de Villiers zurückgekehrt,
als Perrin sie aufsuchte und in einem väterlichen und
versöhnlichen Ton mit ihr sprach. Von ihrer Kündigung
war in dem Gespräch keine Rede. Er tadelte sie sanft, weil
sie auf ihre Gesundheit so wenig Rücksicht nehme, dann
kritisierte er sie milde, weil sie eine solche Sensation
verursacht habe. Und als er feststellte, daß sie wenigstens
dies eine Mal folgsam und seinen Argumenten zugänglich
war, gab er ihr den Rat, an der aus Anlaß von Molières
Geburtstag veranstalteten Zeremonie diesmal nicht teilzunehmen. Er befürchte, so gab er ihr zu verstehen, daß man
ein Komplott gegen sie ausgeheckt habe.

Aber offenbar kannte er sein Gegenüber noch immer
nicht richtig. Sarah hatte bereits anonyme Drohbriefe erhal-

ten, und es bedurfte keiner weiteren Anstrengungen, um sie zum Kampf anzustacheln. Daher beschloß sie auf der Stelle, an der Feier, die in Verbindung mit der ersten Vorstellung der Comédie nach ihrem London-Gastspiel stattfinden sollte, jetzt erst recht teilzunehmen. Und sie beschloß weiterhin, entgegen den Gepflogenheiten während der Zeremonie allein auf die Bühne zu treten und sich der öffentlichen Meinung zu stellen.

Als sich am 2. August der Vorhang hob, war das Theater brechend voll: Manche der Zuschauer waren aufs äußerste gespannt, andere hatten ein mulmiges Gefühl, alle platzten jedoch beinahe vor Neugier. Immer paarweise betraten die Schauspieler von den beiden entgegengesetzten Seiten aus die Bühne; sie hielten Palmzweige und Kränze in der Hand, mit denen sie die Büste Moliéres schmückten. Dann hatte Sarah ihren Soloauftritt. Langsam trat sie ins Rampenlicht. Im Gegensatz zu ihren Kollegen verbeugte sie sich jedoch nicht. Sie stand erhobenen Hauptes da und starrte der Pariser Gesellschaft unbeugsam ins Auge. Ein Beben erfaßte das Publikum; und plötzlich brach tosender Beifall aus. Das war einer der größten Triumphe in ihrer Karriere.

Am 25. März 1880 machte Pierre Loti in der Avenue de Villiers seine Aufwartung und erfuhr, daß Sarah krank und ihre Tür für ihre Bewunderer verschlossen sei. Für den Stifter des Perserteppichs und Verfasser des *Rarahu* wurde sie dann jedoch ausnahmsweise geöffnet, und es wurde ihm gestattet, im Salon zu warten. »Eine bemerkenswert geschwätzige und amüsante alte Frau, zweifellos eine alte Schauspielerin, wurde dann abkommandiert, um mir Gesellschaft zu leisten. Etwa fünfundvierzig Minuten später erhielt ich die Erlaubnis, in das luxuriöse ›Begräbnis‹-Zimmer, das völlig mit schwarzer Seide ausgehängt war, hinaufzugehen. Irgendwo in den Weiten ihres Himmelsbettes lag Sarah unter einer weißen, seidenen Daunendecke verborgen. Sie sah mich an, als spiele sie die Kranke. Ich hatte niemals ein solches Leuchten in ihren Augen gesehen. Wie im zweiten Akt des *Ruy Blas* bot sie mir ihre Hand zum Kuß. Das Skelett Lazarus saß neben ihr; auf der anderen Seite des Bettes saß die geschwätzige alte Frau, die ich als störend empfand... Als mein Besuch vorüber war, begleitete mich wiederum die alte Frau zur Tür; sie überschüttete mich geradezu mit Höflichkeitsfloskeln, dabei entdeckte ich auf ihrem Gesicht einen Ausdruck unnachahmlicher Komik...«[1]

Man kann sich in der Tat fragen, ob die Krankheit diplomatische Gründe hatte und ob sich bereits zu diesem Zeitpunkt ein dramatischer Sturm zusammenbraute. Denn innerhalb der folgenden vier Wochen brach dieser Sturm los.

Am 17. April spielte Sarah erstmals eine Rolle, die zu den größten Erfolgen von Mme. Plessy gehört hatte: die Rolle der Clorinde in *L'Aventurière*. Sie verachtete die Rolle und das ganze Stück. Und da sie auch den Verfasser Émile Augier nicht ausstehen konnte, sagte sie ihm anläßlich eines Wutausbruchs ihre Meinung.

Am 14. April hatte sie Perrin schriftlich gebeten, sie von den letzten Proben freizustellen, da sie ans Bett gefesselt sei und ihre Stimme verloren habe. Am Premierenabend noch hatte sie ihn gebeten, die Aufführung von *L'Aventurière* um eine Woche zu verschieben, da sie während der vergangenen drei Tage weder ihre Rolle habe lernen noch ihre Kostüme habe anprobieren können. Aber Perrin hatte eine solche Verschiebung glatt abgelehnt.

Das Ergebnis war eine Katastrophe. »Man braucht nur ihr exzentrisches Kostüm zu sehen«, kommentierte das *Journal des Débats* schneidend, »um zu erkennen, daß sie ihre Rolle nicht einmal richtig verstanden hat. Ihren Gesten und ihrer ganzen Erscheinung ermangelte es an jeglicher Noblesse... Wollen wir doch ehrlich sein: Ihre Ausbrüche im dritten Akt waren äußerst geschmacklos.« In einer Szene des Stückes, als Sarah sich über eine Kerze lehnte, fürchteten die Zuschauer, sie werde ihr Haar in Brand setzen. Am folgenden Tag schrieb eine Zeitung, sie habe ihr Haar tatsächlich in

Brand setzen wollen, um die katastrophale Vorstellung vorzeitig zu beenden. Der *Figaro* versetzte ihr den schmerzlichsten Streich, als er schrieb, ihr Auftritt sei vulgär gewesen.

Diesmal kam es zum endgültigen Bruch mit der Comédie. Sarah schrieb wutenbrannt an Perrin: »Sie haben mich gezwungen, schlecht vorbereitet aufzutreten. Sie haben mir nur acht Bühnen- und drei Durchlaufproben zugestanden... Es war mein erster Mißerfolg an der Comédie-Française, und es wird mein letzter gewesen sein. Wenn Sie dieses Schreiben erhalten, werde ich Paris bereits verlassen haben.«

Perrin sandte einen Zustellungsbeamten in die Avenue de Villiers, um Sarah zur Vorstellung vorführen zu lassen. Aber ihr Stadthaus war verschlossen, und Sarah hatte die Flucht ergriffen (tatsächlich war sie zu diesem Zeitpunkt bereits in Le Havre).

»Die Presse«, erklärte Émile Augier beißend, »hat es sich erlaubt, einige Beobachtungen anzustellen, und das mißfällt Mlle. Sarah Bernhardt. Wen trifft die Schuld an dieser Situation? Sie trifft die Kritiker, die sie bisher wie ein verwöhntes Kind behandelt haben.« – »Die Comédie-Française«, schrieb Banville, »ist nicht darüber im Bilde, warum Mlle. Sarah Bernhardt das Theater verlassen hat, und Mlle. Sarah ist ebensowenig darüber im Bilde, warum sie die Comédie-Française verlassen hat. Den Grund für alle diese Mißverständnisse haben wir darin zu suchen, daß niemand sich bemüht hat, dieses Problem wissenschaftlich zu lösen.«[2] – »Auf dem tiefsten Grund dieser ganzen Auseinandersetzung«, so das *Journal des Débats*, »liegt ein Geheimnis verborgen, das früher oder später aufgeklärt werden wird, und am Ende werden wir erfahren, was Doña Sol bewogen hat, ihr solides Haus in der Rue de Richelieu zu verlassen und sich auf einem Planwagen des *Roman comique* aus dem Staube zu machen.«

Eine der Ursachen mag Augiers Feindschaft gewesen sein. Vielleicht ist es aber auch richtig, daß Perrin, der sich durch ihre ständigen Eskapaden überfordert fühlte, froh war, daß sie ihm einen solchen Vorwand für ihre Entlassung bot. Einige Jahre später, als sie gerade im Begriff war, nach Amerika abzureisen, glaubte ein englischer Kritiker die Ursache für ihren Bruch mit der Comédie erkannt zu haben: »Ich kann nicht anders als wünschen«, schrieb A.B. Walkley, »daß einige aufgeschlossene Franzosen Mme. Bernhardt erklären würden: ›Ihr Amerika ist hier in der Rue de Richelieu!‹... Wir Londoner waren die Hauptursache für ihren Bruch mit der Comédie... Der irrationale und völlig übertriebene Wirbel, den wir 1879 in London um sie gemacht haben, hat in ihrer Seele den Eindruck entstehen lassen, sie sei ein Stern, der abseits von uns wohne. Das Gastspiel, das die berühmte französische Compagnie 1879 im Gaiety gab, hat Sarah Bernhardt in Sarah Barnum verwandelt.«

Dieses Gastspiel mag tatsächlich eine entscheidende Rolle gespielt haben. Der Bruch war ohnehin unvermeidlich, aber es war in London gewesen, wo Sarah Bernhardt sich ihrer Macht ganz bewußt geworden war und wo sie sich innerlich von alten Bindungen befreit hatte. Und sie war zu originell, zu ungestüm, zu wechselhaft und zu sehr von der Liebe zu einer grenzenlosen Kunst, zu Weltreisen und internationalem Ruhm erfüllt und (wie man zugeben muß) zu egoistisch, um sich mit einem Leben in der Rue de Richelieu zufriedenzugeben. Sie wollte die ganze Welt für sich; sie wollte ihr ganzes Leben für sich, um ihre Flügel nach eigenem Belieben auszubreiten.

Aber sie hatte sich für zwanzig Jahre vertraglich an die Comédie gebunden, und von diesen zwanzig Jahren hatte sie erst fünf hinter sich. Sie wurde daher zu einem Schadensersatz in Höhe von hunderttausend Francs verurteilt. Und während der nächsten zwanzig Jahre zahlte sie, wann immer sie ein lukratives Gastspiel absolviert hatte, einen Teil dieser Schuld ab. Im Jahre 1900, als sie etwa siebzigtausend Francs zurückgezahlt hatte, brannte das Theater in der Rue de Richelieu nieder, und die Comédie war plötzlich heimatlos. Sarah bot der Bühne daraufhin ihr eigenes Theater zu außerordentlich günstigen Bedingungen an, und Jules Claretie, der Direktor, verzichtete auf die restlichen Ansprüche der Comédie. Aber hat sie den Bruch mit der Comédie-Française je bedauert? Möglich ist es. Jedenfalls versuchte Claretie sie neuerlich zu engagieren. Am 16. Mai 1892 suchte sie ihn auf, um mit ihm über ein neues Engagement zu sprechen, und er bot ihr die gleiche Gage an, die auch Coquelin, der bestbezahlte Schauspieler der Comédie, erhalten hatte: vierzigtausend Francs. Sarah, die sich inzwischen an ihre Weltreisen und ihre geradezu sagenhaften Rechnungen gewöhnt hatte, fand diese Summe bei weitem zu gering. Außerdem, so erklärte sie, habe sie inzwischen ihre eigene Truppe; vielleicht werde sie nach Skandinavien gehen, vielleicht in *Salammbô* auftreten, das gerade für sie geschrieben werde, oder in *La Reine Juana*. Sie wollte sich nicht für drei, sondern höchstens für ein Jahr an die Comédie binden. Vielleicht werde sie nach Ablauf dieses Jahres dann jedoch ihre Meinung ändern... Claretie ließ diese Flut an Entschuldigungen traurig über sich ergehen. In seinem Tagebuch notierte er jedoch, beim Abschied habe sie melancholisch gewirkt.

Im April 1880 jedoch, als Sarah der Comédie den Rücken kehrte, war sie allerdings von Melancholie denkbar weit entfernt. Sie setzte sich mit Dumas *fils* in Verbindung und bat ihn darum, *Die Kameliendame* aufführen zu dürfen. »Das Stück gehört Ihnen«, lautete seine Antwort. »Tun Sie damit, was sie möchten.«

Und genau in diesem äußerst gelegenen Augenblick tauchte wie durch ein göttliches Geschick Jarrett auf. Wiederum wollte er Sarah für ein Gastspiel in Amerika verpflichten. Und diesmal nannte er Einzelheiten des Vertrages: fünftausend Francs für jede Vorstellung und die Hälfte aller Einnahmen, sollte der Kartenverkauf weitere fünfzehntausend Francs einbringen. Er bot ihr außerdem tausend Francs pro Woche für Hotelkosten und für eventuelle

Eisenbahnreisen einen speziellen Salonwagen an: Der Salonwagen sollte mit einem Schlafzimmer samt Himmelbett, einem Wohnzimmer samt einem Piano, vier Schlafgelegenheiten für das Personal und zwei Köche ausgestattet sein. Er selbst wollte von ihren Gesamteinnahmen einen Anteil von zehn Prozent erhalten.

Sie war mit diesen Bedingungen sofort einverstanden. Jarrett schickte ein Telegramm an Abbey, den amerikanischen Impresario. Abbey reiste sofort von der Neuen in die Alte Welt, der Vertrag wurde unterzeichnet, und Sarah gab fünfundzwanzig Alltagskleider, sechs Kostüme für *Adrienne Lecouvreur,* vier Kostüme für *Hernani* und eines (das allein viertausend Francs kostete) für *Phädra* in Auftrag. Und dann unterzeichnete sie mit Mayer und Hollingshead zwecks Überbrückung der Wartezeit einen kurzfristigen Vertrag für ein weiteres Gastspiel in London.

17   Ein unerschöpfliches Arsenal der Faszination

Als Sarah am 24. Mai ihr zweites Gastspiel im Gaiety eröffnete, war sie einer unter zahlreichen Sternen, die am Londoner Theaterhimmel leuchteten. Nur ein paar Schritte entfernt – im Lyceum – traten Henry Irving und Ellen Terry in *Der Kaufmann von Venedig* auf; im Covent Garden konnte man die Patti in *Don Giovanni* bewundern; und die komische Oper war jeden Abend bis auf den letzten Platz mit Zuschauern gefüllt, die von »der neuen Oper« *The Pirates of Penzance* der Messieurs W.S. Gilbert und Arthur Sullivan hingerissen waren.[1]

Es war also ein durchaus kritisches Publikum, das sich an jenem Abend um Sarah Bernhardt versammelte, ein Publikum, das gutes Theater gewohnt war. Und viele der Zuschauer mußten an Rachel denken; denn Sarah würde an diesem Abend erstmals in *Adrienne Lecouvreur* auftreten, und ihre große Vorgängerin hatte in diesem Stück »erstmals die klar markierte Grenze zwischen der klassischen Tragödie und dem modernen Drama überschritten«. An diesem wie an so vielen anderen Abenden stand Sarah daher unter der Beobachtung eines »Geistes«, der ehrfurchterregender war als irgendeine der im Zuschauerraum anwesenden königlichen Hoheiten.

»Aber es ist [so der Kritiker] kaum etwas Zärtlicheres, Spielerischeres und Verführerischeres vorstellbar als Sarahs Zusammenspiel mit Maurice de Saxe in diesen Szenen – oder eine anrührendere Musikalität, als sie sie den zarten Versen La Fontaines abzuringen wußte. All ihre fast unwiderstehlichen Waffen, die Mme. Bernhardt in ihrem Arsenal der Faszination zur Verfügung stehen, konnte sie bei dieser Gelegenheit ins Spiel bringen – all die werbende Musikalität ihrer süßen Silberstimme, die unendlich ausdrucksvollen Gebärden ihrer Arme und ihrer schlanken Figur, alle Ausdrucksmittel, die einer liebenden Frau zur Verfügung stehen – seien es Blicke, Worte oder Handlungen. Es ist zweifelsohne leicht, sich eine Leidenschaft vorzustellen, die mehr auf Würde und Selbstbeschränkung bedacht ist, bevor sie sich schließlich in einem Akt höchster Hingabe offenbart. Dies war Rachel möglich und entsprach ihrem Naturell, aber Mlle. Bernhardt bringt uns den Gehalt dieser Szene nicht auf diese Weise nahe. In ihrem Fall ist die körperliche wie auch die seelische Hingabe das Hauptkennzeichen der Liebe. Aber das Publikum ließ sich von ihrem Charme gefangennehmen, und am Ende des Aktes hatte die Schauspielerin die Macht über die Zuschauer zurückgewonnen...«[2]

Bereits in der folgenden Woche nahm Sarah mit der für sie typischen Anpassungsfähigkeit Abschied von der Rolle der Schauspielerin des achtzehnten Jahrhunderts und trat in *Frou-Frou* als die leichtlebige Gilberte auf. Auch hier forderte sie wieder den Vergleich heraus; denn mehr als eine Schauspielerin hatte bereits vor ihr diese Rolle gespielt, und besonders die Desclée hatte als Gilberte Triumphe gefeiert.

Die Rolle erwies sich jedoch gleichermaßen als persönlicher Triumph Sarahs. »Wir erkennen ohne Zögern an«, erklärte die *Times*, »daß Mlle. Sarah Bernhardt das Wesen dieser Gesellschaftsdame besser verstanden hat als irgendeine der berühmten Schauspielerinnen, die bisher diese Rolle gespielt haben – außer Desclée... Was die leichteren Töne des Charakters anbelangt, so neigen wir sogar der Überzeugung zu, daß Sarah Bernhardt den Vorstellungen des Autors näherkommt als ihre große Vorgängerin am Gymnase...«[3]

Selbst Ellen Terry war von Sarahs Auftritt begeistert. Sie hatte in einer englischen Version von *Frou-Frou* mitgewirkt, »aber als ich Sarah Bernhardt in der Rolle sah, fragte ich mich, woher ich die Anmaßung genommen hatte, an dem Part herumzustümpern... Kein halbwegs vernünftiger Mensch hätte meine *Frou-Frou* Sarahs Interpretation vorziehen können.«[4]

Aber die herzlichste Zustimmung für ihre Interpretation der Gilberte fand Sarah bei Francisque Sarcey, der wieder einmal den Kanal überquert hatte, um über Sarahs Aktivitäten zu berichten. Und Francisque Sarcey war völlig hingerissen. Wie scharf er sich auch in der Vergangenheit gelegentlich gegen sie gewandt hatte, jetzt war er ganz von dem Gefühl durchdrungen, daß eine Schauspielerin, die in England mit solchen Ovationen gefeiert wurde, der Comédie-Française um keinen Preis verlorengehen dürfe. Und in dem Augenblick, da nach der Premiere von *Frou-Frou* der Vorhang niederging, stürzte er mit einem Spezialauftrag in Mlle. Bernhardts Garderobe:

»Mlle. Sarah Bernhardt, die vor Freude über diesen unerhofften Erfolg strahlte, schüttelte Hände und beugte sich über gewaltige Rosensträuße, um jedem der Gratulanten einige dieser Blumen zu schenken.

Schließlich sagte ich zu ihr: ›Wenn Sie es wünschen, hat dieser Abend Ihnen neuerlich die Tür zur Comédie-Française geöffnet.‹

›Reden wir nicht mehr davon‹, antwortete sie.«[5]

Sie genoß ihre Freiheit und ihre Triumphe zu sehr, um noch bereit zu sein, sich mit dem beschränkten Aktionsradius der Rue de Richelieu zu begnügen; und sie setzte ihr Londoner Gastspiel glücklich, wenn auch erschöpft bis zum 19. Juni fort. An diesem letzten Tag spielte sie den zweiten und dritten Akt von *Frou-Frou*, den vierten Akt von *Rome vaincue* und den letzten Akt von *Adrienne Lecouvreur* und sicherte sich durch diesen Auftritt die bleibende Zuneigung des Londoner Publikums. »Kein Wunder«, schrieb ein Journalist, »daß sie gegen Ende des Abends Zeichen der Erschöpfung zeigte.«

Am Schluß von *Frou-Frou* regneten Kränze und Blumensträuße in Fülle auf die Bühne, und zwei gewaltige Girlanden, »die eher schwimmenden Rettungsbojen glichen«, wurden auf die Bühne geworfen und in einem Festzug hinter ihr hergetragen. Am Ende von *Rome vaincue* überreichte ihr dann Pierre Berton vor der versammelten Compagnie »zum Ausdruck der allgemeinen Verehrung einen riesigen Blumenstrauß«. Was ihr nach der *Adrienne* als Geschenk dargebracht wurde, können wir nur raten; aber wir wissen, daß die viktorianischen Zuschauer den Atem anhielten, als sie starb – so als fürchteten sie, daß sie in der ganzen Vollkommenheit ihrer Kunst sterben werde, bevor sie Gelegenheit hätten, die plötzliche Veränderung ihrer Züge wahrzunehmen. »Die Schlußszene der *Adrienne* ist«, wie die *Times* erklärte, »ein einzigartiger künstlerischer Triumph.«

Sarah hatte London zum zweiten Mal erobert. Und London eroberte im Laufe der Jahre auch Sarahs Herz. Denn London, so sollte sie später schreiben,

»... ist eine ganz besondere Stadt. Nur sehr langsam erschließt sich sein Charme. Der erste Eindruck sagt dem Franzosen, das Leben in dieser Stadt sei eine einzige Qual und tödlich langweilig... Aber ganz allmählich verdrängen die zahlreichen Plätze und die Schönheit der aristokratischen Frauen das Bild der Blumenverkäufer ganz und gar.

Das schwindelerregende Treiben im Hyde Park und in Rotten Row erfüllt das Gemüt mit Freude. Großzügigkeit und Gastfreundschaft machen die Steifheit des ersten Händedrucks vergessen. Ganz sicher sind die Engländer nicht weniger geistreich als die Franzosen. Und die wesentlich respektvollere Galanterie der Engländer braucht den Vergleich mit der geradezu sprichwörtlichen Galanterie der Franzosen nicht im geringsten zu scheuen...

Heute [schrieb sie um die Jahrhundertwende] liebe ich die Stadt London und, ich brauche es kaum zu betonen, ihre Bewohner. Seit ich das erstemal mit der Comédie hier war, bin ich gewiß noch ein dutzendmal wieder hierher zurückgekehrt; und das Publikum ist mir immer treu und ergeben geblieben.«

Nach ihrer Abreise aus London blieb sie für ein paar Tage in Paris und fuhr dann (weil sie Geld für die Comédie brauchte) zuerst nach Brüssel und dann nach Kopenhagen. Als sie in der dänischen Hauptstadt ankam, wurde sie von zweitausend jubelnden Menschen begrüßt. Der Direktor des königlichen Theaters und erste Kammerherr des Königs hieß sie am Zug willkommen, die Polizei war gezwungen, in der Menschenmenge eine Schneise für die Durchfahrt ihrer Kutsche zu schaffen, und die zahlreich erschienenen Menschen warfen ihr Küsse und Blumen zu. Zu den Besuchern ihrer ersten Vorstellung gehörten der König und die Königin, der König und die Königin von Griechenland und die Prinzessin von Wales, und die beiden Königinnen warfen Adrienne ihre Blumensträuße zu.

Als sie darum bat, Helsingör besuchen zu dürfen, stellte Christian IX. ihr ein Boot zur Verfügung, und so besuchte sie in Begleitung einer Reihe dänischer Berühmtheiten Hamlets Grab und trank aus Ophelias Quelle; das Glas, aus dem sie trank, wurde sofort zerbrochen. Und auf dem Heimweg nach Kopenhagen wurde ihr Boot von einem anderen Boot begleitet, in dem singende Studenten saßen, die Rosenblüten in die nördliche See streuten.

Am nächsten Tag verlieh ihr der König im Anschluß an ihre Vorstellung den diamantenen Verdienstorden. Es schien so, als könne nichts ihren idyllischen Aufenthalt stören. Und tatsächlich hätte auch nichts ihren Aufenthalt getrübt, hätte nicht Baron Magnus, der preußische Minister, anläßlich des zu ihren Ehren veranstalteten Abschiedsdiners einen Toast ausgebracht: »auf Frankreich, das uns so große Künstler schenkt, auf Frankreich, das Land der von uns allen so sehr geliebten Schönheit«.

Es war kaum zehn Jahre her, daß Sarah im Odéon die durch den Deutsch-Französischen Krieg Verwundeten gepflegt hatte – seit dem furchteinflößenden Morgen, als preußische Regimenter die Champs-Élysées hinuntermarschiert waren, seit Elsaß und Lothringen für Frankreich verlorengegangen waren. »Ich bin Französin«, sollte Sarah Bernhardt später einmal sagen, »ich bin Französin von Geburt, ich bin Französin mit meinem Herzen, mit meinem Geist, mit meiner Kunst und mit meiner Liebe.« Der Minister hatte seine Rede kaum beendet, als sie sich erhob und sagte. »So sei es, Exzellenz! Lassen Sie uns auf Frankreich trinken, aber auf das ganze Frankreich!«

Das Hoforchester spielte die *Marseillaise;* und der Raum leerte sich wie durch einen geheimen Zauberspruch. Auch Sarah zog sich erstaunt und verärgert über sich selbst – aber auch ein wenig besorgt – zurück. Und tatsächlich wäre es beinahe zu einem diplomatischen Zwischenfall gekommen. Am nächsten Morgen um fünf wurde sie in die französische Botschaft bestellt. Dort überreichte ihr ein Attaché eine bereits fertig abgefaßte Erklärung und bat sie, diese zu unterzeichnen; aber sie fand das schwächlich und weigerte sich. Die Presse und die Öffentlichkeit, die beide antideutsch eingestellt waren, jubelten ihr auf dem Weg zum Bahnhof aus ganzem Herzen zu. »Kürzlich hat Sarah Bernhardt hier bei uns ein Gastspiel gegeben«, schrieb Georg Brandes an einen Freund, »und die ganze Stadt hat während der vergangenen Woche von nichts anderem geredet.«[6]

Dann unternahm sie eine einmonatige Gastspielreise durch die französische Provinz: Auf den Straßen wurden Sarah-Bernhardt-Halsketten, Sarah-Bernhardt-Manschetten, -Medaillen, -Fotografien und -Biographien verkauft. Und achtzig Pfund reichten nicht aus, um für den Sohn des Khedives in Lyon einen Logenplatz zu bekommen. Am 15. Oktober um sechs Uhr früh bestieg die dynamische, unberechenbare und augenscheinlich unwiderstehliche Frau die *Amérique* und brach – wie Rachel vor ihr – auf, um die Neue Welt zu erobern. Ihren Sohn hatte Sarah Bernhardt in der Obhut ihrer Verwandten zurückgelassen und ihre Schwester Jeanne eingeladen, ihr zu folgen und ihr Gesellschaft zu leisten.

18   Sarah Barnum

Am 27. Oktober morgens um halb sieben Uhr lief die *Amérique* in den vereisten Hudson River ein, und Sarah Bernhardt sah in dem von der Sonne funkelnden und blitzenden Eis erstmals die Neue Welt. Die Eisbrecher öffneten (wie sie sich in ihren Memoiren erinnert) eine Fahrrinne, so daß das Schiff in den Hafen einlaufen konnte, und drei kleine Boote, die die französischen Farben gesetzt hatten, fuhren der *Amérique* entgegen, um Doña Sol ihren Willkommensgruß zu entbieten. Dann strömte die Menge der Bewunderer, der Neugierigen und der Reporter an Bord, und sie stand länger als eine Stunde da und schüttelte Hände, bis ihre Ringe ihr unerträglich in das Fleisch ihrer Finger schnitten, und tauschte Höflichkeiten aus, bis sie völlig erschöpft war und sich in einem bühnenreifen Ohnmachtsanfall in Jarretts Arme fallen ließ.

Im Albemarle-Hotel angekommen, schloß sie sich in ihrem Zimmer ein und verriegelte jede Tür, die sich nur verriegeln ließ, und beschloß mit der magischen Energie, die es ihr immer wieder gestattete, neue Kräfte zu sammeln, eine Stunde lang zu schlafen.

Eine Stunde später betrat sie erfrischt und strahlend den Raum, in dem mit Blumen geschmückte Büsten Racines, Molières und Hugos aufgestellt waren und der mit Palmen dekoriert war, um sie an ihren Salon in der Avenue de Villiers zu erinnern. Einhundert Reporter hatten sich bereits versammelt.

»Was essen Sie zum Frühstück?« fragte der erste. »Porridge«, erwiderte Jarrett. »Und während des Tages?« wollte der Journalist wissen. »Miesmuscheln«, antwortete Sarah ziemlich hilflos. »Sind Sie jüdisch-katholisch-protestantisch-mohammedanisch-buddhistisch-atheistisch-deistisch?« fragte eine atemlose, aber wild entschlossene Reporterin. Ob es wahr sei, daß sie achtundzwanzig Koffer mitgebracht habe und daß fünfzig Näherinnen einen Monat lang damit beschäftigt gewesen seien, Kamelien auf Marguerite Gautiers Cape zu sticken? Und ob es außerdem wahr sei...?

Der amerikanische Presserummel und Sarahs amerikanische Legende hatten begonnen.

Am Montag, dem 8. November, hatte sie mit *Adrienne Lecouvreur* im Booth's Theater ihre erste Vorstellung in Amerika. Sie nahm New York im Sturm; und als sie an jenem Abend in das Hotel zurückkehrte, wurde ihr vor dem Eingang von einer Menschenmenge ein Ständchen gebracht.

In der *Kameliendame* sei sie, so der allgemeine Tenor, die beste Marguerite, die es je gegeben habe, und die Zuschauer fanden sie so zart, exquisit und vollkommen wie die Spitzen, die ihren Hals zierten. Sie besaß das Genie, die Vorstellung des Autors zu vergeistigen: soviel Anmut, Klugheit und Takt, daß jedes ihrer Worte von Wirklichkeit durchbebt war. Sie konnte alle Bewegungen der Seele, des Denkens und des Herzens in ein Feuerwerk verwandeln und dies Feuerwerk wie einen Sternenregen auf die Menschen niedergehen lassen. Nicht nur konnte sie der Kraft in unvergleichlicher Weise Ausdruck verleihen, sie konnte sie gleichermaßen zurückhalten, und wenn sie in *Phädra* ruhig war und schwieg, lag ein Schwefelgeruch in der Luft, der allen Anwesenden sagte, daß die Katastrophe zwar noch nicht gekommen sei, jedoch bald hereinbrechen werde – ja bereits in der Luft liege.

Als sie anläßlich ihrer letzten New Yorker Vorstellung vor dem Theater eintraf, wurde die ganze Straße von entschlossenen Verehrern blockiert. Eine Frau nahm eine Amethystbrosche von ihrem Kleid und steckte sie an Sarahs Mantel; junge Männer baten Sarah, ihren Namen auf die Manschetten der jungen Verehrer zu schreiben; Mädchen überschütteten sie mit Blumensträußen. Und ein Enthusiast, der versuchte, eine Locke ihres Haares abzuschneiden, hatte plötzlich eine Feder von ihrem Hut in der Hand. Als am Ende des Abends eine Menge von mehr als fünftausend Menschen aufgeregt Sarahs Abfahrt erwartete, verkleidete Sarah ihre Schwester Jeanne mit ihrem Hut und ihrer Boa, drückte ihr ein paar Blumensträuße in die Hand und schickte sie hinaus, um den Jubel entgegenzunehmen.

Nicht daß Sarah wie ein normaler Sterblicher daran gedacht hätte, sich etwa zu Bett zu begeben. In jener Nacht fuhr sie in einem Sonderzug zu Thomas Edison, um diesem einen Besuch abzustatten. In einer schwarzen, mondlosen Nacht kam sie um zwei Uhr in Menlo Park an und wurde dann, wie es ihr schien, endlos weit in einer Kutsche durch den sanft rieselnden Schnee gefahren. Dann wurde Sarah, die in warme Pelze eingehüllt in dem schaukelnden Wagen eingenickt war, durch ein atemberaubendes Begrüßungszeremoniell geweckt. Plötzlich wurde es um sie herum taghell, an allen Bäumen und Büschen hingen strahlende Lichter. Und dann fuhr die Kutsche eine prächtige Auffahrt hinauf und stoppte vor Edisons hellerleuchteter Tür, und Sarah, die von seinem Charme und von seiner Höflichkeit sowie durch seine Liebe zu Shakespeare und seine Ähnlichkeit mit Napoleon beeindruckt war, bewunderte seine Erfindungen. Um vier Uhr früh fuhr sie nach Boston zurück.

Es war in Boston, wo sie die ganze Rücksichtslosigkeit des amerikanischen Reklameunwesens erstmals kennenlernte. Ein durch nichts zu bremsender untersetzter Mann mit einer dicken Pelzkappe und einem übermäßig großen blitzenden Diamanten an der Krawatte drängte sich zu ihr in den Wagen, als sie sich dem Hôtel Vendôme näherte. Henry Smith war der Besitzer einer Fischfangflotte, die zufälligerweise gerade einen Wal gefangen hatte. Er betrachtete Sarah und den Wal als eine äußerst gelegene und wirksame Möglichkeit, für sein Unternehmen Werbung zu betreiben. Und seine Überzeugungskraft war so immens, daß Sarah und Jarrett sowie sieben mit Zuschauern voll besetzte Kutschen am nächsten Morgen in den Hafen fuhren, wo der Wal vertäut war; und Sarah kletterte mühsam auf seinen Rücken und zog einen Knochen aus seiner Flosse.

Als sie in Newhaven ankam, stand dort zu ihrer Überraschung und zu ihrem wachsenden Ärger schon ein strahlender Henry Smith zur Begrüßung bereit. Sie sollte den Grund dieses Verhaltens bald erfahren; denn von Trommeln und Trompeten begleitet, kam ihr unterwegs ein riesiger Wagen entgegen, auf dem ein geschmackloses Foto von Sarah und dem Wal durch die Straßen gefahren wurde; dem Wagen folgten eine Reihe von Sandwich-Männern, die immer wieder riefen:

KOMMEN SIE UND SEHEN SIE SELBST
DEN RIESIGEN WAL, DEN SARAH BERNHARDT
GETÖTET HAT, INDEM SIE IHM DIE KNOCHEN
HERAUSGERISSEN HAT, DIE SIE JETZT IN IHREM
KORSETT TRÄGT, DAS VON MME. LILY NOË IN...
HERGESTELLT WURDE etc.

Sarah, die vor Zorn erbleicht war, schlug Henry Smith mit der Hand ins Gesicht und floh in ihr Hotel.

Sie wollte sofort nach Europa zurückfahren, aber Jarrett zeigte ihr unbeirrt ihren Vertrag; und Sarah fügte sich diesem vernünftigen, Ehrfurcht heischenden Mann, der wie Agamemnon aussah und all ihre Tücken, Schmeicheleien und Bitten geflissentlich ignorierte und überzeugender, entschlossener und erfolgreicher auf sie einwirkte als je ein anderer Impresario in ihrer bisherigen Karriere. Aber bereits zwei Tage später, in Hartford, begegnete sie dem Wal abermals. Wohin sie ihre Schritte auch lenkte, der Wal blieb ihr auf den Fersen. Wann immer sie in einem neuen Hotel abstieg, fand sie bereits ein von Henry Smith geordertes Bouquet vor; und Sarah, die von Blumen nie genug bekommen konnte, warf Smith's Präsente einfach fort. Das war Henry Smith's Rache für ihren Temperamentsausbruch, Henry Smith's natürliche Dankbarkeit für die äußerst wirksame Publizität, die sie ihm verschafft hatte.

Erst als Sarah die Grenze überquerte und nach Montreal reiste, war sie vor dem Wal-Mann und seinen Blumenpräsenten sicher. Jarrett hatte ihr hoch und heilig versprochen, sie würde dort nicht behelligt werden. Welche Maßnahmen hatte er zu diesem Zweck ergriffen? (Hatte er die ganze Geschichte vielleicht heimlich arrangiert?) Das erfuhr Sarah nie. Aber sie hatte den schweigsamen Agamemnon noch nie so gutgelaunt gesehen.

Unter Hochrufen und von begeisterten Menschen erwartet, die voller Inbrunst die *Marseillaise* sangen, fuhr Sarahs Zug in den Bahnhof von Montreal ein. Die Nacht war so kalt, daß der riesige für Sarah bestimmte Blumenstrauß hart wie Kristall war. Die Temperatur betrug 22 Grad unter Null; die Frauen, die zu ihrer Begrüßung gekommen waren, hatten gezwungenermaßen in der Bahnhofshalle Zuflucht gesucht, und Doña Sol, die vor Kälte zitterte, war im Licht der ihr von hundert Studenten – die eine Begrüßungsode für sie auswendig gelernt hatten – entgegengestreckten Laternen zusammengebrochen. Es heißt, ein herkuleischer Zuschauer habe sie emporgehoben, sie dann über den Köpfen der Menge zu ihrer Kutsche getragen und ihr am nächsten Morgen einen Höflichkeitsbesuch abgestattet. Man kann sich mit Fug und Recht fragen, ob nicht Sarah in ihren Memoiren ihrer Fantasie allzu freien Lauf gelassen hat, als sie diese Szene beschrieb. Oder war es tatsächlich so, daß ein Besucher, der ihr einen Veilchenstrauß verehrte, von der bereits wartenden Polizei festgenommen wurde, als er ihre Räumlichkeiten verließ, und später sogar wegen Mordes gehängt wurde?

Montreal war damals offenbar eine Stadt des Verbrechens und der Vergeltung. Der Bischof untersagte seinen Schäfchen von der Kanzel aus, die Bühnenauftritte der sündigen Sarah Bernhardt zu besuchen. Wütend geißelte er die in *Adrienne Lecouvreur* verbreitete Moral, wütend erklärte er, die Figur des Abbé sei eine direkte Beleidigung des Klerus. »Mein sehr verehrter Kollege«, erwiderte Sarah, »warum greifen sie mich so heftig an? Schauspieler sollten rücksichtsvoll miteinander umgehen.«

Aber er war wohl immer noch zu rücksichtsvoll gewesen; die Werbekampagne des Bischofs zeigte bemerkenswerte Wirkungen, und Sarah, »die Dämonin aus dem neuen Babylon«, zog Menschenmassen in ihre Vorstellungen. Auch später noch dachte sie oft daran zurück, wie Studenten mit Gedichten geschmückte Tauben hatten von der Galerie auf die Bühne herabflattern lassen; noch oft dachte sie daran zurück, wie nach ihrer letzten Vorstellung eine Menschenmenge ihren Schlitten umdrängt, ihre Pferde abgeschirrt und Sarah dann auf den Händen in ihr Hotel zurückgetragen hatte. Auch erinnerte sie sich gerne an ihre Begegnung mit dem Sohn des Großen Weißen Adlers, der ihr anläßlich eines Besuches bei den Irokesen vorgestellt worden war. Auch Philadelphia blieb ihr stets in Erinnerung; denn dort erfuhr sie vom Tod eines Freundes und Bewunderers, der ihr in den Zeiten von *Le Passant* zur Seite gestanden hatte und mit dem sie auch während der Proben zu *Mademoiselle Aïssé* zusammengearbeitet hatte: Dieser Freund war Gustave Flaubert.

Ihr Empfang in Chicago wurde durch die Gegenwart einer stämmigen, von Kopf bis Fuß in Pelz gekleideten, an jedem Finger mit protzigen Diamanten geschmückten Gestalt getrübt. Henry Smith, der unter seinen Pelzen ein dickes Fell hatte, besaß die Frechheit, Sarah einen weiteren Blumenstrauß zu präsentieren. Und als sie ihn wütend beiseite stieß, schrieben die Zeitungen über diesen Zwischenfall, und sein Wal hatte mehr Zulauf denn je. Als später in St. Louis ein Juwelier darum bat, Sarahs Juwelen reinigen zu dürfen, bestand Jarrett trotz Sarahs bisherigen schlechten Erfahrungen darauf, daß Sarah sich auf diesen Werbegag einließ. Zwei Tage später funkelten und strahlten in dem Schaufenster des Juweliers die kostbarsten Steine. Er hatte Sarahs Besitztümer jedoch um sechzehn Ohrringpaare, zwei Kolliers, dreißig Ringe, ein mit Rubinen und Diamanten besetztes Opernglas, eine mit Türkis belegte goldene Zigarettenspitze, eine Pfeife mit einem diamantbesetzten Bernsteinmundstück, sechzehn Armbänder, einen mit einem Saphir besetzten Zahnstocher und schließlich um eine Brille ergänzt, deren Bügel aus massivem Gold gefertigt waren und am Ende in kleine Perlenketten übergingen; die Brille hatte er mit einem Schildchen versehen, auf dem er keck behauptete: MADAME SARAH BERNHARDTS LESEBRILLE.

Selbst Sarah fand es ein wenig übertrieben, daß man ihr den Besitz einer Pfeife und einer Brille unterstellte. Und die Zigarettenspitze, die sie dafür als Anerkennung erhielt, war ihr nur ein schwacher Trost. Denn die Werbeaktion des Juweliers war so erfolgreich gewesen, daß man auf dem Weg nach Cincinnati einen Dieb in ihrem Zug entdeckte. Er hatte die Absicht, ihren Wagen von dem Zug abzuhängen und all ihre Juwelen zu stehlen. Als Irving drei Jahre später nach Chicago reiste, wurde der Zug von einer bewaffneten Begleitmannschaft gesichert.

Und Raub war nicht die einzige Gefahr, der der Bernhardt-Zug ausgesetzt war. Nicht enden wollende Regenfälle hatten die über die St.-Louis-Bay führende Brücke unterspült. Hätten die Reisenden einen Umweg gemacht, so wären sie mit dreitägiger Verspätung in St. Louis eingetroffen. Falls sie indessen über die Brücke fuhren, so würden sie sich in Lebensgefahr begeben. Deshalb bot man dem Zugführer für die Überquerung der Brücke 2500 Dollar. Jahre später gab Sarah zu, daß sie diesen kriminellen Unsinn gutgeheißen habe. Sie habe jedoch erst erkannt, daß sie das Leben von zweiunddreißig Menschen aufs Spiel setzte, als der Zug bereits mit Höchstgeschwindigkeit auf die Brücke zugerast sei. In diesem Augenblick habe sie inständig gewünscht, man könne die Entscheidung noch rückgängig machen, aber da sei es schon zu spät gewesen. Keuchend und bebend erreichte der schwerfällige Zug das gegenüberliegende Ufer. In diesem Augenblick hörten sie einen Riesenlärm und sahen eine Wasserfontäne aufsteigen und in die gurgelnde Flut zurücksinken, und sie wußten, daß die Brücke zusammengebrochen war. Sarah überreichte dem Zugführer das versprochene Geld, aber sie wurde noch nächtelang von Alpträumen geplagt.

New Orleans, Mobile, Memphis, Louisville, Cincinnati, Columbus: Durch alle diese Städte dampfte der Zug, und Doña Sol, die in einem Schaukelstuhl auf der Plattform ihres Wagens saß, betrachtete das Panorama der endlosen Ebenen und der riesigen Wälder. Der Himmel erschien ihr zehnmal so hoch wie in Frankreich; als sie das nächste Mal nach Paris zurückkehrte, erschien ihr die Stadt wie Flitterkram. Dayton, Indianapolis, St. Joseph, Leavenworth, Quincy, Springfield... Immer weiter fuhr der Zug, bis in einer sternlosen Nacht plötzlich Schnee die Gleise blockierte und sie alle aussteigen und sich durch Schneeballwerfen aufwärmen mußten. Chicago, Detroit, Cleveland, Pittsburgh, Bradford und Erie... dann überquerten sie wiederum die Grenze, um in Toronto zu gastieren. Wieder in den Vereinigten Staaten, fuhren sie nach Buffalo, Rochester und Utica. »Wenn wir durch eine schöne Landschaft fahren«, schrieb Sarah Jules Huret, »steigen wir aus, spielen in der Prärie mit einem Ball, üben Pistolenschießen und amüsieren uns dabei im allgemeinen sehr gut. Wenn wir keine Lust haben auszusteigen, klappen wir unsere Betten

Nach der Aufnahme
in die Ehrenlegion

Sarah Bernhardt
als Adrienne Lecouvreur, 1887 (links),
und als Assuerus in Racines Drama ›Esther‹,
1905 (rechts)

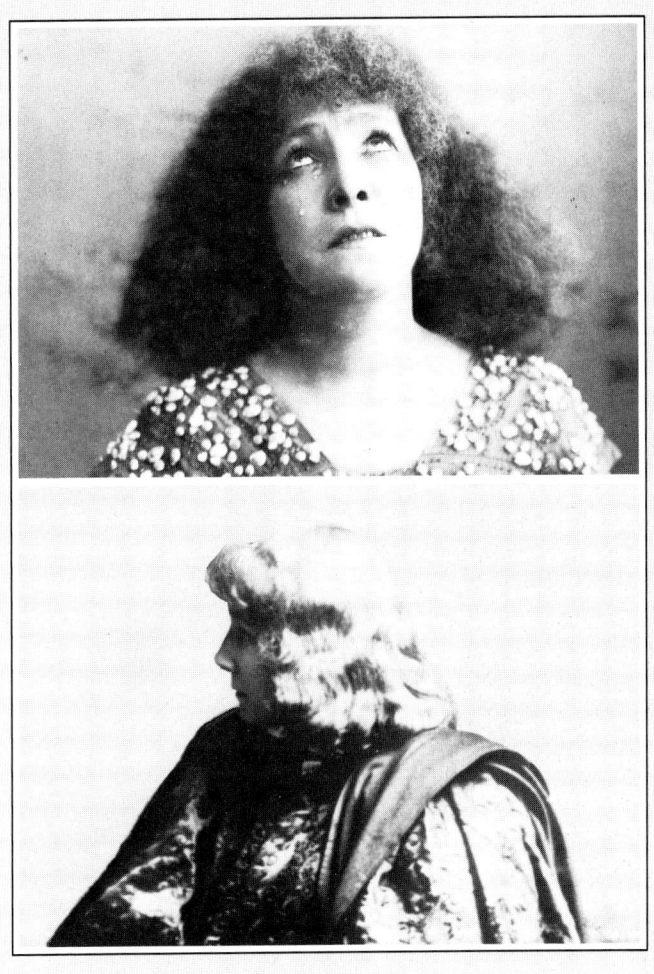

Die weinende Sarah Bernhardt:
Proben zu einem Gastspiel in Berlin vor dem 1. Weltkrieg;
Sarah Bernhardt in der Rolle der ›Tosca‹ (oben).
Sarah Bernhardt als Hamlet, 1905 (unten)

Sarah Bernhardt
mit dem berühmten Schauspieler
Constantin Coquelin

gegen die Außenwände meines Salonwagens und tanzen, begleitet von meinem Piano.« Dann mußten sie wieder aufhören zu tanzen, und sie fuhren weiter nach Syracuse, Albany, Troy, Worcester, Providence, Newark, Washington (wo zu Sarahs Ehren an der französischen Botschaft ein großes Diner stattfand), Baltimore und Philadelphia; und schließlich erreichten sie völlig erschöpft New York.

Dort gab Sarah für ein erlesenes Publikum eine Matinée. Und als der Vorhang fiel, überreichte man ihr einen goldenen Kamm, ein Lapislazulischächtelchen und ein mit Türkisen besetztes Medaillon. An diesem Abend verabschiedete sie sich mit der *Kameliendame* von ihrem amerikanischen Publikum und erhielt vierzehn Vorhänge. Am 4. Mai schiffte sie sich auf der *Amérique* nach Frankreich ein.

Wie eine Königin winkte sie der am Quai versammelten Menge zu, wie eine Königin schritt sie dann zu ihrer in Himmelblau gehaltenen Luxuskabine hinüber. An der Kabinentür stand – mit einem eisengrauen Anzug, spitz zulaufenden Schuhen, einem modischen Hut und tadellos sitzenden neuen Handschuhen bekleidet – der Wal-Mann; in der Hand hielt er ein Kästchen voll Juwelen. Gewiß waren die mörderischen Augen der Tosca nicht furchterregender als der Blick, den Sarah ihrem Verfolger zuwarf. Die Juwelen, die ihr Henry Smith als Präsent überreichte, schenkte Sarah Jarretts Tochter.

Als eine von allen anerkannte Märchenkönigin kehrte Sarah nach Frankreich zurück. Der Hafen von Le Havre war mit Hunderten voll aufgetakelter und beflaggter Schiffe überfüllt. »Ist heute ein Feiertag?« fragte sie den Reporter des *Figaro*. »Ja, Madame«, antwortete er, »es ist heute ein großer Tag für Le Havre, denn man erwartet die Rückkehr einer Märchenkönigin.« Zwanzigtausend Menschen hatten sich auf dem Pier versammelt, um die sagenhafte Märchenkönigin auf französischem Boden willkommen zu heißen. Und Sarah Bernhardt bedankte sich bei ihren Verehrern. Die erste Vorstellung, die sie nach ihrer Rückkehr nach

Frankreich gab, fand vor den Seerettungsmannschaften von Le Havre und nicht vor der Pariser Gesellschaft statt. Es war das erste Mal, daß sie die *Kameliendame* in Frankreich spielte. Und sie spielte leidenschaftlich und mit der Inspiration einer Pythia; denn, wie sie es auszudrücken pflegte: »Der Gott war da.«

19   Die geheimnisumwitterte Hochzeit

Auf einem Bankett, das aus Anlaß ihrer Rückkehr veranstaltet wurde, lernte Sarah den Schauspieler Philippe Garnier kennen. Bei dieser Gelegenheit parodierte sie bestimmte amerikanische Manieren, und Gustave Doré erzählte mit schneidendem Sarkasmus und der Anschaulichkeit des Künstlers von seinem Amerika-Aufenthalt. Obwohl Sarah viel Vergnügen daran hatte, sich über die Amerikaner lustig zu machen, fand sie es völlig unangemessen, wenn andere sich das gleiche Recht herausnahmen. So gerieten Doré und sie sich bald in die Haare, und es war Garnier, dem es schließlich gelang, die Wogen wieder zu glätten.

Sarah, die von ihm angetan war, lud ihn ein, sie zu besuchen. Garnier besuchte sie in der Folge tatsächlich häufig und avancierte innerhalb ihres Freundeskreises bald zu einem Star. Er versuchte sie davon zu überzeugen, daß sie die Publizität, die ihr durch ihre Amerika-Reise zuteil geworden war, ausnutzen und sofort eine große Europa-Tournee durchführen solle. Die leidenschaftliche und unersättliche Sarah verliebte sich in ihn; und ihr neuester Liebhaber organisierte innerhalb von zwei Monaten eine gigantische Expedition.

Am 6. Juni 1881 hatte die Gymnase-Compagnie, die zu einem Gastspiel nach London gekommen war, ihre erste Vorstellung im Gaiety. Sarah Bernhardt wurde einige Tage später erwartet. Sie hatte ihren ersten Auftritt am 11. Juni in der *Kameliendame*, in einem Stück also, das ihr in Amerika zahllose Heiratsanträge und Angebote für Heilbehandlungen eingebracht hatte und das das viktorianische Publikum mit einem prüden Schauder genoß. Obwohl der Lord Kämmerer das Stück auf Französisch zugelassen und obwohl es, wenn es in italienischer Sprache gesungen wurde, großen Beifall erhielt, waren englischsprachige Versionen des Stückes damals nicht zugelassen. Und das dichtgedrängte, hochkarätige Publikum des Abends, dem auch der Prinz und die Prinzessin von Wales zugehörten, betrachtete Sarah während der ganzen Vorstellung mit dem gleichen Vergnügen, wie es Eva beim Genuß der verbotenen Frucht empfunden haben mag. »Die Geschichte ist inzwischen hinreichend bekannt«, begann die *Times* mit hochtrabender Heuchelei, »so daß es überflüssig ist, an dieser Stelle auf ihre wenig geschmackvollen Einzelheiten einzugehen. Sie ist ein Pfuhl, den wir besser nicht bis in seine Tiefen aufrühren wollen...«

»Die unaussprechliche Lieblichkeit, mit der Mlle. Sarah Bernhardt den Charakter der Marguerite ausstattet, ist für all jene eine Offenbarung, die diese Figur bisher nur aus dem Roman oder der gedruckten Version des Dramas kennen... Ihre emotionalen Ausdrucksmöglichkeiten gestatten es ihr, das Gefühl, die Zärtlichkeit und Anmut dieser Frau in so wundersamer Weise anschaulich zu machen, daß selbst jene, die Mme. Sarah in *Adrienne Lecouvreur* und in *Hernani* bereits gesehen hatten, außerordentlich überrascht waren...«

Selbst den allgegenwärtigen und äußerst kritischen kleinen Sarcey haute es glatt von den Socken; erst mit einiger Verspätung bemerkte er allerdings, daß Sarah den Text verändert hatte. Und nachdem Sarah ihm beide Versionen vorgelesen hatte, kehrte er nachdenklich in sein Hotel zurück. Sie hatte dem großen Kritiker eine Lektion erteilt. »Mlle. Bernhardt hat uns einen Genuß bereitet, wie ihn das Theater nur selten gewährt«, schrieb er nach Frankreich. »Es ist der anrührende und wundersame Genuß, den man empfindet, wenn man etwas absolut Vollkommenes sieht... Ich war bis jetzt der Meinung, ich könne über den Charakter nichts Neues mehr hinzulernen. Mlle. Bernhardt hat uns die Marguerite in einem völlig neuen Licht gezeigt. Sie ist nicht eine Kurtisane, die an der Schwindsucht stirbt (eine rührende Geschichte gewiß, aber dennoch vulgär). Vielmehr ist sie eine Kurtisane, die wegen der Verachtung, die sie für ihr Gewerbe empfindet, und wegen ihrer Unfähigkeit, sich aus diesem zu befreien, dem Tod geweiht ist. Mit einer einzigen Handbewegung gelingt es Mlle. Bernhardt, ein hohes Ideal sichtbar zu machen. Immer wieder erfüllte sie ihre Rolle mit einer Poesie, an der es ihre Vorgängerinnen gänzlich hatten fehlen lassen.«

»Sie spielen die Rolle mit der notwendigen Zurückhaltung«, erklärte selbst Königin Viktoria gegenüber Sarah, »so daß niemand einen Anlaß hat, sich zu beklagen.«

Als Marguerite Gautier aus London nach Paris zurückkehrte, verliebte sie sich auch im richtigen Leben Hals über Kopf in einen jungen Mann: Sie lernte Ambroise Aristide Damala kennen.[1] Ambroise Aristide Damala war das fünfte Kind des Ambroise Damala und seiner Gattin Calliope (bekannt als *la belle Damala*), der Tochter des Lucas Ralli, des ehemaligen Bürgermeisters von Piräus. Er wurde am 6. Januar 1855 geboren; und das Ansehen, das seine Familie genoß, wird auch in dem Umstand deutlich, daß bei der Taufe des Jungen ein französischer Admiral und der Kommandant der in Piräus stationierten britischen Truppen anwesend waren.

Die Damalas, eine Familie des Hochadels, lebten auf Syra, einer der Ägäischen Inseln, aber um 1860 herum waren sie nach Marseille gezogen. Der ältere Damala betätigte sich als Geschäftsmann, und die Kinder wurden größtenteils in Frankreich erzogen, Ambroise Aristide an einem Gymnasium in Marseille und später am Collège Royal de Louis-le-Grand in Paris. 1869 verstarb M. Damala und hinterließ jedem seiner Kinder 300000 Francs. Die Tochter wurde mit einem Arzt aus Smyrna verheiratet, dessen Vorfahren aus Irland stammten. Sie lebte, »obwohl sie von ihrem Mann getrennt war, im Osten«. Einer der Söhne war Makler in Alexandria, ein anderer »lebte abwechselnd in London und Paris«. Aristide wurde, so scheint es, ein Abenteurer. Er war einer der attraktivsten subalternen Offiziere in der griechischen Kavallerie, und im Krieg von 1875–1878 galt er als einer der tapfersten Kämpfer. Eine Zeitlang hatte seine Familie ihn völlig aus den Augen verloren und entdeckte ihn schließlich in der Sahara, wo er in der Fremdenlegion diente. Er studierte mit dem Ziel, in den diplomatischen Dienst einzutreten und kam so nach Paris, wo er die letzten tausend Francs aus seinem Vermögen ausgab; und wegen seiner klassischen Schönheit und seiner Unbekümmertheit geriet er (wie die Legende berichtet) schon bald in zahlreiche Liebesaffären. Er hatte sich für die zahlreichen Besuche bei seinen Geliebten eigens eine Seidenleiter anfertigen lassen und ruinierte erklärtermaßen wenigstens zwei Frauen, die ihm leidenschaftlich zugetan waren. »Während seiner orientalischen Feste«, schreibt Mme. Berton, »entledigten sich die Teilnehmer ihrer Kleider und tauchten nackt in große mit Champagner gefüllte Gefäße. Von diesen Orgien sprach ganz Paris.« Vielleicht war er bereits zu diesem Zeitpunkt morphiumsüchtig; und vielleicht lernte ihn Sarahs Halbschwester Jeanne auch im Drogenmilieu kennen.

War es Jeanne oder der Schauspieler Delaunay, der ihn Sarah vorstellte? Wir wissen es nicht. Aber Delaunay gab ihm einige Stunden Schauspielunterricht, und eines Morgens im September 1881 tauchte Damala in der Avenue de Villiers auf. Sarah sah sich einem »großen, gutaussehenden Mann mit einem wilden Schnurrbart« gegenüber, der über keinerlei Schauspielerfahrung verfügte. Er trat ohne jegliche Scheu prompt wegen einer Rolle an sie heran, und sie stellte ihm sofort die Aufgabe, den Monolog des Don Carlos in *Hernani* auswendig zu lernen und in drei Tagen wiederzukommen und den Text vorzusprechen. Vielleicht hatte Damala bereits zu diesem Zeitpunkt beschlossen, der Hernani seiner Doña Sol zu werden. Drei Tage später engagierte ihn Sarah und bat ihn, auch die restliche Partie zu lernen und gemeinsam mit ihr in Brüssel aufzutreten. Und so hatte Ambroise Aristide Damala im Herbst 1881 in Belgien in *Hernani* seinen ersten Bühnenauftritt. König Leopold I., einer von Sarahs Lieblingsverehrern, war eigens von seinem in den Ardennen gelegenen Landsitz nach Brüssel geeilt, um Doña Sol zu bewundern.

Die Tournee war ein einziger Triumph. In Wien stellte der Erzherzog Friedrich, »der es nicht ertrug, daß eine Königin in einem Hotel abstieg«, Sarah einen seiner Paläste zur Verfügung, und die Compagnie gab für ihn eine Sondervorstellung, zu der auch alle Damen des Hofes eingeladen waren. Der letzte Akt der *Kameliendame* hinterließ einen solch starken Eindruck, daß eine von ihnen aus dem Theater getragen werden mußte. Und der dankbare Erzherzog schenkte Sarah ein mit Gold – aus einer seiner eigenen Minen – eingefaßtes Emaillependant.

Und dann kamen sie nach Rußland. In Odessa fanden gerade antisemitische Ausschreitungen statt, und Sarah wurde mit Steinen beworfen; in Kiew wurde sie beleidigt. In Sankt Petersburg hingegen wurde jeden Abend für sie vor dem Theater ein roter Teppich ausgelegt. Sonderzüge brachten ihre Bewunderer von Moskau nach Petersburg, und ihre Verehrer sprangen auf die Bühne, um ihr lebendes Idol aus nächster Nähe zu betrachten. Es fand sogar eine Galavorstellung von *Le Passant* vor dem Zaren und der Zarin statt; und als Sarah einen Hofknicks machte, erklärte der Herrscher aller Reußen vor seinem versammelten Hofstaat: »Ich sollte mich vor Ihnen verneigen«, und überreichte ihr eine über und über mit Smaragden und Diamanten besetzte Brosche.

Aber die Bewunderung Alexanders III. verblaßte im Vergleich zu Damalas Verehrung. Ob dieses Gefühl wirklich echt war oder ob er nur die prestigeträchtige Liaison mit Sarah Bernhardt auskostete, wird nie zu entscheiden sein. Aber die Liaison war bald der Hauptgesprächsstoff in Sankt Petersburg. Und als die Tournee fortgesetzt wurde, war sie zweifellos ebenfalls das wichtigste Gesprächsthema in Warschau, Genua, Basel und Lausanne, Lyon, Triest und Neapel. Am 31. März trat Sarah in Neapel gemeinsam mit ihrem Verlobten in der *Kameliendame* auf.

Vielleicht ist es wahr, daß Sarah in der Schauspielerin Jane Hading eine Rivalin hatte und daß sie den Gegenstand ihrer Leidenschaften unter allen Umständen für sich gewinnen wollte. Vielleicht wünschte sie sich nun, immerhin im Alter von siebenunddreißig Jahren, häusliche Sicherheit statt ständig wechselnder Affären. Noch mehr fühlte sie sich wahrscheinlich wegen Damalas Geringschätzung von diesem angezogen; denn er war der einzige Mann, dem sie bisher begegnet war, den sie nicht unmittelbar hatte erobern können. Sie fand ihn nicht nur physisch attraktiv, sondern sie fühlte sich durch seinen Widerstand zugleich herausgefordert und angezogen. »Ich beschloß, ihn zu heiraten«, vertraute sie Jahre später einem Journalisten an. Und da sie Sarah war, mußte sie sich diesen Wunsch sofort erfüllen. Und weil die italienischen und französischen Gesetze eine sofortige Heirat nicht gestatteten, waren sie und Damala gezwungen, in England den Ehebund zu schließen. Und weil er ein orthodoxer Grieche und sie katholisch war und weder die griechische noch die katholische Kirche während der Fastenzeit Eheschließungen erlaubten, sollte ihre Vermählung in einer protestantischen Kirche stattfinden.

Am gleichen Tag noch schickte sie ihrem Londoner Anwalt Brandon ein Telegramm:

»Ich werde für ein paar Stunden nach London kommen, mein lieber Brandon. Gerade lange genug, um zu heiraten; danach werde ich sofort wieder abreisen. Mein Verlobter heißt Aristide Damala. Er ist Grieche. Ich bin Französin.

Ich vertraue auf Ihre außerordentliche Freundlichkeit. Tun Sie bitte alles Menschenmögliche, damit ich meinen Zug noch erreichen kann, da ich am nächsten Mittwoch, dem 5. April, in Nizza auftreten will. Ich werde morgen früh aus Neapel abreisen.«

Ein paar Stunden später erhielt der verdutzte Brandon ein weiteres Telegramm:

»Wir werden am Montag abend um sechs Uhr ankommen, müssen jedoch bereits am nächsten Morgen wieder abreisen. Ich bitte Sie, alles zu arrangieren. Mein ganzes Glück liegt in Ihren Händen.«

Am 1. April traf ein weiteres Telegramm ein:

»Wir reisen heute morgen ab. Ich zähle auf Sie. Unmöglich, Ihrem Rat zu folgen. Es muß möglich sein! Es muß möglich sein!! Es muß möglich sein!!!

Stellen Sie fest, ob Mayer in London ist. Werde einen Haufen Geld verlieren, wenn ich für längere Zeit in London aufgehalten werde.«

Alle Warnungen, nicht überstürzt zu heiraten, schlug sie offenbar in den Wind. Umsonst schickte Maurice Bernhardt, sei es aus Eifersucht oder weil er Damala ablehnte, ein Telegramm, in dem er sie bat, die Hochzeit zu verschieben.

Am nächsten Tag traf ein weiteres Telegramm ein:

»Sind unterwegs. Ankunft Montag, zwölf Uhr, Charing-Cross-Bahnhof. Holen Sie uns ab, mein Lieber. Muß unbedingt am Dienstag morgen wieder abreisen.

Ich verlasse mich darauf, daß Sie alles regeln ... Räumen Sie alle Schwierigkeiten aus dem Weg, egal, was es kostet! Sonst werde ich an Kummer sterben!«

Nach einer sechzigstündigen Reise quer durch den Kontinent trafen Sarah und Damala am späten Montag abend am

136

Charing-Cross-Bahnhof ein und fuhren sofort zu Mayers Haus in Berners Street 55.

Als Reverend William Greenwood am nächsten Morgen den Zehn-Uhr-Gottesdienst soeben beendet hatte, meldete ihm der Kirchendiener, daß draußen ein Paar darauf warte, getraut zu werden. Er stellte sogleich die Heiratsurkunde aus und vermählte dann Aristide Ambroise Damala und Sarah Bernhardt miteinander.

Und so kam es, daß ein harmloser Vikar in London den Bund der Ehe zwischen einem jungen Mann von siebenundzwanzig Jahren, »der Ähnlichkeit mit Mounet-Sully hatte, jedoch besser aussah als dieser«, und einer sehr blassen siebenunddreißigjährigen Frau schloß, die von der langen Reise ermüdet war und – wie die *Morning Post* zu berichten wußte – »einen Gesichtsschleier und ein mit Perlen und Gold geschmücktes Straßenkleid trug«.

Der einzige Zeuge, der außer dem Kirchendiener diesem Geschehen beiwohnte, war Mayer. Das Eheversprechen gaben sich die beiden Brautleute auf Englisch, und der Geistliche beobachtete, daß Braut und Bräutigam »sich mit den Gepflogenheiten des englischen Gottesdienstes nur sehr dürftig auszukennen schienen«. Er erinnerte sich später auch noch daran, daß Sarah sich nach Beendigung des Zeremoniells wie eine Königin an ihn gewandt und ihn zum Hochzeitsfrühstück in die Berners Street eingeladen hatte; später habe er dann für eine ihrer Vorstellungen einen Ehrenplatz in einer Loge erhalten.

An diesem Morgen stürmte eine strahlende Sarah in Brandons Büro und »rief voller Begeisterung immer wieder aus: ›Ich bin verheiratet! Ich bin verheiratet! Mein Mann wartet unten!‹«

Um vier Uhr nachmittags suchten sie und Mayer das Gaiety auf, um mit Hollingshead zu sprechen, der jedoch nicht in der Stadt war. Die Vorstellung in Nizza mußte sie absagen, aber die nun fällige Konventionalstrafe zahlte sie mit Freuden. Und strahlend fuhr sie an jenem Abend mit ihrem Ehemann von Charing Cross aus mit einem Postzug

gen Barcelona. Am folgenden Sonntag hatte sie eine Vorstellung in Madrid.

Die Nachricht von Sarahs Hochzeit wurde von einer sensa-
tionsdurstigen Welt wie ein erfrischender Frühlingsregen
aufgenommen. Der *Punch* stellte Betrachtungen zum ›Meister im Ring‹ an und prophezeite, daß man in der kommenden Saison die *Kameliendamala* erleben werde. Die Zeitungen verbreiteten die wildesten Gerüchte über spezifische
Klauseln des Ehevertrages. Für das *Echo* war die Heirat ein
erstklassiger Werbegag. Die *Times* gelangte zu der Einsicht,
es sei Sarah einmal mehr gelungen, die Herzen ihrer
Kritiker durch eine brillante Improvisation im Sturm zu
nehmen.

Der *Figaro* wies darauf hin, daß Mme. Bernhardt-Damala
für den Sonderzug, der sie nach Nizza und von dort nach
Marseille hätte bringen sollen, noch eine Rechnung zu
begleichen habe. Der *Daily Telegraph* wollte per Unterseeka-
bel erfahren haben, daß Mme. Bernhardt ihre Compagnie
nicht auflösen werde.

Am 7. April berichtete der Korrespondent des *Gaulois* aus
Marseille: »M. und Madame Damala sind vorgestern morgen um 11.47 Uhr mit dem Expreß-Zug hier eingetroffen
und im Hôtel du Louvre et de la Paix abgestiegen. Gestern
morgen um zehn Uhr sind sie an Bord der Segovia, einem
Schiff der spanischen Dampfschiffahrtsgesellschaft, nach
Barcelona abgereist.«

Der *Figaro* meldete, die Eheschließung habe in der griechischen Botschaft in London stattgefunden, und berichtete dann ausführlich über die Schokolade, die die Braut und
der Bräutigam am Gare de Lyon zur Erfrischung zu sich
genommen hätten.

Und Sarah selbst, die immer wußte, was sie ihrer Popula-
rität schuldig war, fügte noch das pikante Detail hinzu, der
Prinz von Wales sei eigens an den Bahnsteig gekommen, als
M. Damala und sie aus London abgereist seien, um ihnen
Glück zu wünschen und *au revoir* zu sagen.

20 Mme. Bernhardt-Damala

Als Mme. Bernhardt-Damala, die gerade äußerst erfolgreiche Gastspielreisen durch Portugal, Spanien und die Schweiz unternommen hatte, am 25. Mai gemeinsam mit ihrem Mann erstmals wieder in Paris in der Rolle der Marguerite in *Die Kameliendame* auftrat, spielte sie vor vollem Haus. Sooft die Pariser sie auch bereits gesehen hatten und sooft sie sie künftig auch noch mit ihrem derzeitigen Geliebten auf der Bühne bewundern konnten, nie hatte sie die Rolle mit größerer Leidenschaft und mit mehr Feingefühl gespielt. Sie hatte einmal von sich behauptet, mehr als tausend Heiratsanträge abgewiesen zu haben. Was ihre Möchtegern-Liebhaber anbelangte, »so war es kaum möglich, die Zahl der Unglücklichen genau zu benennen, die ihre tränenerfüllten Augen seufzend zu einem hilflosen Himmel erhoben. In alten Zeiten hätte sie mit der Schar der Sänger, die bereits unter ihrem Fenster Liebesklagen erhoben hatten, gegen die Zulus in den Krieg ziehen können.«[1]

Der Armee der nicht zum Zuge gekommenen Verehrer stand natürlich ein ganzes Regiment siegreicher Liebhaber gegenüber. Wie hätte es in Sarahs leidenschaftlicher und in stetem Aufruhr befindlicher Welt und bei ihrem leicht erregbaren Temperament auch anders sein sollen? – »Sie war ein leidenschaftliches und ursprüngliches Wesen«, schrieb Suze Rueff, »dabei jedoch von einer unvergleichlich weiblichen Ausstrahlung; sie war alle Frauen in einer, und in dieser einen Frau steckten unerhörte Kräfte.« Aber nur einmal in ihrem Leben verliebte sich Sarah in einen Mann, der ihre Liebe nicht unmittelbar erwiderte – nur einmal, jetzt, im Alter von siebenunddreißig Jahren, in einem Alter also, da sie für einen kurzen Augenblick spüren mochte, daß ihre Kräfte dahinschwanden, flüchtete sie sich in eine Ehe, um ihrer Leidenschaft einen sicheren Hort zu geben.

Es nimmt daher nicht wunder, daß eine am 25. Mai 1882 veranstaltete Wohltätigkeitsaufführung des Dumas-Stükkes »zum größten Erfolg wurde, den ein Pariser Impresario sich nur wünschen konnte. Ich weiß, ich sollte meine ganze Aufmerksamkeit Sarahs bezauberndem Kostüm widmen, ihren Kleidern, die sie eigens aus diesem Anlaß bei einem Wiener Schneider hat anfertigen lassen«, schrieb Mortier in seiner Theatergeschichte, »aber es ist die Schauspielerin, die man nicht genug loben und bewundern kann ... Sarah zeigte alle Facetten ihres unvergleichlichen Talentes und veranschaulichte uns zunächst das ideale Wesen, dessen kostbare Stimme die poetisch-zarten Worte von *Le Passant* seufzend hervorstieß, um sich dann unversehens in die leidenschaftlich-verbrecherische und unvergeßliche *Phädra* zu verwandeln, die eines Abends im Français Émile de Girardin den Schrei entrang: ›Sie ist so schön wie Rachel!‹«[2]

Aristide Damala – oder Jacques Damala, wie er sich als Schauspieler nannte – zeigte sich als »ein großgewachsener, gutaussehender junger Mann von eleganter Erscheinung mit einer tiefen Stimme und einem bewundernswert geschliffenen Timbre, der sich mit einer Selbstverständlichkeit auf der Bühne bewegte, als habe er nie etwas anderes getan ... Das ganze Haus feierte ihn nach der großen Szene im vierten Akt mit einer dreifachen Ovation, und er bekam fünf Vorhänge.«[3]

»Ich habe für meine Loge fünfundzwanzig Louis bezahlt«, erklärte ein von der Aufführung begeisterter Zuschauer, »aber ich habe mindestens für zweitausend Francs Tränen vergossen.«[4]

Natürlich hatte sich Sarah völlig verausgabt, als sie vier Tage später ihr Londoner Gastspiel eröffnete: »Die begabte Schauspielerin kehrt zwar unter neuen häuslichen Bedingungen zu uns zurück, das ist wohl wahr«, schrieb ein enttäuschter Kritiker, »aber ohne ihr Rollenangebot substantiell erweitert zu haben. Man kann jedoch kaum von ihr erwarten, daß sie in den vergangenen zehn Monaten die für die Einstudierung neuer Rollen notwendige Zeit gefunden hätte ...

Als sie in *Adrienne Lecouvreur* ihren ersten Auftritt hatte, bezeugten großer Jubel und ein wahrer Blumenregen die Herzlichkeit, mit der sie willkommen geheißen wurde. Daß die Strapazen ihrer Tournee nicht spurlos an ihr vorübergegangen sind, war nur allzu offenkundig. Sie wirkte erschöpft und noch dünner, als wir sie in Erinnerung hatten, und in den leidenschaftlicheren Szenen schien ihre geschwächte körperliche Konstitution dem Anstrum der Gefühle kaum mehr gewachsen. Morgen wird M. Damala in der *Kameliendame* seine Londoner Premiere feiern.«[5]

War Damala nur kurzfristig durch seine Frau inspiriert? Oder applaudierte das Londoner genau wie das Pariser Publikum in erster Linie aus Sentimentalität? Der von Bewunderung erfüllte Kritiker schrieb am nächsten Tag, daß »M. Damala die Rolle des Armand überraschend selbstbewußt und souverän« gespielt habe, wenn man in Betracht ziehe, daß er erst seit sechs Monaten auf der Bühne stehe. »In der leidenschaftlichen Streitszene im vierten Akt, in der er Marguerite das Geld ins Gesicht schleudert, spielte er so kraftvoll und realistisch und zugleich mit einer solchen Subtilität, daß das ganze Haus in Jubel ausbrach.«[6]

Anläßlich eines ihrer zahlreichen London-Aufenthalte stattete die Königin des französischen Theaters dem regierenden Monarchen der englischen Bühne einen Besuch ab. Henry Irving, der sich seiner überragenden Bedeutung wohl bewußt war, fühlte sich gleichsam verpflichtet, allen herausragenden ausländischen Schauspielern, die in London auftraten, einen beinahe offiziellen Willkommensgruß zu entbieten. Derartige Empfänge fanden in einem besonders repräsentativen Raum des Lyceum-Theaters statt.

Um in diese gotische Halle zu gelangen, mußten die Besucher die Hintertreppe des Lyceums hinaufsteigen und ein mit Theaterwaffen und sonstigen Requisiten vollgehängtes Vorzimmer passieren. An den Wänden dieser Halle hingen Lawrence' Porträt Edmund Keans, ein Bild Garricks, ein von Long angefertigtes schlechtes Porträt

Irvings und später das von Sargent gemalte Bild, auf dem Ellen Terry als Lady Macbeth dargestellt ist. Martin Harvey malte sich in seiner Fantasie immer wieder aus, wie Irving in diesem Raum »am Kopfende einer von Kerzen erleuchteten und mit wohlschmeckenden Speisen beladenen Tafel saß. In dem stattlichen Kamin brannte ein knisterndes Feuer, und Irvings klar geschnittenes Alabasterprofil setzte sich vor dem Hintergrund der dunklen, holzvertäfelten Wände majestätisch ab.« Tennyson und Liszt gehörten zu der erlesenen Zahl jener, die in diesen heiligen Hallen feinstes Gebäck und Eiskrem genießen durften;[7] und nach der letzten Probe für Heinrich VIII. veranstaltete Irving zu Ehren von Sarah Bernhardt in diesen Räumen ein Diner. Sie hatte versprochen, ihre Meinung zu den von Mrs. Comyns Carr für Ellen Terry entworfenen Kostümen zu sagen. »Bereits damals«, so erinnerte sich Mrs. Comyns Carr später, »war allgemein bekannt, daß Sarah ein unfehlbares Auge für die Wirkung von Bühnenkostümen hatte, und als Nell und ich uns zu dem Treffen mit Sarah die Treppen hinaufschleppten, war ich aus Angst vor ihrem Urteil ein wenig nervös...

Aber Sarah Bernhardt beruhigte mich bereits durch ihre ersten Worte. ›Meine Liebe, Ihre Kostüme sind die Vollkommenheit‹, sagte sie in ihrem seltsamen Englisch. ›Sie sind – wie sagt man? – sehr passend und so korrekt...‹

Während des Diners kamen wir auf das Altern und dessen Auswirkungen auf die schauspielerische Leistung zu sprechen. Irving bemerkte traurig, daß wir alle einmal alt werden, aber Sarah lehnte sich ein wenig über den Tisch und sagte zu Nell: ›Meine Liebe, es gibt zwei Menschen, die niemals alt werden – und das sind Sie und ich.‹«

Wie jugendlich und anziehend Mme. Bernhardt tatsächlich bleiben sollte! Aber Mrs. Comyns Carr konnte ihre viktorianischen Grundüberzeugungen nie ganz abschütteln und niemals ganz akzeptieren, daß die moralischen Grundsätze Islingtons und Peckham Ryes in Künstlerkreisen nicht unbedingt Geltung haben. Genaugenommen fühlte sie sich durch Sarahs angebliche Ungehörigkeit sogar ein wenig schockiert. »Sarah hatte offenbar nur wenig von Nells vornehmem Charme. So brillant und interessant die göttliche Sarah als Gesellschafterin auch war, so entsprachen ihre Ansichten und die Art und Weise, wie sie diese veranschaulichte, nicht unbedingt der Vorstellung von gutem Geschmack, wie sie unter den prüden Engländern vorherrschend ist. Tatsächlich benahm sie sich manchmal wie ein Fischweib.«[8]

Welche Vorbehalte Mrs. Comyns Carr Sarah auch im einzelnen entgegenbrachte, Ellen Terry jedenfalls bewunderte ihre große Kollegin ohne Einschränkungen und traf bei Sarah auf eine ebenso herzliche Zuneigung. Eines Abends, als Sarah Ellen Terry in *Romeo und Julia* gesehen hatte, warf sie ihre Arme um die triumphierende Heroine und fragte sie, wie sie Abend für Abend eine solch wundervolle Leistung erbringen könne. »Das kann ich überhaupt nicht«, erwiderte Julia, »aber Sie saßen in der ersten Reihe, und das hat mich inspiriert.« Irving erzählte diese Geschichte ein paar Tage später bei einem Diner, das anläßlich der hundertsten Vorstellung auf der Bühne des Theaters stattfand.

Auch Ellen Terry selbst erinnerte sich später voller Freude und Rührung dieses Abends:

»Sarah Bernhardt sagte sehr schmeichelhafte Dinge zu mir, und ich war zutiefst gerührt, daß meine *vraies larmes* ihr Lob und ihre Bewunderung erregten. Ich bemerkte, daß sie sich kaum einmal bewegte, und dennoch hatte ich die ganze Zeit den Eindruck, daß sie wie ein Schmetterling vor mir umhergaukelte. Während sie mit Henry sprach, nahm sie irgendein rotes Zeug aus ihrer Handtasche und trug es auf ihre Lippen auf. Diese freizügige Art, sich in der Öffentlichkeit zu schminken, war in den achtziger Jahren weit ungewöhnlicher als heute. Aber gerade das gefiel mir an Miss Sarah, wie mir überhaupt alles an ihr gefiel.

Wie wundervoll sie damals aussah! Ihre Haut war durchscheinend wie die Blütenblätter einer Azalee, nur noch durchscheinender: Sie erschien mir wie eine Wolke, nur weniger voluminös. Der von einem Blatt brennenden Papiers aufsteigende Rauch beschreibt ihre Wirkung vielleicht angemessener. Sie war hohläugig, dünn und wirkte fast schwindsüchtig. Ihr Körper war nicht das Gefängnis ihrer Seele, sondern deren Schatten.

Auf der Bühne ist sie mir immer mehr wie ein Symbol, ein Ideal, ein Konzentrat erschienen und weniger als eine *Frau*. Genau diese Qualität ist es, die sie in so erhabenen Rollen wie der *Phädra* so selbstverständlich leicht erscheinen läßt... Sie ist immer ein Wunder... Es ist diese außerordentlich betörende, ›symbolische‹ Wirkung, die es Sarah gestattet, auf der Bühne alle persönlichen, individuellen Gefühle weit hinter sich zu lassen. Niemand spielt eine Liebesszene besser, aber es ist ein *Bild* der Liebe, das sie uns vermittelt, ein fremdartig verschlungenes Bild der Leidenschaft und nicht so sehr die Darstellung einer ganz gewöhnlichen menschlichen Empfindung, wie sie für gewöhnliche Menschen typisch ist. Sie ist eine Exotin. Aber was sonst könnte sie auch sein?«[9]

Auf der anderen Seite konnte Sarah jedoch immer wieder die erstaunlichsten Dinge tun. Als sie 1883 in *Fédora* auftrat, suchte sie der Prinz von Wales, der gerade in Paris weilte, in ihrer Garderobe auf und bemerkte, daß er gerne Schauspieler geworden wäre. Sarah nahm ihn beim Wort und kostümierte ihm. Als Fédora an jenem Abend auf der Bühne den Leichnam Wladimirs entdeckte und sich neben seinem Totenbett auf die Knie warf, war ihr angebeteter Wladimir niemand anderer als Albert Edward, Prinz von Wales.[10]

21 Leben und Legende

Für die autokratische, unersättliche und unendlich verlockende Sarah war es so selbstverständlich, daß sie die größte

Schauspielerin der Welt sei, wie es für die Königin Victoria natürlich war, Königin von England zu sein. »Wer könnte denn Sarah Bernhardt schon die Krone streitig machen?« fragte Arsène Houssaye.[1] Niemand erhob ernsthaft diesen Anspruch. Ihre Feinde und ihre Kritiker beobachteten sie mit der gleichen Faszination wie ihre unzähligen Bewunderer. Und der sarkastische Renard, der einmal im Zoo ein Lama gesehen haben wollte, das lächelte wie Sarah,[2] war von ihr genauso hingerissen wie jeder Theaterbesucher in Kopenhagen oder Stockholm, London oder Paris: »Auf ein Zeichen Sarah Bernhardts hin«, so erklärte er, »würde ich ihr – samt meiner Frau – bis ans Ende der Welt folgen.«[3]

Unter solchen Umständen spielte es auch keine große Rolle, daß Beerbohm ›nicht allzuviel‹ von Sarahs Adrienne hielt. Es gab Enthusiasten, die bereit waren, für die Überreste des Taschentuches, das sie im dritten Akt zerriß, eine Menge Geld zu bezahlen (der Fetzen mit dem Monogramm darauf war im allgemeinen besonders teuer).[4] Dumas *fils*, so ging die Rede, bemühe sich, den ›Regent‹-Diamanten zu erwerben, um ihn Sarah als Zeichen seiner Hochachtung und zum Dank für ihre noch ausstehenden schauspielerischen Glanzleistungen zu vermachen.[5]

Immer mehr bemächtigte sich die Legende ihrer Person. Es gab graphische Darstellungen des ›hübsch polierten Skeletts‹, das sich selbst in Sarahs Schlafzimmerspiegel bewunderte; sein Gesicht erinnerte dabei erstaunlich an die Züge der von Houdon geschaffenen Büste Voltaires, die im Français zu besichtigen war. Und nach allgemeiner Überzeugung hob sie auch einen von Victor Hugo signierten Schädel auf. Immer neue Geschichten über ihren (aus Rosen- oder aus Birnenholz gefertigten?) Sarg kamen in Umlauf. Angeblich waren in den Sarg ihre Initialen und ihr Motto *Trotzdem* eingraviert, und außerdem sollte er mit Handgriffen aus massivem Gold ausgestattet sein; von innen sei er – so das Gerücht – mit weißer (oder roter oder blauer, wie man mitunter auch hören konnte) Seide ausgeschlagen, und zum Einstudieren ihrer Rollen lege sich

Sarah in diesen Luxus-Totenschrein. Der Sarg sei – so Jules Huret – von verwelkten Blumensträußen und Liebesbriefen umgeben, und in diesem Ambiente habe sie sich außerdem noch fotografieren lassen. »Ich finde es besser«, hatte sie angeblich gesagt, »mich noch zu Lebzeiten und mit einem schönen Gesicht in dieser Umgebung fotografieren zu lassen.«[6] Es kursierte die Geschichte von dem unerwünschten Bewunderer, der eine enorme Summe gezahlt habe, um einmal mit ihr zu schlafen, sie jedoch alles andere als schön gefunden habe; denn sie habe sich mit geradezu furchteinflößendem Realismus als zahnlose, übelriechende Neunzigjährige zurechtgemacht.[7] Man erzählte sich, daß Sarah in Milch bade und barfuß durch den Schnee die Champs-Élysées hinunterspaziert sei. Andere wollten sie zweimal mit dem jungen Prinzen Napoleon, der eigentlich im Exil hätte sein sollen, auf der Straße gesehen haben (natürlich war sie auch die Anführerin eines Komplotts zur Restauration des Kaiserreiches). Man erzählte sich, daß sie sehr viel trinke, daß sie eine Kutsche aus Gold und Ebenholz in Auftrag gegeben habe, daß sie überhaupt keine Frau, sondern ein als Frau verkleideter Junge sei.

Über ihre außergewöhnlich schlanke Figur waren unzählige Geschichten in Umlauf. So hieß es beispielsweise, daß sie bei ihren Ballonflügen eine innerhalb des Seiles befindliche Wendeltreppe hinaufsteige und daß sie bei schlechtem Wetter zwischen den Regentropfen hindurchschlüpfe. Und eines Tages sei eine leere Kutsche vor dem Theater vorgefahren, aus der Sarah Bernhardt gestiegen sei.[8] Angeblich hatte es sogar einmal eine Zeit gegeben, so behauptete man jedenfalls, da sie sich geweigert hatte, ins Rampenlicht zu treten, da man andernfalls durch sie hätte hindurchsehen können wie durch ein bemaltes Laternenglas.[9]

»Ein satirisches Magazin ergänzte diese Erzählungen noch um die folgende Geschichte: So soll Sarah, wenn sie im Winter auf den schneebedeckten Gartenwegen spazierengehen wollte, zuvor einen Mann gebeten haben, mit dem Fahrrad eine Spur in den Schnee zu fahren, in der sie dann bequem lustwandeln konnte. Als einmal einer aus der Gruppe der am Bühneneingang Wartenden bemerkte: ›Hier kommt die Hexe Sarah!‹, erwiderte ein anderer: ›Ich sehe nur einen Besenstiel, aber keine Hexe.‹ Und als einmal ein Polizeioffizier das ganze Haus nach ihr abgesucht hatte, versteckte sie sich in der Hülle eines Schirmes und blieb so unentdeckt...«[10]

Es ist eines der seltsamen Vorrechte des Ruhms, daß sich der Betroffene plötzlich als Romanfigur wiederfindet. Und als 1880 Alphonse Daudets *Le Nabab* im Vaudeville uraufgeführt wurde, erkannte man in dem Studio der Félicia Ruys sofort eine perfekte Kopie von Sarahs Studio. Und Sarah wurde die Hauptperson verschiedener Romane. Später verfaßte sie einen Bericht über ihr eigenes Leben, eine eigenartige Mischung aus Fakten und Fiktion, die unter dem Titel *Petite idole* erschien. Jetzt, im Jahre 1882, war sie die unbestrittene Heldin des von Félicien Champsaur verfaßten Schlüsselromans *Dinah Samuel*.

Champsaur porträtierte sie, wie sie seinem Helden Patrice Montclar in der Avenue de Villiers erschien:

»Plötzlich öffnete sich die Tür, und vor ihm stand ein anmutiger Junge in einer kurzen, weit geschnittenen Jacke und einer feinen enganliegenden weißen Flanellhose. Der Junge trug mit blauen Streifen verzierte Halbschuhe, sein Kragen war hochgestellt; dazu trug er eine gestreifte Krawatte. Er hatte blondes, leicht rötlich gefärbtes krauses Haar; in der Hand hielt er ein gleichermaßen weißes Barett, an dessen Seite eine blaue Feder befestigt war. Rechnete man noch die süßen, leuchtenden Augen zu der Erscheinung hinzu, so glich der Junge einem Juwel, das man zur Dekoration eines Boudoirs auf einem Piedestal hätte ausstellen können.

Es war Dinah Samuel in ihrer Studiokleidung. Montclar vergaß, daß er vor einer großen Schauspielerin, vor einer Frau stand, die gewiß nicht weniger bedeutend war als

George Sand: Er sah nur eine bezaubernde Frau, die voller Anmut vor ihm stand. Sie trat lächelnd näher. Dann setzte sie sich auf den Tisch und kreuzte jungenhaft-lässig die Beine und begann mit einer so süßen Stimme zu plaudern, daß es wie Musik klang. So wechselte sie von einem Thema zum andern, von diesem zu jenem – und zwar ohne jeglichen Übergang, ganz abrupt wie ein Vogel, der von Ast zu Ast fliegt, ein wenig ruht, mit den Flügeln schlägt und sich dann unablässig singend in die Lüfte erhebt. Sie war tatsächlich ein Vogel, ein Vogel, der aus dem Land Bohème geflogen kam und ein Lied zwitscherte, jedoch körperlos und ohne Federn war.«[11]

Wie hätte Montclar sich nicht in diese hinreißende Frau verlieben sollen? Wie hätte er sie nicht voll Entzücken in jeder Einzelheit beschreiben sollen, sie, die »gleich unterhalb des Kragens in einer schmalen, kunstvoll verzierten Silberröhre eine Rose im Knopfloch trug? Sie liebte Blumen und war zu allen Jahreszeiten von Blumen umgeben. Es hatte ihm ein unsägliches Vergnügen bereitet, sie an diesem Weihnachtsmorgen zu bewundern, als sie plötzlich den Wunsch verspürt hatte, gemeinsam mit ihm ins Freie zu gehen, um den ersten Schnee zu betrachten. Mit ihren rasch schmelzenden Kristallen hüllten die Flocken sie ein und bedeckten ihr ungebändigtes Haar mit einem Schleier aus Diamantpartikeln...

Im Mittelalter hätte sie, wäre sie keine Jüdin gewesen, vielleicht als Heilige gegolten wie jene von der Kirche heiliggesprochenen Frauen und Männer, die in ihren weißen Gewändern und mit dem Lichtkranz, der ihr Haupt umstrahlt, die Fenster alter Kirchen schmücken, oder man hätte sie als eine vornehm-gütige Burgfrau betrachtet. Ihre über alle Maßen bezaubernde Stimme klang traurig, harmonisch und melancholisch, anrührend und unergründlich. Sie erinnerte an das Lied einer Nachtigall, das in tiefer Nacht unter einem sternenglänzenden Himmel erklingt. Sie war keine Schauspielerin, sie war eine Muse. Die Worte, die ihrem Mund entsprudelten, waren nicht gesprochen, sie waren reine Musik.«[12]

Und als das Lied verklungen war, inspirierte sie Montclar zu einer der schönsten Beschreibungen in Worten, die wir von ihr besitzen. Dieses Porträt ergänzt und wiederholt all die Charakteristika, die bereits auf jener gelungenen Fotografie aus ihren frühen Jahren sichtbar werden:

»Sie setzte sich in den monumentalen Eichenstuhl, der neben dem gotischen Fenster stand, durch dessen weiße und gelbe Scheiben das Licht hereinfiel. Über ihr erhob sich die Krone einer hohen Palme, deren spitz zulaufende Blätter über ihrem Kopf hingen. Auf dem Kaminsims brannte mit niedriger Flamme eine Öllampe, die einen großen dunklen Schatten an die Decke warf... In diesem gedämpften Licht, das sanft war wie das Licht einer Sternennacht, wirkte Dinah Samuel ätherisch schön – mit ihrem ungezähmten wilden Haar, dem zärtlichen Blick ihrer samtweichen Augen, ihren wundervoll geschwungenen langen Wimpern, ihren tiefroten Lippen – wie unendlich schön ihre Augen ihm erschienen. Sekundenlang sah er nichts als die Augen der Schauspielerin. Sie verwandelten sich in zwei Seen, die so groß waren, daß er darin hätte ertrinken können...

Eine ihrer Hände ruhte auf der Armlehne des Stuhles, die andere spielte mit einem Spitzentaschentuch. Sie trug ein cremefarbenes Brokatkleid, das an der Taille von einem Hermelingürtel zusammengehalten wurde. An ihrem Busen trug sie einen mit einem schneeweißen Band zusammengebundenen niedlichen Strauß weißen Flieders, der von einer goldenen Eidechse gehalten wurde...«[13]

Das Jahr 1882 brachte Sarah nicht nur die Rolle der Dinah Samuel und den Status einer Ehefrau, sondern gleichermaßen die Position einer Theaterdirektorin.

Einige Zeit zuvor hatte sie sich bereit erklärt, die neue Saison am Vaudeville mit Sardous *Fédora* zu eröffnen; und nun weigerte sich Sardou trotz all ihrer eindringlichen Bitten und Drohungen, trotz ihrer Ankündigung, sie habe gemeinsam mit ihrem Gatten eine Amerika-Tournee geplant, die ihr für fünfzig Vorstellungen 40 000 Pfund einbringen werde, und trotz des Lobliedes, das sie auf Damalas Schauspielkünste anstimmte, diesen als Fédoras Liebhaber zu akzeptieren. Es war natürlich schwierig, diese Entscheidung einem bereits leicht irritierbaren und zu Gewaltausbrüchen neigenden Ehemann beizubringen, einem Mann also, der wahrscheinlich bereits zu diesem Zeitpunkt dem Morphium verfallen war. Und Sarah löste das Problem, indem sie die Rechte an dem von Catulle Mendès verfaßten Stück *Les Mère ennemies* erwarb und Damala die Hauptrolle in diesem Stück anbot. Sie appellierte an den Stolz ihres Mannes und setzte ihm auseinander, wieviel besser für ihn eine echte Hauptrolle sei als eine offensichtliche Nebenrolle; und da sie unter keinen Umständen verlieren wollte und finanzielle Erwägungen ihr zweitrangig erschienen, mietete sie das Théâtre de l'Ambigu. Und in dem Bemühen, ihren Sohn zu versöhnen, der ihre Ehe nach wie vor strikt ablehnte, mietete sie das Theater unter dem Namen Maurice Bernhardt.

Der Spekulation war damit Tür und Tor geöffnet. Es war natürlich allen klar, daß sie sich mit einem normalen Theater nicht zufriedengeben würde, und ein fantasiebegabter Journalist stellte sich bereits die Treppen aus Carrara-Marmor, den mit Juwelen besetzten Kronleuchter und das Orchester vor, für das nur Stradivari-Geigen als gut genug befunden wurden. Was den Vorhang ihres Theaters anbelange, so würde darauf, so malte er es sich jedenfalls aus, eine Allegorie ihres Lebens zu bewundern sein:

»Im Vordergrund wird Mlle. Abbéma die große Sarah Bernhardt, deren Kopf von einem Heiligenschein umgeben ist, in der Wiege darstellen. Alle großen Künstler der Vergangenheit liegen wie die Heiligen Drei Könige vor ihr auf den Knien und überreichen ihr Geschenke. Ein wenig höher sehen wir dann Sarah Bernhardt in *Le Passant* – hinter ihr in einer Wolke dann eine brennende Wohnung. Die Menschenmenge wirft Banknoten in das Feuer, um die Flammen zu ersticken.

Noch ein Stück weiter oben und auf der linken Seite des Vorhangs entdecken wir Sarah Bernhardt als Krankenschwester am Bett eines verwundeten Soldaten. Im Hintergrund dieser Szene leuchtet bedrohliches Kanonenfeuer auf. Links unten auf dem Vorhang ist das Foyer der Comédie-Française dargestellt. Das gesamte Ensemble hat sich um Sarah herumgruppiert, die gähnt und offenbar erklärt: ›Mein Gott, ist das alles langweilig!‹

Weiter oben arbeitet dann Sarah Bernhardt in der Kleidung eines Bildhauers an einer Büste, die Sarah Bernhardt als Doña Sol darstellt, während die Malerin Sarah Bernhardt ein Bild vollendet, auf dem Sarah Bernhardt zu sehen ist, wie sie etwa einem Dutzend Sekretären *Les Impressions d'une chaise* diktiert.

In der Mitte dann ein Bankett: Sarah Bernhardt steht mit einem Glas Champagner in der Hand da und hat ihren Fuß auf einen am Boden liegenden deutschen Diplomaten gesetzt...

Dann sehen wir Sarah Bernhardt in Amerika: Eine Frau mit bronzefarbener Haut und einem Federkopfschmuck bietet ihr einen riesigen Sack voller Gold an; in der Ferne macht das in die Trikolore gehüllte Frankreich eine bittende Geste.

Schließlich sehen wir in der oberen Mitte des Vorhangs, wie Sarah Bernhardt von Licht umstrahlt, in einem Ballon gen Himmel entschwebt. Durch den blauen Dunst ist eine allegorische Figur zu erkennen, die ihr einen goldenen Palmzweig entgegenstreckt. Es ist die Nächstenliebe, die Sarah dafür dankt, daß diese ihr bewundernswertes Talent so oft in den Dienst der Unglücklichen gestellt hat.«[14]

Am 17. November fand die erfolgreiche Premiere von *Les Mères ennemies* statt. Am 11. Dezember feierte man im

Vaudeville die Premiere der *Fédora*; von da an datiert die Freundschaft und Zusammenarbeit zwischen Sarah und dem äußerst versierten und produktiven Dramatiker Victorien Sardou.[15]

Selten hatte Paris eine Premiere mit solcher Spannung erwartet. Allein der Name Sardou hätte gereicht, um die Menge anzuziehen, aber diesmal wurde für das Stück außerdem noch mit dem Namen einer Schauspielerin geworben, die den ganzen europäischen Kontinent mit ihren schauspielerischen Glanzleistungen und ihren Liebes- und Eheaffären achtzehn Monate lang in Atem gehalten hatte. Paris wollte wissen, was Sarah während ihrer ausgedehnten internationalen Gastspiele dazugelernt beziehungsweise verloren hatte. Und bevor der Vorhang sich hob, war das Theater bereits für die ersten fünfundzwanzig Vorstellungen ausgebucht.

Aber Untreue vergeben die Pariser ihren Lieblingen nicht so leicht, und die Zuschauer hatten daher nicht die Absicht, sie von vornherein mit Beifall zu überschütten. Als sie dann tatsächlich im ersten Akt auftrat, stieß sie auf eine fast kalte Zurückhaltung des Publikums, und sie war fast gelähmt vor Nervosität. Und dann erwachten, wie es ihr gegenüber einem feindselig eingestellten Publikum immer erging, ihre Kreativität und ihr schauspielerisches Genie. An jenem Abend stieg das Feuer herab, oder um es mit ihren eigenen Worten auszudrücken: Der Gott war anwesend. Am Ende des zweiten Aktes erhob sich ein einziger Schrei: »Sarah! Sarah!« Ihr katzenhafter Charme und ihre unbändige Leidenschaft ließen das Publikum erschaudern. Im dritten Akt machte die unerträgliche Spannung Sarcey sprachlos, sosehr schwindelte ihm. Die Szene im vierten Akt, als Fédora an Gift stirbt, spielte sie mit einzigartigem Pathos; und in der Folge nannte man einen dramatischen Tod geradezu sprichwörtlich: *Faire sa Sarah.*[16]

»Die elektrisierende Phantom-Frau hat wieder einmal Paris erobert [schrieb Jules Lemaître]. Die Menschen hatten sich in letzter Zeit ein wenig von ihr abgewandt, waren teilweise sogar ungerecht zu ihr... Aber in *Fédora* haben wir die echte Sarah wiederentdeckt, die einzigartige und übermächtige Sarah, sie, die sich nicht damit begnügt zu singen, sondern die voll Leben und Leidenschaft steckt. Ihr Charakter, ihre Sinnlichkeit und ihre Schönheit lassen Sarah Bernhardt wie eine russische Prinzessin erscheinen, vielleicht ist sie aber auch eine byzantinische Prinzessin oder eine indische Begum. Katzenhaft und voller Leidenschaft, sanft und gewalttätig, unschuldig und pervers, neurotisch, exzentrisch, rätselhaft – immer ist sie ein Abgrund an Frau, eine Ich-weiß-nicht-was-Frau. Mme. Sarah Bernhardt erscheint immer wie ein ganz und gar seltsamer Mensch, der aus weiter Ferne zu uns zurückkehrt. Sie vermittelt mir ein Gefühl exotischer Ferne, und ich danke ihr dafür, daß sie mich immer wieder daran erinnert, wie groß die Welt ist, und daß sie nicht im Schatten eines Kirchturms unterzubringen ist und daß der Mensch – ein unendlich vielschichtiges Wesen – zu allem fähig ist. Ich verehre sie um all des Unbekannten willen, das in ihr lebendig ist. Sie könnte in ein Kloster eintreten, den Nordpol entdecken, sich gegen Tollwut impfen lassen, einen Kaiser ermorden oder einen Negerkönig heiraten – nichts von alledem würde mich sonderlich in Erstaunen versetzen. Sie allein ist lebendiger und unergründlicher als tausend andere Menschen. Und vor allem ist sie in ihrer ganzen Erscheinung so slawisch, wie man nur sein kann; sie ist unendlich viel slawischer als alle Slawen, denen ich je begegnet bin...

Und deshalb hat sie die Fédora einfach hinreißend gespielt.«[17]

Sarah betrachtete ihren Triumph mit gemischten Gefühlen. Sie wußte nicht genau, wie ihr Ehemann diesen Sieg, der seinen Erfolg unendlich überstrahlte, aufnehmen würde. Auf eine Antwort brauchte sie nicht lange zu warten. Am 16. Dezember beschuldigte er sie nach einem heftigen Streit, seine Bühnenkarriere zerstören zu wollen, und verließ auf der Stelle die Avenue de Villiers. Zwei Tage später stand in den Zeitungen eine kurze Notiz: »Théâtre de l'Ambigu. Seit gestern abend hat M. Montigny die Rolle des André Boleski in *Les Mères ennemies* übernommen, die bisher von M. Jacques Damala gespielt wurde.«

Damalas Verschwinden brachte Sarah in große Schwierigkeiten. Mit verzweifelter Energie spielte sie die Rolle der Fédora, und da sie gezwungen war, für den Betrieb des Ambigu zu sorgen, ließ sie dort im Januar ein neues Stück aufführen; es war Jean Richepins *La Glu*. Trotz der guten Leistungen, die Agar und Réjane erbrachten, erlebte *La Glu* nur fünfzig Aufführungen; die beiden folgenden Stücke liefen auch nicht besser, und im Februar 1883 konnte man überall in Paris auf Plakaten lesen, daß Mme. Bernhardt ihre Juwelen im Hôtel Drouot versteigern lasse. Und so kam es, daß ihre sehr hübsche, mit Diamanten und Brillanten besetzte Halskette für 960 Pfund versteigert wurde; ein aus 573 in neun Reihen angeordneten Perlen bestehendes Armband erbrachte 321 Pfund. Für weniger bemittelte Schauspielerinnen, Halbweltdamen und Sammler waren diese Stücke natürlich einmalige Gelegenheiten. Und am Ende der Auktion war Sarah um 7128 Pfund reicher. Ende Mai zog sich Maurice Bernhardt dennoch aus der Leitung des Theaters zurück. In zehn Monaten hatte Sarah so etwa eine halbe Million Francs in ein Theater investiert, an dem Damala nur vier Wochen lang aufgetreten war.

Sie litt jedoch unter dieser finanziellen Katastrophe nicht so sehr, wie man annehmen könnte; denn während der Proben für *La Glu* hatte sie den Verfasser des Stückes kennengelernt, einen breitschultrigen, stämmigen Poeten, der einen Bart trug und das glatte Gegenteil von Damala war: Jean Richepin. Richepin fand Damalas Betragen genauso unmöglich wie übrigens die ganze Öffentlichkeit, und er zeigte Sarah seine Anteilnahme. Sarah bat ihn darum, für sie ein neues Stück zu schreiben, und da sie Trost suchte und den Wunsch verspürte, vor der Öffentlichkeit mit einem neuen Glück zu prahlen, wurde sie seine Geliebte.

Im Februar kehrte Damala überraschend in die Avenue de Villiers zurück. Sein körperliches Befinden verschlechterte sich jetzt rasch. Und eines Tages im April warf Sarah – von Sorge und Wut gleichermaßen getrieben – das ganze Morphium und alle Injektionsnadeln, die sie finden konnte, fort. Damala verließ abermals das Haus, und Sarah erwirkte eine gesetzliche Trennung. Und während Damala für sechs Monate von der Bildfläche verschwand, suchte seine Frau wiederum Trost in Richepins starken Armen.

22 Kaiserin Sarah

Am 25. April fand im Vaudeville die hundertdreißigste (und letzte) Aufführung der *Fédora* statt. Vom 4. bis 9. Juni besuchte Sarah zum zweiten Mal Kopenhagen, und in der Stadt herrschte eine so festliche Stimmung, daß »einige Passanten, die den Anlaß der Menschenansammlung nicht kannten, glaubten, es sei eine neue Regierung eingesetzt worden«; vom Theater bis zu dem Hotel in der Innenstadt, in dem Sarah wohnte, waren die Straßen von Menschenmengen gesäumt.

Die Veränderung, die sich in Sarahs Privatleben vollzogen hatte, war allzu offenkundig: »Die göttliche Sarah war mit ihrem neuen Begleiter Jean Richepin hier, dem Verfasser von *Les caresses*«, schrieb Georg Brandes an einen Freund. »Wir haben sie zweimal gesehen, und ich habe zwei Artikel über sie geschrieben, aber aufgesucht habe ich sie nicht. Sie war ständig mit Richepin zusammen, aß und schlief gemeinsam mit ihm.«[1]

Und dann reiste sie mit ihrem Liebhaber und mit ihrem Ensemble nach Stockholm, wo Bewunderer die Straßen zwischen dem Grand Hotel und dem Königlichen Theater jedesmal säumten, wenn sie vorbeifuhr, und ihr nach jeder Vorstellung Ovationen darbrachten. Ihr zu Ehren wurde ein Ausflug nach Saltsjöbaden arrangiert, wo sie einen Sonnenaufgang über dem Meer beobachten konnte; und als die Teilnehmer dieser Expedition auf dem Deck des Dampfers an der Abendtafel beisammen saßen, wurde ein Toast auf »die größte lebende Schauspielerin« ausgebracht, während ein Studentenchor aus Uppsala schwedische Volkslieder sang. König Oskar besuchte sämtliche ihrer fünf Vorstellungen und überreichte ihr als Anerkennung eine Goldmedaille und eine Brillantenkrone, in die die Worte *Literis et artibus* eingraviert waren.

Aber wahrscheinlich war es doch London, wo sich Sarah völlig souverän als Königin der Bühne und Liebling des Publikums fühlte. Und am 9. Juli eröffnete sie im Gaiety-Theater, das erstmals im Glanze elektrischen Lichtes erstrahlte, ein einwöchiges Gastspiel. »Mme. Sarah Bernhardt wurde diesmal wahrscheinlich noch herzlicher empfangen, als selbst sie, das verwöhnte Kind des Publikums, es gewohnt ist«, erklärte ein begeisterter Zuschauer. Ihr Auftritt als Fédora ist hier mit wenigstens der gleichen Spannung erwartet worden wie der Besuch der Comédie-Française...

»Es war erfreulich zu sehen, daß Mme. Sarah Bernhardt sich – abgesehen von einer leichten Erkältung – eines besseren Gesundheitszustandes erfreute als während der gesamten letzten Jahre. Während ihres Auftrittes verzauberte sie das ganze Haus mit den unvergleichlich subtil gespielten Schattierungen ihrer Zärtlichkeit ebenso wie mit ihren geradezu elektrisierenden Ausbrüchen von Leidenschaft...«[2]

Der Ansturm auf *Fédora* war so groß, daß innerhalb der einen Woche neun Vorstellungen angesetzt werden mußten.

Am 17. September feierte Sarah in dem Theater an der Porte-Saint-Martin, dem Theater, in dem sie etwa achtzehn Jahre zuvor in *La Biche au bois* die Prinzessin gespielt und das sie jetzt beiläufig für ihren Sohn käuflich erworben hatte, in einer Wiederaufführung von *Frou-Frou* einen glänzenden Erfolg. Wahrscheinlich ist ihr in keiner anderen Komödie eine solch herausragende Leistung gelungen wie in *Frou-Frou*. Und das Stück lief so lange, daß sie erst am 20. Dezember erstmals in Richepins *Nana Sahib* auftreten konnte.

Bevor sich indessen der Vorhang für *Nana Sahib* hob, hatte Sarah noch einen Auftritt in einem wirklichen und in seinen Konsequenzen wesentlich weiterreichenden Drama. Jeanne Bernhardt, die morphiumsüchtig war, hatte aus Gesundheitsgründen nicht gemeinsam mit Sarah zu deren Amerika-Tournee aufbrechen, sondern sich dieser erst im Laufe der Tournee anschließen können. Sarah hatte deshalb eine langjährige Freundin als persönliche Begleiterin engagiert: Der Name dieser auf den Boulevards populären Schauspielerin war Marie Colombier. Und Marie Colombier hatte unter dem Titel *Le Voyage de Sarah Bernhardt en Amérique* einen sehr detaillierten Bericht über die Tournee veröffentlicht. Es ist klar, daß Marie und Sarah nach dieser Publikation miteinander in einen heftigen Streit gerieten. Marie hatte ihre enge Freundschaft mit Sarah verraten und eine skandalöse und holprig geschriebene Biographie veröffentlicht, deren Hauptperson bereits im Titel unübersehbar angedeutet war: *Sarah Barnum.*

»Über die Schönheit dieses Gesichtes ließ sich nur sagen, daß es häßlich, verschlagen und entstellt war. Es erinnerte an einen der unfertigen Köpfe, die man mitunter in Bildhauerwerkstätten sehen kann...« So beschrieb Marie Colombier Sarahs Gesicht. Aber sie beschränkte sich in ihren von Gift triefenden Bemerkungen nicht auf Sarahs körperliche Erscheinung. In allen Einzelheiten beschrieb sie, wie Sarah, von ihrer Tante und ihrer Mutter ermutigt, die Mätresse von De Véranne (offensichtlich eine Kombination aus dem Namen Kératry und dem des Prinzen von Ligne) geworden war. Eindeutig war auch von der Geburt Loris' (in dem unschwer Maurice zu erkennen war) die Rede. Ohne die geringste Rücksichtnahme unterstellte Marie

Colombier Sarah außerdem, sie habe sich an den Liebhaber ihrer Schwester herangemacht, einen gewissen »Armand O'Konil (James O'Connor), einen großen Musiker und vornehmen Iren fürstlichen Geblütes«. In London hatte »unsere Barnum (offensichtlich) ein Auge auf den Prinzen von Irland geworfen ... Nie verlegen um zur Durchführung ihrer Pläne geeignete Mittel, machte sie sich an den Adjutanten des Prinzen heran. Der Offizier erlag ihr bereits beim ersten Angriff, und mit seiner Hilfe gelang es ihr, bis zu seinem Herrn vorzudringen, der ebenfalls die Fahne fast ebenso rasch strich wie sein Untergebener.« Und dann beschrieb Marie Colombier mit kaum zu überbietender Boshaftigkeit Sarahs Jagd auf einen Mann, dessen Identität niemandem verborgen bleiben konnte: Jack Madaly, »einen Laienschauspieler. Dieser Madaly war ein attraktiver Zeitgenosse, ein ›richtiger Mann‹, wie die Barnum zu sagen pflegte. Er war ein hübsches Exemplar des vornehmen Orientalen, aber seiner Rasse verdankte er nur seine großen sanft-verträumten oder voller Leidenschaft glühenden Augen.« Marie Colombier behauptete, Madaly habe sich ganz eindeutig zu einer anderen Schauspielerin stärker hingezogen gefühlt als zu Sarah Bernhardt. Und sie beschrieb in allen Einzelheiten, wie Sarah Barnum völlig betrunken gestürzt sei und sich dabei einen Schädelbruch zugezogen habe, an dem sie gestorben sei.

Es verwundert daher kaum, daß Sarah bei der Polizei vorstellig wurde und verlangte, man solle sämtliche Exemplare von *Sarah Barnum* beschlagnahmen. Aber man sagte ihr nur, sie müsse ein Zivilgericht anrufen, wenn sie den Verkauf des Buches wegen Verleumdung stoppen wolle, und daß sie gegebenenfalls durchaus auf ein langes und kostspieliges Verfahren gefaßt sein müsse. Sarah, die für derartig langwierige Prozeduren keine Zeit hatte, nahm das Recht in ihre eigenen Hände. Während Maurice sich in Marie Colombiers Wohnung aufhielt und dieser für den Fall, daß sie noch einmal Verleumdungen über seine Mutter verbreite, eine körperliche Züchtigung androhte, platzten

Sarah und Richepin in den Raum. Und Sarah, die ihren Gefühlen immer freien Lauf ließ, »schlug ihrer Kontrahentin mit der ganzen Kraft, über die sie verfügte, mit einer Peitsche ins Gesicht. Die Verfasserin von *Sarah Barnum* ergriff die Flucht. Sie rannte durch alle Zimmer der Wohnung. Sarah Bernhardt lief hinter ihr her und zertrümmerte währenddessen alle Gegenstände von einigem Wert, deren sie habhaft werden konnte. Inmitten der ruinierten Möbel und Bilder, des zerbrochenen Porzellans und der zersprungenen Gläser wirkte Sarah [so die *Daily News*] wie ein Racheengel. Marie Colombier gelang es schließlich, über die Hintertreppe zu entkommen. Bevor Sarah das Haus verließ, ging sie noch zu der *concierge* hinüber und vermachte dieser die Reitpeitsche, die der Marschall Canrobert ihr einmal als Geschenk überreicht hatte. Da die Peitsche mit dem Gesicht der niederträchtigen Marie Colombier in Kontakt gekommen war, lehnte sie es ab, diese noch länger in ihrem Haus aufzubewahren... Ungeachtet der aufbrausenden Emotionen des Nachmittags nahm die vollendete Schauspielerin bereits am Abend wieder an den Proben zu *Nana Sahib* teil.«

Nana Sahib war im Indien des Aufstandes von 1857 angesiedelt. Marais spielte Nana Sahib, den indischen Fürsten, und Sarah spielte Djamma, seine zügellose und wollüstige Geliebte. Aber selbst Sarahs Talent reichte nicht aus, um das kindische Melodram vor dem Vorwurf der Lächerlichkeit zu schützen. Und als Marais krank wurde und auf Sarahs ungestümes Drängen hin der als Schauspieler völlig unerfahrene Richepin selbst die Rolle des Nana Sahib übernahm, war das Stück endgültig zum Tode verurteilt. Es war weder das erste noch das letzte Mal, daß die Welt Sarah gemeinsam mit ihrem augenblicklichen Liebhaber auf der Bühne bewundern konnte. Sarah hatte keine strikt persönlichen Gefühle. Sie war immer eine Exhibitionistin und eine Gauklerin. Für sie war das Leben ein großes Schauspiel, in dem sie selbstverständlich die Hauptrolle innehatte, und es bereitete ihr ausgesprochenes Vergnügen, ihre Leidenschaften vor der Öffentlichkeit auszuleben. Aber die Neugier des Publikums, sie gemeinsam mit Richepin auf der Bühne zu sehen, war nicht so stark, daß es deshalb das Theater gestürmt hätte. Das Stück erreichte nicht einmal vierzig Aufführungen.

Und dieser Mißerfolg traf Sarah um so grausamer, da Damala inzwischen geheilt und aus eigener Kraft in das Theaterleben zurückgekehrt war: Am 15. Dezember trat er kaum zweihundert Meter vom Porte-Saint-Martin entfernt im Gymnase in der Titelrolle von *Le Maître des Forges* auf, einer Rolle, die eigens für ihn konzipiert schien. *Le Maître des Forges*, dessen Vorlage ein außerordentlich erfolgreicher Roman Georges Ohnets gewesen war, erlebte mehr als dreihundert Aufführungen.

Die Mißerfolge von *Nana Sahib* und gleichermaßen einer von Richepin vorgenommenen Bearbeitung des *Macbeth*-Stoffes, die im Mai 1884 uraufgeführt wurde, ließen das Band zwischen Sarah und ihrem derzeitigen Geliebten allmählich schwächer werden, und ihm wurde das Schicksal all ihrer Liebhaber zuteil. Aber Kaiserin Sarah war niemals lange allein, und ihr neuester Verehrer hatte schon bald seinen Auftritt. Genaugenommen war diese neue Errungenschaft jedoch ein ehemaliger Geliebter, der zu ihr zurückkehrte. Am 26. Dezember 1884, genau ein Jahr nachdem sie erstmals gemeinsam mit Richepin in *Nana Sahib* aufgetreten war, trat sie mit Philippe Garnier in *Théodora* auf.

Théodora war der größte Triumph, den Sardou mit Sarah feiern konnte; tatsächlich war es auch einer der größten Triumphe ihrer Karriere. Das Stück erzählt die Geschichte der ehemaligen Tänzerin, die Kaiser Justinian sich zur Gattin erwählt hatte. Unter dem Namen Théodora war sie weiterhin als Kurtisane tätig und erfuhr so, daß ihr derzeitiger Liebhaber den Plan hegte, den Kaiser und die Kaiserin zu ermorden. Justinian entdeckte das Komplott und gleichermaßen die Untreue seiner Frau und ließ sie durch den Strick hinrichten.

»Der Himmel hat Mme. Sarah Bernhardt mit einzigartigen Gaben ausgestattet«, schrieb Jules Lemaître. »Er hat ihr eine unendlich zarte und feingliedrige Gestalt verliehen und ihr Gesicht mit verwirrender Anmut geschmückt. Mal ist sie eine Bohèmienne, mal eine Zigeunerin, mal dies, mal jenes – ich weiß nicht was alles, das an Salome, Salammbô oder die Königin von Saba denken läßt.

Und Mme. Sarah Bernhardt versteht sich wunderbar darauf, diese Ausstrahlung einer Märchenprinzessin oder einer fantastischen und auf immer unerreichbaren Traumgestalt ihren künstlerischen Zwecken dienstbar zu machen. Sie kleidet sich auf der Bühne ebenso bezaubernd, wie sie es versteht, aus ihrem Gesicht das Beste zu machen. Als sie im ersten Akt – ihren Kopfschmuck auf der Stirn – mit einer großen Lilie in der Hand so auf ihrem Bette lag, da erinnerte sie an eine der fantastischen Königinnen Gustave Moreaus, diesen abwechselnd heiligen und schlangenähnlichen Traumfiguren, die auf uns zugleich eine mystische wie sinnliche Anziehung ausüben... Das von ihr ausgehende Licht und die sublime Anmut, die sie ausstrahlt, versöhnen uns mit jeder ihrer Anmaßungen und lassen diese sogar kostbar erscheinen.«[3]

Théodora verdankte seinen Erfolg sowohl seiner byzantinischen Prachtentfaltung als auch seiner spannenden Handlung. Die Kostüme der Palastwachen kosteten pro Stück mehr als dreihundert Francs (wie ein Journalist erstaunt feststellte); selbst die Gewänder der Eunuchen kosteten jeweils hundertfünfundzwanzig Francs. Und die Ausgaben für den Schmuck, mit dem die Gewänder verziert wurden, betrugen zweiundvierzigtausend Francs; »allein an dem beeindruckenden Mantel, den Mme. Bernhardt trug, waren viertausendfünfhundert solcher Ornamente angebracht«. In der Szene, die in der kaiserlichen Loge im Hippodrom spielte, trug Sarah ein Kleid aus himmelblauer Seide mit einer vier Meter langen Schleppe, die mit Pfauen bestickt war, deren Augen aus Rubinen und deren Federn aus Smaragden und Saphiren bestanden.

Es verwundert daher kaum, daß *Théodora* mehr als dreihundertmal aufgeführt wurde. Nur einmal unterbrach man die Vorstellungen für kurze Zeit, als nämlich Kaiserin Sarah im Sommer 1885 mit dem Stück in London gastierte.

23 Sarah, immer nur Sarah

Ende April 1886 trat Sarah in Bordeaux gemeinsam mit ihrem Ensemble und Garnier, der für die gleichen Rollen vorgesehen war, die er auch auf der Europatournee von 1881 gespielt hatte, per Schiff eine mehr als einjährige Gastspielreise an, die sie nach Südamerika führte.

Es war ihr erster Aufenthalt in Südamerika. Ihr Gastspiel in Rio de Janeiro war ein einziger Triumph und ein fortgesetzter Blumenregen: Sie nahm dort durchschnittlich siebenhundertzwanzig Pfund pro Abend ein. Dom Pedro II., der Kaiser von Brasilien, ließ sich keine ihrer Vorstellungen entgehen, »und unglaublich reiche Männer, die Backenbärte trugen und wie Idole über und über mit Juwelen behängt waren, betrachteten es als Ehre, vor dem Bühneneingang zu warten und ihre Taschentücher auf dem Boden auszubreiten, damit kein Staubkorn Théodoras Fuß verunreinige«. Am 17. Juli gab sie ihr Debüt in Buenos Aires, wo sie in zwanzig Vorstellungen achtzigtausend Zuschauer mobilisieren konnte, und die dankbaren Argentinier schenkten ihr ein dreitausend Hektar großes Landgut und nahmen ihr das Versprechen ab, »daß sie zurückkehren und inmitten ihrer eigenen Gazellen und umgeben von ihren eigenen Gardenien die süße Ruhe des Landlebens genießen werde«. Dann reiste sie nach Rosario, und auf dem Weg von dort nach Montevideo verstarb plötzlich Jarrett.

Er war der angesehenste Impresario gewesen, und sie war von seinem Tod tief betroffen und konnte den Gedanken nicht ertragen, daß sein Leichnam dem Meer übergeben werden solle. Und da sie von einem einflußreichen Arzt in Montevideo gehört hatte, sandte sie diesem ein Telegramm und bat ihn darum, alle für Jarretts Begräbnis notwendigen Vorkehrungen zu treffen. Dr. Fleury machte seinen Einfluß geltend, und William Jarrett wurde in Montevideo begraben. Und dann spielte, wie auch Jarrett selbst es gewünscht haben würde, sogleich wieder das Theater die Hauptrolle. Maurice Grau wurde Sarahs neuer Impresario, und die Tournee ging weiter.[1]

Sie verbrachte acht Tage in Montevideo, eine Woche in Valparaiso, vier Tage in Santiago, und dann legte die Compagnie ein kurzes peruanisches Gastspiel in Lima ein. Im September war sie in Havanna. In Mexiko verdiente sie in zehn Vorstellungen 26 000 Francs, dann reiste sie über Texas in die Vereinigten Staaten ein und wiederholte ihre amerikanische Gastspielreise von 1882. Sie gelangte schließlich im April 1887 nach New York. Dort verkündeten die amerikanischen Zeitungen, die aus ihrer neuen Liaison mit Angelo, einem Mitglied ihres Ensembles, die falschen Schlüsse herleiteten, sie habe den jungen Mann heimlich geheiratet. Das New Yorker *Morning Journal* deutete an, die Eheschließung werde gegenwärtig noch geheimgehalten, da die Scheidung von Damala noch nicht offiziell ausgesprochen sei. Die Meldung wurde auf der Stelle dementiert, und Sarah schickte ein Telegramm an den *Figaro:* »Die Nachricht von meiner Heirat mit Angelo ist absurd, da er ebenso, wie ich es bin, bereits verheiratet ist. Bitte helfen Sie mir, diese unglückselige Geschichte ein für allemal aus der Welt zu schaffen.«

Und so kehrte Sarah nach achtzehnmonatiger Abwesenheit um achthunderttausend Francs reicher und mit einer Tigerin als Reisebegleiterin nach Europa zurück. Aber sie gönnte sich auch jetzt keine Ruhe, denn im Mai war sie bereits in London, und im Anschluß an diesen Londonaufenthalt unternahm sie erstmals eine Gastspielreise durch die Städte Englands, Schottlands und Irlands, wo sie auch Triumphe feierte.

»Das also ist die Tigerin«, sagte der Korrespondent der *Topical Times*, der ihr im Hotel Metropol in London einen Besuch abstattete.

»Ja, ist sie nicht hinreißend?«

»Allerdings ... Haben Sie ihretwegen in den Hotels keine Schwierigkeiten?«

»Manchmal am Anfang, wenn sie meinen Liebling noch nicht kennen; später dann nicht mehr. Bevor ich nach London kam, bestellte ich in diesem Hotel telegraphisch eine Suite. Sie antworteten mir, meine Mitarbeiter und ich seien herzlich willkommen, nicht jedoch meine Tigerin. Wissen Sie, der Hoteldirektion war zu Ohren gekommen, sie habe zwei Kellner aufgefressen. Ich schrieb ihnen, daß sie ein harmloses Schmusekätzchen sei. Dann erhielt ich die Antwort: ›Madame kann ihr Schmusekätzchen mitbringen.‹ Und hier ist sie.«

»Um soviel zu arbeiten, wie Sie es tun, brauchen Sie enorme Kraftreserven.«

»Ja, ich habe sehr viel Energie. Lassen Sie mich Ihnen kurz erzählen, was ich diese Woche alles gemacht habe. Am Samstag bin ich zweimal aufgetreten. Als ich von der Matinée hierher zurückkehrte, erhielt ich eine Antwort wegen eines Stadthauses auf dem Boulevard Pereire, das ich erwerben möchte. Ich akzeptierte die mir angebotenen Kaufbedingungen. Am Sonntagmorgen um acht Uhr bin ich dann nach Paris gereist, wo ich Viertel nach sechs abends eingetroffen bin. Dann habe ich im Café Anglais diniert und anschließend den Kaufvertrag für das Haus unterzeichnet. Montag morgen bin ich dann wieder aus Paris abgereist und hatte abends in London Vorstellung. Dienstag war ich den ganzen Tag bei Maple's und habe Möbel für meine neue Wohnung ausgewählt, am Abend hatte ich dann Vorstellung. Mittwoch hatte ich zwei Vorstellungen. Am Donnerstagmorgen hatte ich um 9 Uhr 30 einen Fototermin bei Downey's, und nach dem Mittagessen war ich beim Juwelier. Heute früh habe ich meine restlichen Einkäufe bei Maple's erledigt, und heute nachmittag haben wir *Jean-Marie* geprobt, und anschließend habe ich die Adrienne gespielt. Morgen habe ich zwei Vorstellungen, und außerdem wird mich der Herzog d'Aumale im Theater besuchen.«

»Was planen Sie als nächstes, Madame?«

»Das weiß ich noch nicht genau. Ich habe an eine Gastspielreise durch Indochina gedacht.«[2]

Den September verbrachte Sarah zu Hause; sie wohnte jetzt erstmals in der leerstehenden Seefestung, die sie auf Belle-Ile vor der bretonischen Küste erworben hatte. Sie gönnte sich jedoch nur eine kurze Ruhepause; denn bereits am 24. November trat sie mit Pierre Berton in *La Tosca* auf, einem neuen Stück, das Sardou für sie geschrieben hatte. Die elektrische Spannung, die allein in einer Szene dieses Stückes enthalten sei, reiche bereits aus, so ein Beobachter, »um sämtliche Straßen Londons zu beleuchten«.

Pierre Louÿs, zum damaligen Zeitpunkt ein empfindsamer Oberschüler, der bisher vergeblich nach einer anbetungs-würdigen Göttin Ausschau gehalten hatte, sah sie Anfang des Jahres in *La Tosca* und wurde von seiner ersten großen Leidenschaft bis ins Mark erschüttert:

»Oh Sarah! Sarah! Sarah! Sarah ist reinste Anmut! Sarah ist Jugend! Sarah ist Schönheit! Sarah ist göttlich!

Ich bin wahnsinnig, ich habe den Verstand verloren! Ich weiß nicht mehr, was ich tue, ich kann keinen klaren Gedanken mehr fassen – denn gestern abend habe ich Sarah Bernhardt gesehen.

Mein Gott! Was für eine Frau! Sarah... Sarah..., wann werde ich dich wiedersehen? Ich weine, ich erbebe am ganzen Leib, ich verliere den Verstand, Sarah, ich liebe dich!...

Ich werde versuchen, all meine Eindrücke zu sammeln und jedes ihrer Worte meinem Gedächtnis einzuprägen, so daß der Tonfall ihrer Stimme für immer in mir nachhallt...

Zu Fuß bin ich gestern von der Porte-Saint-Martin um halb zwölf nach Hause zurückgekommen... Schon bald schlief ich ein, und ich träumte – jedoch nicht von dem Stück, sondern nur von Sarah. Sie stand auf der Bühne, und das Publikum saß traumversunken da. Sie sah mich lächelnd an und sagte mit einer Stimme, die nur ich hören konnte: ›Komm nach der Pause zu mir... aber vergiß es nicht.‹ Und sobald der Vorhang niedergegangen war, sah ich, wie sie – den Blicken der anderen entzogen – fast schwebend auf mich zutrat. Sie bot mir ihre Wange zum Kuß, und als ich sie küßte, erwachte ich.

Es war vier Uhr morgens. Ich fieberte. Ein heftiges Verlangen zog mich zu ihr zurück, und in meiner Schlaftrunkenheit sah ich sie in ihrer ganzen Anmut vor mir. Ich versuchte, an etwas anderes zu denken, doch vergebens, ich hörte ihre Stimme in meinen Ohren, sah ihr Lächeln vor meinem inneren Auge, jedes ihrer Worte klang in mir nach. Sarah, immer nur Sarah, ihre Anmut, ihre Jugend, ihre Schönheit.

An diesem Morgen ging ich wie gewöhnlich in die Schule. M. Bémont sprach von der Aufhebung des Ediktes von Nantes, aber ich war nicht bei der Sache, ich wiederholte innerlich nur immerzu ihre Worte – es war immer nur sie!...

Wenn dieser Zustand noch lange anhält, so werde ich noch verrückt...«[3]

Und das Bild der Tosca, das Louÿs' ganze Seele erfüllte, ließ ihm keine Ruhe. Zwei Monate später wartete er – noch immer voll glühender Bewunderung – am Bühnenausgang des Odéon, wo gerade die Proben für *L'Aveu* stattfanden:

»Ich wartete ziemlich lange. Allmählich blieben immer mehr Vorübergehende, die Sarah Bernhardts berühmtes Monogramm an dem Geschirr ihrer Pferde entdeckt hatten, stehen. Schließlich erschien Sarah Bernhardt in einem weiten Samtumhang und mit einem schwarzen Kranz im

Haar. Ein kleiner Straßenjunge drängte sich an sie heran und bat sie um einen Sou (frz. Münze). Sie sagte mit freundlicher Stimme: ›Kleiner..., laß mich bitte vorbei.‹ Dann stieg sie in ihre Kutsche, wobei sie zu Marquet gewandt sagte: ›Wir sehen uns heute abend, aber vergiß es nicht.‹

Wie glücklich diese Menschen sind!

Ah!«[4]

Sarahs erstes eigenes Stück, *L'Aveu*, wurde am 27. März 1888 uraufgeführt. Es ist ein kurzes überzeugendes Melodram, das am Bett eines sterbenden Kindes spielt. Als die Mutter spürt, daß das Kind verloren ist, gesteht sie ihrem Mann, das Kind sei nicht von ihm, und daß der wirkliche Vater im Nebenraum wartet. Zunächst kommt es zu einem heftigen Streit zwischen den beiden Männern, doch dann stirbt das Kind und beendet so den zwischen den beiden Männern ausgebrochenen Zwist.

Trotz Sarahs unbestrittener Schauspielkunst fand *L'Aveu* beim Publikum keinen Anklang und wurde in dem ganzen Jahr nur ein dutzendmal gespielt. Es war jedoch nicht ihr einziger literarischer Versuch. Sie schrieb auch unter dem Titel *La Duchesse Catherine* ein Drama in fünf Akten (das jedoch nie aufgeführt wurde). Ihre *Weihnachtsgeschichte* erschien 1895 in *The Silver Fairy Book*. Sie versuchte aber auch, einen Roman zu schreiben; und in *Petite Idole*, jener seltsamen Mischung aus Dichtung und Wahrheit, beschrieb sie sich selbst als Espérance Darbois, eine Kind-Schauspielerin, die (wie Sarah selbst es sich gewünscht hatte) auf der Bühne des Théâtre-Français gestorben war. Ende Mai wurde Sarah, die nach den Anstrengungen ihrer endlosen Tourneen, ihrer pausenlosen Bühnenauftritte und auch wegen ihres persönlichen Unglücks am Ende ihrer Kräfte angelangt war, gezwungen, ihre Auftritte in *La Tosca* eine Zeitlang zu unterbrechen. Sie gestattete sich jedoch nur eine kurze Ruhepause, und bereits nach einigen Wochen fühlte sie sich wieder stark genug, um mit dem

Stück auf Tournee zu gehen. Im Mai und Juni spielte sie in der französischen Provinz, und im Juli trat sie mit *La Tosca* im Londoner Lyceum auf; ihre Wirkung in diesem Stück war so ungeheuer, daß einige männliche Besucher so tief erschüttert waren, daß sie sich noch während der Vorstellung erhoben und das Theater verließen. [5]

Als sie nach Paris zurückgekehrt war, vollzog sich in ihrem Familienleben eine bedeutende Veränderung: Ihr Sohn Maurice heiratete im Alter von dreiundzwanzig Jahren die polnische Prinzessin Terka Jablonovska und zog aus dem Haus seiner Mutter in der Avenue de Villiers aus. Auf Maurice, der schön, elegant und in seinen Manieren so vollkommen war wie ein Prinz, hatte Sarah ihre Zuneigung in einem solchen Maße verschwendet, wie sie dazu gegenüber Damala und ihren übrigen Liebhabern niemals imstande gewesen war. Sie hatte die Schuhe, die er als Kind getragen hatte, auf ihren ausgedehnten Amerikatourneen immer bei sich gehabt; wenn sie einmal krank das Bett hüten mußte, so hatte sie seine Kinderkleider, seine Fotografien und sogar seine Marmorbüste immer neben sich gehabt. Sie trug immer sein Porträt und eine Locke von seinem Haar in einem Medaillon mit sich herum, das an ihrem Hals hing. Seine häufigen Duelle, seine Verschwendungssucht, seine Trägheit und seine vollständige finanzielle Abhängigkeit von ihr – all dies vergab sie ihm bis zum Ende seines Lebens immer wieder. Und nun verließ er erstmals in seinem Leben das schützende Dach ihres Hauses. Und obgleich Sarah ihrer Schwiegertochter Terka echte Zuneigung entgegenbrachte und obgleich sie die Ehe voll und ganz befürwortete, so fehlte ihr von nun an in ihrem Leben dennoch ein ganz wesentlicher Bezugspunkt.

Ein schwacher Trost wurde ihr immerhin zuteil: Den August verbrachte sie gemeinsam mit Maurice und Terka, der unverwüstlichen Mme. Guérard, Louise Abbéma und dem ihr ergebenen Clairin auf Belle-Ile. Und durch die gute bretonische Luft zu neuen Kräften gelangt, unternahm sie im Oktober eine Gastspielreise durch die Niederlande; und am ersten November trat sie in Wien in *La Tosca* auf. Nachdem sie in Budapest vier Vorstellungen gegeben hatte, reiste sie weiter nach Bukarest, wo die in absoluter Zurückgezogenheit lebende Königin Natalie sie darum bat, eine Vorstellung im Palast zu geben. Sarah spielte eine Szene aus der *Kameliendame;* aber nur eine Szene , denn als sie mit ihrer vollklingenden Stimme fragte: »Wird ein gefallenes Geschöpf sich je zu neuem Leben ganz erheben?«, brach Königin Natalie, die diese Worte auf ihre eigene unglückliche Lage bezog, in Tränen aus. Von Italien aus reiste Sarah im Dezember weiter nach Kairo und Alexandria und im Januar nach Konstantinopel. Anschließend gab sie in Sankt Petersburg zwanzig triumphale Vorstellungen und kehrte über Schweden und Norwegen nach Frankreich zurück. Am 1. März 1889 war sie wieder in Paris.

Und in Paris erhielt sie eine Nachricht von Damala: Er bat sie inständig darum, ihn zu besuchen. Trotz seiner Treulosigkeit war ihre Liebe für ihn noch nicht erloschen. So eilte sie zu ihm und fand ihn in einer kleinen Gesindewohnung in einem Hinterhof in der Rue d'Antin. Die finsteren kleinen Räume waren nur spärlich möbliert. Ihr einziger Schmuck waren der Säbel, den er in *Les Mères ennemies* getragen hatte, eine goldene Krone und eine griechische Flagge. Er war nun nicht nur morphium-, sondern gleichermaßen kokainsüchtig. Er verbrachte den größten Teil seiner Tage im Bett und beobachtete, wie sein geistiger Zustand stets bedenklicher wurde. Er wollte sich nach Amerika absetzen, aber Sarah, deren mütterlicher Instinkt jetzt erwachte, ließ ihn in ein Krankenhaus bringen, wo sie ihn täglich besuchte. Sechs Wochen später, am 16. April, kam er sogar – scheinbar gesund – in das Theater, um sie in ihrem neuesten Stück *Léna* zu sehen.

Jules Lemaître schrieb über das Stück, es handele sich »...um einen englischen Roman, den eine französische Schauspielerin und eine Holländerin dramatisiert haben.

Die Handlung ist in den Vorstädten Londons, in Schottland und Monaco angesiedelt...

Die Zeitungen haben berichtet [so fährt Lemaître unerbittlich fort], daß Mme. Bernhardt einen wundervollen Tod gestorben sei. Das ist richtig. Mme. Sarah Bernhardt ist eine große realistische Schauspielerin, die es im übrigen versteht, ihren Realismus mit Schönheit zu veredeln. In den übrigen Akten ist sie indessen enervierend. Sie spricht ihre Rolle im Tonfall einer zehnjährigen Kommunikantin, die voll Inbrunst ein Gebet aufsagt. Liegt das vielleicht an der Gewohnheit, ein dramatisches Geschehen auch solchen Zuschauern verständlich machen zu müssen, die des Französischen nicht mächtig sind? Ich bin eher der Meinung, daß Mme. Sarah Bernhardt durch die für die blutrünstigen Dramen M. Sardous typischen Leidenschaftsausbrüche und infolge des Zwangs, sich beständig schreiend am Boden zu wälzen und sich immer wieder quälen und umbringen zu lassen beziehungsweise selbst zu töten, verlernt hat, gemäßigtere Empfindungen – also alltägliche Gefühle – überhaupt noch wahrzunehmen, geschweige denn, auf der Bühne auszudrücken. Sie ist nur dann völlig sie selbst, wenn sie tötet oder wenn sie stirbt. Gegenwärtig ist sie nur mehr die unvergleichliche Darstellerin tragischer und blutrünstiger Schlußszenen.«[6]

Léna war ein zweitklassiges Melodram, in dem eine verheiratete Frau den Erpressungsversuchen eines ehemaligen Geliebten ausgesetzt ist. Die einzige Funktion des Stückes bestand tatsächlich darin, Sarah eine spektakuläre neue Todesszene ›anzudienen‹. Es endete damit, daß Léna zum Schluß fünf Minuten lang schweigend ihren Selbstmord vorbereitete, Chloral trank und wartete und wartete... Dann plötzlich stürzte sie bäuchlings zu Boden.

Léna wurde bereits nach vier Wochen wieder abgesetzt, und Sarah brauchte unbedingt ein neues Stück, denn sie hatte die *Variétés* für drei Monate gemietet. Rührenderweise (und vielleicht nicht ganz ohne ein feines Gespür für dramatische Gerechtigkeit) schlug sie Damala vor, mit ihr gemeinsam die *Kameliendame* wiederaufzuführen. Fast genau sieben Jahre zuvor waren die beiden in diesem Stück gemeinsam aufgetreten, und zwar an jenem Frühlingsabend, bevor sie von Neapel aus nach London geeilt waren, um dort Mann und Frau zu werden. Am 18. Mai 1889 hob sich nun wieder der Vorhang vor ihnen: vor einer überglücklichen Sarah und einem Damala, der so ausgemergelt und entkräftet war, daß er in der Schlußszene nicht mehr auf seinen Beinen stehen konnte.

Am 30. Juni spielten sie die *Kameliendame* zum letzten Mal, und am 2. Juli trat Sarah bereits wieder im Londoner Lyceum auf, während Damala versuchte, in irgendeinem Erholungsort auf dem Lande seine Gesundheit wiederherzustellen. Dann kehrte sie nach Paris zurück, um in *La Tosca* und in *Théodora* aufzutreten. Am 18. Juni, dem letzten Abend ihres *Théodora*-Gastspiels, verstarb Damala im Alter von vierunddreißig Jahren.

24 Rastlose Wanderschaft

Am 23. Oktober 1890, ihrem sechsundvierzigsten Geburtstag, trat sie in *Cléopâtre* auf, dem vierten Stück, das Sardou für sie geschrieben hatte. »Welcher Zauber! Welche Magie!« rief Anatole France aus. Romain Rolland war der Meinung, die Duse könne ihr nicht das Wasser reichen. M. Albert Wolff war völlig hingerissen: »Ich kann mir nicht vorstellen, wie irgend jemand mehr Talent haben sollte als Sarah.«

Sarah spielte die Rolle der Cleopatra bis Anfang Januar 1891. Am 23. Januar brach sie zu der ausgedehntesten Gastspielreise ihrer gesamten Karriere auf. Einige Tage vor ihrer Abreise suchte sie der Journalist Jules Huret in ihrem neuen Refugium am Boulevard Pereire 56 auf:

»Im Laufe meiner zahlreichen journalistischen Besuche in den Häusern der verschiedensten Pariser Berühmtheiten bin ich sehr bald gegenüber der kalten und hohlen Pracht der offiziellen Salons abgestumpft – seien es nun M. Renans Walnußholzmöbel, M. Zolas übertriebene Prachtentfaltung, Edmond de Goncourts Kunstschätze oder der pompöse Komfort der Heimstätten bedeutender Akademiker. Aber wann immer ich Sarah Bernhardts sogenanntes Studio betrete, werde ich jedesmal von neuem von der dort herrschenden unbeschreiblichen Atmosphäre gefangengenommen; diese Atmosphäre ist unendlich wohltuend, und ich habe sie nirgends sonst kennengelernt. Die Ursache dieser Empfindung vermute ich in der Kombination erlesener Gerüche, des sicheren künstlerischen Geschmacks, der in allen Arrangements sichtbar wird, und der Fülle der verschiedenartigsten Gegenstände und Eindrücke, die in diesen Räumlichkeiten auf den Besucher einwirken: die gedämpften Schritte auf dem dicken Teppich, das kaum hörbare Zwitschern exotischer Vögel, die in dem Blattwerk seltenster und kostbarster Pflanzen verborgen sind, das atemberaubende Farbspiel in üppiger Fülle verwendeter Samt- und Seidenstoffe, die schweigende Begrüßung durch vertraute Tiere und vor allem die Stimme und die Gegenwart der Hausherrin, wenn sie den Raum betritt. Aber sie ist noch nicht hier, deshalb werde ich meine Nachforschungen wieder aufnehmen.«[1]

In dieser verwirrenden Vermischung orientalischer und moderner Stilelemente gelang es ihm immerhin noch – und das ist ihm hoch anzurechnen – zu notieren, daß an den Wänden türkischrote Teppiche hingen, die mit feinen – Straußenfedern darstellenden – Stickereien versehen waren, außerdem mexikanische Sombreros, Lanzen, Dolche und gräßliche Kriegsmasken. Auf kleinen Tischen und auf Truhen standen zahllose Buddhafiguren sowie japanische Ungeheuer, chinesische Raritäten, Elfenbeinschnitzereien und Bronzefigurinen. Außerdem war der Raum mit goldenen Vasen, geschnitzten goldfarbenen Siegeskränzen, Trinkgefäßen und goldenen und silbernen Filigranarbeiten geschmückt. Auf jedem freien Platz standen Blumen: Sträuße weißer Lilien, Mimosen, Rosen und Chrysanthemen, zwischen denen immer wieder Palmen bis zu der Glasdecke des Studios aufragten. Auf der einen Seite des Raumes befand sich ein Käfig mit farbenprächtigen Vögeln, gegenüber stand ein mit Fellen bedeckter Diwan: Bären-, Biber-, Tiger-, Jaguar- und Büffelfelle waren dort zu bewundern und dazwischen immer wieder helle Seidenkissen. Der Fußboden war dick mit Orientteppichen bedeckt, und immer wieder stieß sein Fuß gegen Schakalen- und Hyänenköpfe und an Panthertatzen.

Sarah empfing ihn in ihrem Arbeitszimmer: Sie trug einen leuchtend hellen, cremefarbenen Hausmantel. Er fragte sie nach der Dauer und den Zielorten ihrer Tournee. Und da sie im Umgang mit Journalisten routiniert war, überreichte sie ihm sogleich eine schriftliche Antwort:

»Abreise Paris am 23. Januar und Le Havre am 24. Januar; Ankunft New York am 1. Februar; New York 1. Februar bis 14. März; Washington 16. bis 21. März; Philadelphia 23. bis 28. März; Boston 30. März bis 4. April; Montreal 6 bis 11. April; Detroit, Indianapolis und St. Louis 13. bis 18. April; Denver 20. bis 22. April; San Francisco 24. April bis 1. Mai; 2. Mai Abreise von San Francisco nach Australien; zirka drei Monate Aufenthalt in Australien; am 1. Juni erstes Gastspiel in Melbourne; anschließend Sydney, Adelaide und Brisbane; Abschluß der Australientournee Ende August; Rückkehr nach San Francisco 28. September; Gastspiele in allen bedeutenden Städten der Vereinigten Staaten, dann in Mexiko und Havanna. Rückkehr nach New York zirka 1. März 1892. Falls sich die Wirtschaftsverhältnisse in Südamerika bis dahin bessern, im Juni, Juli, August, September und Oktober 1892 Gastspiele in Argentinien, Uruguay und Brasilien. Januar 1893 London; dann Rußland und die europäischen Hauptstädte.«

»Zwei Jahre!« rief Huret aus. »Tut es Ihnen nicht leid, so lange von Paris fort zu sein?« – »Überhaupt nicht«, erwiderte die rastlose Schauspielerin. »Ganz im Gegenteil; es ist im Grunde genommen das gleiche, als wenn ich in den Bois de Boulogne oder zum Odéon fahre. Ich bin sehr gern auf Reisen.«

Am 23. Januar reiste sie plangemäß mit etwa achtzig Koffern ab. Sie hatte allein vierzig Koffer mit Bühnenkostümen bei sich, unter anderem einen, der bis zum Platzen mit zirka zweihundertundfünfzig Schuhpaaren gefüllt war, einen für Bettwäsche, einen für Kunstblumen und einen für Parfüms. Man bedürfte der Schnelligkeit und Energie Ariels, wollte man Sarah auf dieser Odyssee durch Kanada und die gesamten Vereinigten Staaten folgen. Ihre Ankunft in Sydney, wo eigens ihretwegen die Flaggen aufgezogen wurden, können wir nur hastig streifen, wenngleich das gesamte Kolonialkabinett zu ihrem Empfang erschienen war. Sie spielte die *Tosca* in Sydney, die *Théodora* in Melbourne; sie erwarb einen Bernhardiner namens Auckland und einige Opossums; sie verbrachte die Wochenenden jagend, fischend und die Umgebung auskundschaftend im Busch und kehrte meistens erst eine Stunde vor Vorstellungsbeginn in die Stadt zurück. Und obwohl sie diesmal Mexiko und Havanna letztlich doch keinen Besuch abstattete, legte sie immerhin auf den Sandwich-Inseln eine Zwischenstation ein und trat in Tahiti als *Phädra* vor der Königin Pomare auf.

Im Mai 1892 war sie wieder in Paris, allerdings gerade lange genug, um ein neues Engagement an der Comédie-Française abzulehnen. Und Ende des Monats finden wir sie bereits wieder in London, wo sie diesmal ein fast zweimonatiges Gastspiel gab.

Mit welchem Zorn sie den Sklaven erdolchte, der in *Cléopâtre* schlechte Nachrichten von Antonius brachte! Wie sie in ihrem Palast wütete und alles kurz und klein schlug und, während der Vorhang fiel, in den Trümmern zusammenbrach! Als der Applaus langsam abebbte, konstatierte eine Matrone mittleren Alters voll tiefer Genugtuung: »Wie völlig anders sind doch Gott sei Dank die privaten Lebensverhältnisse unserer eigenen teuren Königin!«

Cleopatra genoß es, sich in London die Zeit zu vertreiben. Und sie mietete in diesem Londoner Sommer eine Villa in St. John's Wood, ganz in der Nähe des Hauses, in dem George Eliot einmal gelebt hatte, und nicht weit von der ehemaligen Wohnung Julia Grisis entfernt. Ein Reporter traf sie auf dem Rasen von Alpha-House an, als sie *trotz* strömenden Regens ein Croquet-Spiel zu Ende spielte; und in diesem geruhsamen und arglosen Wohnviertel hielt sie sogar lebende Schlangen (über deren Körper sie kostbare Ringe und Ketten gestreift hatte), die sie ansonsten in der Todesszene von *Cléopâtre* verwendete. Und in dieser Idylle stöberten sie die *Illustrated London News* auf, um festzustellen, daß sie »jünger denn je« aussehe. Und »obwohl sie ihre derzeitige Wohnung erst vor weniger als einer Woche bezogen hat, ist es ihr bereits gelungen, in jedem der großzügig geschnittenen und kühlen Räume von Alpha-House eine durch und durch französische Atmosphäre zu schaffen. Die großen Spiegel und die verblaßte Beauvais-Tapete erwecken den Eindruck, sie seien eigens aus den Palästen von Versailles und Fontainebleau herbeigeschafft worden, um einen angemessenen Hintergrund für die moderne Königin der Tragödie abzugeben... Es fällt schwer, sich angesichts der schlanken, mädchenhaften, mit einem entzückenden aquamarinblauen Kleid geschmückten Gestalt vorzustellen, daß man es mit der Frou-Frou von gestern und der Cleopatra von morgen zu tun hat.«[2]

Als sie so da saß und den Ring betrachtete, den sie bereits seit ihrer frühen Kindheit an ihrem Finger trug und der (wie es die Legende wollte) früher einmal Cleopatra selbst gehört hatte, da erschien sie so, als würden auch an ihr die Jahre spurlos vorübergehen. Gleichwohl war sie mitunter traurig. Ihr unaufhörliches Tätigsein, ihre mannigfachen Triumphe und ihr unbeirrbares Durchsetzungsvermögen, dies alles war von grundlegender Bedeutung für ihr Leben;

aber es fiel ihr zunehmend schwerer, ihr Leben weiterhin ausschließlich diesen Maßstäben unterzuordnen.

Rachel war mit sechsunddreißig auf dem Höhepunkt ihres Erfolges gestorben, fast bevor sie ganz zur Reife gelangt war. Sarah, die mehr als doppelt so lange leben sollte, mußte die Last ihres Ruhmes mit in ihr Alter hinübernehmen. Als sie jetzt im Alter von siebenundvierzig Jahren in London die Cleopatra spielte, hatte Ellen Terry den Eindruck, daß sie »das Wesen der Shakespeareschen Cleopatra verkörpere«. Aber als sie Sarah darum gebeten hatte, die Juliet zu spielen, hatte diese erwidert, sie sei dafür zu alt. »Sie wird *niemals* altern«, beharrte Ellen. »Das Alter kann ihr nichts anhaben.« Von Herzen applaudierte sie Sarahs ›wundervoller‹ Verkörperung der Marguerite Gautier; erzürnt verwahrte sie sich gegen die Behauptung des *Daily Telegraph*, daß Frou-Frou eine von Sarahs zweitklassigen Rollen sei. Aber was die Presse anbelangte, gingen Sarahs Tage der überschwenglichen Lobpreisungen ohnehin zu Ende.

Von London aus kehrte Sarah nach Paris zurück, ging dann auf Tournee durch Rußland und in die übrigen europäischen Hauptstädte – Wien, Kopenhagen, Stockholm, Konstantinopel und Athen –, gab kurze Gastspiele in Ägypten, Tunesien und Algerien und kehrte im März 1893 gerade rechtzeitig nach Paris zurück, um das Théâtre de la Renaissance zu erwerben und sich auf eine weitere Südamerikatournee vorzubereiten. Im Frühjahr und Sommer 1893 besuchte sie sämtliche südamerikanischen Länder; und erst im September dieses Jahres beendete sie nach zweiunddreißig Monaten und mit einem Gewinn von dreieinhalb Millionen Francs in Lissabon ihre Odyssee.

25 Das Théâtre de la Renaissance

In diesem Augenblick größten Reichtums übernahm sie die Leitung des Théâtre de la Renaissance. Und das Theater

Jacques Damala,
der Ehemann Sarah Bernhardts
1882–1884

Bankett
zu Ehren der Künstlerin am
5. Dezember 1896

Bewunderer der großen Tragödin:
Eduard VII. von England und Kaiserin Eugénie

Sarah Bernhardt
in ihrem Salonwagenabteil
im Sonderzug

blieb fünf Jahre lang, bis zum Dezember 1898, in ihrem Besitz.

In diesen Jahren wurden außer Wiederaufführungen zwölf neue Stücke in das Programm aufgenommen. Zwei davon, das von Eugène Morand und Armand Silvestre geschriebene *Izeyl* und Alfred de Mussets *Lorenzaccio*, brachten es auf gerade siebzig Vorstellungen; nur ein *Gismonda* betiteltes Stück erreichte hundert Aufführungen, und in dem von Maurice Donnay geschriebenen *Amants*, dem einzigen Erfolgsstück, hatte Sarah selbst unglücklicherweise keine Rolle.

Aber obgleich das Renaissance für Dramatiker nicht gerade eine glückliche Schule war, so gingen aus diesem Theater dennoch großartige Schauspieler hervor. Klug und vorausschauend stellte Sarah drei neue Schauspieler an die Spitze der Compagnie. Einer von ihnen, Abel Deval, war außerordentlich gut; die beiden anderen, Lucien Guitry und De Max, waren hervorragend.

Lucien Guitry war damals dreiunddreißig Jahre alt. Er war jedoch neun Jahre lang als Schauspieler in Sankt Petersburg tätig gewesen und hatte sich deshalb in Paris noch keinen Namen machen können. Unter Sarahs Führung gelang ihm ein großer Durchbruch. Edouard de Max war erst vierundzwanzig, als sie das Renaissance übernahm. Und sie brachte diesen bewundernswerten Schauspieler, der zugleich ihr idealer Partner war, ganz groß heraus; tatsächlich entwickelte er sich zu dem besten Partner, den sie außer Mounet-Sully je gehabt hatte. Dreißig Jahre lang leuchtete De Max' Stern in fünfzig aufeinanderfolgenden Inszenierungen am Renaissance, dém Théâtre Sarah Bernhardt, dem Odéon und der Comédie-Française. Wegen seiner geradezu königlichen Erscheinung war Edouard de Max die Inkarnation aller legendenumwobenen Fürsten und Prinzen. Gemeinsam mit Deval und diesen beiden überaus begabten Schauspielern trat Sarah anläßlich der Eröffnung des Théâtre de la Renaissance am 5. November 1893 auf.

Das erste Stück war Jules Lemaîtres *Les Rois*. Es erlebte jedoch nur dreißig Aufführungen – möglicherweise weil die Handlung im Jahr 1900 spielte und das Publikum immer sehr zurückhaltend reagiert, wenn zukünftige Ereignisse auf der Bühne dargestellt werden. Aber der Verfasser des Stückes war von nun an bis zu seinem Tode im Jahr 1914 Sarahs intimer Freund.

Markiert er, wie gelegentlich behauptet wird, den Wendepunkt in ihrem Gefühlsleben? Es erscheint unwahrscheinlich, daß er ihr letzter Liebhaber gewesen sein soll; denn mit ihren neunundvierzig Jahren war Sarah beileibe noch nicht alt. Sie war auch weiterhin das in einen menschlichen Körper gekleidete unbezähmbare Gefühl, und Gefühle und Leidenschaften bestimmten ihr ganzes Leben. Aber ganz sicher hat sie eine tiefe Zuneigung für diesen gelassenen, äußerst geschmackssicheren und intelligenten Kritiker empfunden und seine grenzenlose Verehrung dankbar angenommen. Und mit seinen Augen betrachten wir nun, Ende 1893, eine ihrer klassischen *Phädra*-Matineen: »Meiner Meinung nach ist Mme. Sarah Bernhardt niemals vollkommener, kraftvoller und anbetungswürdiger gewesen als am vergangenen Sonntag in der Rolle der Phädra. Niemals haben wohl die Augen der Menge eine lieblichere Frau angeschaut und niemals eine Schönheit von höherem sinnlichen und geistigen Rang. Wohl niemals hat eine Künstlerin durch kühnere und zugleich harmonischere Gebärden oder durch eine vornehmere und dennoch im einfachsten Wortsinn ausdrucksstarke Sprache die ganze Qual der Leidenschaft offenbart... Mme. Sarah Bernhardt war ihrer königlichen Rolle ebenbürtig, jedes weitere Wort ist überflüssig; und genau dies hat sie uns offenbart. Wir verdanken ihr eines jener Kunsterlebnisse, jenseits derer es nichts mehr gibt... Unwillkürlich schoß mir der folgende Vers Vignys durch den Kopf: *Aimez ce que jamais on ne verra deux fois.*«[1]

Anfang 1894 trat sie gemeinsam mit Guitry und De Max in *Izeyl*, einem vergleichsweise farblosen Schauspiele, auf, dessen Schauplatz das Indien des sechsten vorchristlichen Jahrhunderts war. Das Stück konnte sich nur knapp zwei Monate lang halten. Danach spielte sie noch einmal für einige Vorstellungen die Fédora, schloß dann das Renaissance-Theater und brach, für Blumen unerreichbar, mit einem phänomenalen Gepäckstapel und in Begleitung eines schwarzen Pagen, dessen Aufgabe es war, in ihrem Zugabteil beständig für frischen Verbene-Duft zu sorgen und vor ihrer Suite im Savoy Wache zu halten, nach London auf.

26 La Toscadora

Am 17. September 1893 eröffnete Sarah ihre zweite Spielzeit am Renaissance-Theater mit einer Wiederaufführung von *La Femme de Claude* von Dumas *fils*. Diese Inszenierung war jedoch finanziell wenig erfolgreich; sie lief sechs Wochen lang, und am 31. Oktober ersetzte Sarah das Stück durch *Gismonda*, ein Schauspiel, das der Verfasser Sardou im Athen des fünfzehnten Jahrhunderts angesiedelt hatte

Sarah und Sardou hatten das Publikum an kurze, scharfkantige Schockszenen und an nicht enden wollende Todesqualen gewöhnt; in diesem Stück hatte Sarah im fünften Akt jedoch nicht die übliche Sterbeszene, sondern sie heiratete Lucien Guitry: »Und das ist ebenfalls eine sehr gute Idee«, stellte Lemaître fest. »Denn es erscheint ziemlich naheliegend, daß ein Stück mit unglücklichem Ausgang, das zweihundert Vorstellungen erreicht hat, mit einem glücklichen Ausgang sogar drei- oder vierhundert Vorstellungen erreichen kann.«[1] Aber Lemaître sollte sich täuschen. *Gismonda* erlebte nur hundertunddrei Aufführungen.

Am 5. Januar lud Sarah das übrige Ensemble aus Anlaß der fünfundsiebzigsten Vorstellung in ihre Garderobe ein. Die anderen trafen sie jedoch in einer wenig festlichen Stimmung an. An jenem Morgen hatte sie die Degradierung des Hauptmanns Dreyfus miterlebt, der drei Wochen zuvor verurteilt worden war. Durch seine unerschütterliche Ruhe innerlich bewegt, konnte sie an seine Schuld einfach nicht glauben. Zwei Jahre später wurde der Fall neu aufgerollt und löste damit eine weitreichende Kontroverse aus: Die Dreyfusaffäre zwang fünf Minister und drei Premierminister in Folge ihren Rücktritt einzureichen. Die Kontroverse entzweite Familien und gefährdete den Bestand von Freundschaften: Lemaître und Coppée und auch Maurice Bernhardt selbst stellten sich gegen Dreyfus; Sardou und Sarah blieben unerschütterlich von dessen Unschuld überzeugt. Und es war auch Sarah, die in einem leidenschaftlichen und mit großer Klarheit geführten Gespräch Émile Zola davon überzeugen konnte, daß es notwendig sei, die Ungerechtigkeit des Verfahrens anzuprangern. Angeblich war es Sarahs Leidenschaft, die seine Artikel und insbesondere *J'accuse* inspirierte. Und die Unterstützung, die Sarah Dreyfus gewährte, führte sogar dazu, daß Maurice wütend Paris verließ und mit seiner Frau nach Monte Carlo reiste, ohne sich auch nur von seiner Mutter zu verabschieden. Erst als der Oberstleutnant Henry Selbstmord begangen hatte und Dreyfus' Unschuld einwandfrei erwiesen war, kehrte er reumütig und gewandelten Sinnes zurück. Mutter und Sohn sprachen nie mehr über die sogenannte Dreyfusaffäre; dieser Skandal hatte zu der einzigen grundlegenden Meinungsverschiedenheit geführt, die das Verhältnis der beiden jemals vergiftete.

Am 5. April 1895 trat Sarah gemeinsam mit Guitry und De Max in der Uraufführung eines neuen Stückes von Edmond Rostand auf. »Vielleicht bringt es mir keinen Sou ein«, hatte sie erklärt, »aber das ist mir völlig gleichgültig. Ich finde es hervorragend. Kein Künstler würde sich die Gelegenheit entgehen lassen, in *La Princesse lointaine* aufzutreten.«

Das Stück stand und fiel mit Sarahs Fähigkeit, eine Atmosphäre mystischer, fast überirdischer Schönheit zu erzeugen und Träume auf der Bühne Wirklichkeit werden

zu lassen. Der ganze erste Akt befaßte sich mit der Beschreibung der fernen Prinzessin Mélissinde, ihrer unwiderstehl-
lichen Schönheit und ihrem fast übernatürlichen Liebreiz.
Erst im zweiten Akt trat sie tatsächlich auf und ließ alle
Träume Wirklichkeit werden. Die Verse plätscherten, wie
sich Graham Robertson erinnerte, »anmutig, jedoch nicht
sonderlich bemerkenswert dahin; doch plötzlich tauchte
aus einem Meer süßlicher Alexandriner eine Sequenz seltsam lyrischer und berückend musikalischer Verse auf.
Geoffrey Rudel, der Troubadour-Prinz, sprach diese Verse
im ersten Akt. Im zweiten Akt hören wir die Zeilen von der
fernen Prinzessin aus dem Munde Sarah Bernhardts. Ich
glaube, es gab niemanden, der nicht auf diesen Augenblick
gewartet hätte. Und schließlich war dieser Augenblick
gekommen.«

> Car c'est chose suprême
> D'aimer sans qu'oin vous aime,
> D'aimer toujours, quand même,
>   Sans cesse,
> D'une amour incertaine,
> Plus noble d'être vaine...
> Et j'aimie la lointaine
>   Princesse.
> Car c'est chose divine
> D'aimer quand on devine,
> Rêve, invente, imagine
>   A peine...
> Le seul rêve intéresse,
> Vivre sans rêve, qu'est-ce?
> Et j'aime la Princesse
>   Lointaine!

Die für sich genommen unbedeutenden Verse von *La
Princesse lointaine* verwandelten sich in Sarahs Mund gleichsam in Gold. Aber ihr größter Triumph war die Anmut, mit
der sie die Rolle spielte. Und selbst Sarcey war zutiefst
beeindruckt von dem Schlußbild. In dieser Szene »trifft

Mélissinde, wie Cleopatra in einer Barke sitzend, ein; sie ist mit ihrem schönsten Gewand geschmückt und hat ein herrliches Gefolge«. Sie nimmt von dem sterbenden Dichter Abschied, schleudert ihre Juwelen von sich und nimmt den Schleier. *La Princesse lointaine* war großartig in Szene gesetzt und von beeindruckender Schönheit; aber – wie Sarah befürchtet hatte – das Stück war nicht sehr populär. Sie hatte in die Inszenierung mehr als 200 000 Francs investiert, und dennoch erlebte das Stück nur einunddreißig Vorstellungen.

Niedergeschlagen versuchte sie es noch einmal mit einer Neuinszenierung der *Kameliendame*. Aber sie war der Leitung ihres Theaters inzwischen so müde, daß sie Guitry eine Zeitlang dessen Führung überließ. Sie hatte ein Vermögen ausgegeben, und sie gab beständig ein Vermögen aus: für Belle-Ile (das sie fast 700 000 Francs gekostet hatte), für ihren Haushalt und das zahlreiche Dienstpersonal, die drei oder vier Kutschen, sechs Pferde und zwei Kutscher, die sie unterhielt; für die zehn bis zwanzig Gäste, die mit gesundem Appetit an fast jeder Mahlzeit in ihrem Hause teilnahmen. Es war daher an der Zeit, neuerlich ein Vermögen zu verdienen. Und sie traf die notwendigen Vorbereitungen für eine weitere Amerikatournee; diesmal sollte die Gastspielreise zehn Monate dauern.

»Man gewinnt manchmal den Eindruck«, schrieb William Archer bedrückt, »als sei Sarah Bernhardt kaum mehr eine lebendige Frau, sondern nur noch ein genial konstruierter Automat... In der Kunst der Eleonora Duse ist eine vornehme Einfachheit und eine suchende Direktheit spürbar, die man nach dem außerordentlich mechanischen Rollenverständnis, das Sarah Bernhardt in letzter Zeit an den Tag legt, als wohltuend empfindet. Es ist etwa so, als trete man aus einem von einem schweren Parfümduft erfüllten Raum an die frische Luft.«[2]

Dieses Argument wurde von vielen Kritikern vorgetragen, die die Kunst Sarahs und der Duse miteinander verglichen. Und als Sarah jetzt im Sommer 1895 wieder in London weilte, geriet das Problem der rivalisierenden Königinnen wieder einmal auf die Tagesordnung, und die Kritiker mußten wohl oder übel Partei ergreifen. Rachel hatte während ihres ganzen strahlend erfolgreichen Lebens niemals eine echte Herausforderin gehabt, auch die Ristori war für sie keine Konkurrentin gewesen. Aber Sarah – jetzt Anfang Fünfzig – hatte es gleich mit zwei Rivalinnen zu tun: mit der Réjane und (viel schlimmer noch, denn sie war vierzehn Jahre jünger als Sarah und spielte mitunter sogar die gleichen Partien wie diese) mit Eleonora Duse.

»Sarah Bernhardt ist ganz ohne Frage eine geniale Frau«, schrieb Archer. »Sie war früher und ist auch heute noch bis zu einem gewissen Grade im Besitz von Fähigkeiten, die die Duse nicht für sich in Anspruch nehmen kann... Insgesamt gesehen verfügt Sarah über die größeren körperlichen und stimmlichen Vorzüge.

Aber was hat sie aus diesen Vorzügen gemacht? Ohne Geschmack und ohne künstlerisches Gewissen. Sie hat ihre außerordentliche Begabung völlig kommerzialisiert. Sie hat sich ein Repertoire an sensationsheischenden, von Blut triefenden und von leidenschaftlichen Aufwallungen charakterisierten Partien erarbeitet und sie achtmal in der Woche gespielt, bis alles echte Leben und jegliche Aufrichtigkeit aus ihrem Spiel verschwunden waren. Ihre Stimme ist zu einem unwirklich erscheinenden und unglaubwürdigen Kunstprodukt verkommen... Ihr ganzes Können beschränkt sich inzwischen auf eine bewundernswerte, jedoch monotone und häufig sogar vulgäre Virtuosität... Sie ist heute nicht mehr in erster Linie Künstlerin, sondern eine internationale Institution. Das Gold ihrer so überaus großen Begabung hat sich durch die Einwirkungen einer bösartigen Alchemie in Gußeisen verwandelt.«[3]

Zweifelsohne ist in dieser Kritik Archers eine Menge Wahrheit enthalten. War es der Einfluß der ausländischen Zuschauer, die nicht imstande waren, die letzten Nuancen des französischen Dramas zu verstehen? Oder lag es daran, daß selbst Paris unablässig die Wiederholung alter Erfolge verlangte? Lag es daran, daß Sarah selbst mitunter den Kasseneinnahmen mehr Interesse entgegenbrachte als ihrer Kunst? Was immer der Grund auch gewesen sein mochte, ihre Partnerschaft mit Sardou brachte zunehmend nur mehr eine Serie monotoner Melodramen hervor, die alle ohne Sarah völlig sinnlos und nur darauf angelegt waren, ihr dramatisches Talent zur Geltung zu bringen. Genau wie es bereits zuvor Dramatiker gegeben hatte, die ihre Stücke ganz auf Mlle. George zugeschnitten hatten, deren Rollen schließlich nur mehr Mosaike vergangener Erfolge gewesen waren, oder genau wie Mme. de Girardin und Scribe nur für Rachel geschrieben hatten, so schrieb Victorien Sardou seine Stücke jetzt ausschließlich für Sarah.

Im Jahre 1895 reagierten die englischen Kritiker – und sogar Teile des englischen Publikums – auf Sarahs Erfolgsmasche nur noch mit Zynismus. A. B. Walkley listete ihre drei bevorzugten Sprechweisen auf: das rhythmisierte Heruntersprechen des Textes, das abgehackte Hervorstoßen von Wortfetzen und schließlich das rasend schnelle Herunterleiern ganzer Sätze, was dazu führe, daß man im ersten Akt von *La Tosca* den Eindruck habe, »nur noch unverständliches Gebrabbel zu hören, das man bestenfalls noch in Gegenwart eines offiziellen Schiedsrichters und eines Haufens wildgewordener Sportreporter mit Hilfe einer Stoppuhr in seiner zeitlichen Struktur erfassen kann«. Als er Sarah Ende Mai 1895 in *Gismonda* sah, erklärte Archer, er empfinde nur mehr »eine wachsende Abneigung gegenüber Monsieur Sardous Schwachsinnsgeschichten und seiner Archäologie des Plunders« – für diese immer gleichen Stücke, in denen nur Figuren aus Pappmaché agieren:

»Eine Figur, die sie verführen, und einen Charakter, den sie ermorden kann [giftete er], das ist alles, das ist das ganze Fundament von Mme. Sarah Bernhardts großer Kunst. Und dieses außerordentlich bedeutende Mitglied der französischen Akademie verschafft ihr die zu diesem Zweck notwendigen Opfer. Es folgt nun eine kleine Aufstellung aller

Liebesaffären und Tötungsszenen, an denen Sardou als ihr Komplize beteiligt gewesen ist:

Titelrolle	Liebhaber	Opfer	Mordinstrument	Schlußszene
Fédora	Loris	Valérian	Briefe	Selbstmord durch Gift
Théodora	Andréas	Marcello	Haarnadel	Exekution durch Erdrosseln
La Tosca	Mario	Scarpia	Brotmesser	Sprung von der Zinne
Gismonda	Almério	Zaccaria	Beil	—

Dank einer glücklichen Ausnahme überlebt Gismonda die Schlußszene.«[4]

Verglichen mit der Kritik, die George Bernard Shaw äußerte, fiel Archers Urteil sogar noch milde aus. Shaw erkannte die Siegespalme nicht nur uneingeschränkt der Duse zu, er griff auch die nicht mehr ganz junge Sarah unerbittlich an. »Diese Woche«, so kratzte er unerbittlich auf das Papier, »begann mit einem Rückfall Sarah Bernhardts in die seriöse Schauspielerei, die ja eigentlich ihr Beruf ist... Mme. Bernhardt hat den Charme einer ausgelassenen reifen Dame, vielleicht ist sie ein wenig verwöhnt und launisch, aber wenn man sie entsprechend hofiert, ist sie immer einmal dazu bereit, uns mit einem knappen Lächeln zu beglücken, das etwa die Wirkung eines Sonnenstrahles hat, der kurz zwischen bedrohlich aufgetürmten Gewitterwolken hindurchblitzt. Ihre Kleider und Diamanten sind, wenngleich nicht sonderlich geschmackvoll, so doch immerhin unübersehbar aus den kostbarsten Materialien gearbeitet. Ihre vordem nur wenig gepolsterte Figur ist in dieser Hinsicht heutzutage unübertrefflich ausgestattet. Und der Zustand ihres Gesichtes zeigt deutlich, daß sie sich nicht umsonst mit der modernen Kunst befaßt hat.«[5]

Was *Gismonda* anbelangte, so nahm Shaw dieses Schauspiel etwa in der gleichen Weise auseinander, wie es in Sarahs Stücken den Mordopfern im fünften Akt widerfuhr: »Ich hatte bereits«, so schrieb er, »Théodora und La Toscadora und ähnliche mechanische Puppen des gleichen Herstellers gesehen, aber das hier überstieg selbst meine kühnsten Erwartungen...

Sardous letzte Ausgabe jenes sonderbaren Unterhaltungstheaters, das Mme. Bernhardt während der hinter uns liegenden Jahre mit Hilfe einer ganzen Armada von Zusammenbrüchen durch die Weltmeere geschleppt hat, nennt sich *Gismonda* und strahlt eine nicht mehr zu übertreffende Langeweile aus...«[6]

Als Sarah dann in diesem Londoner Sommer in Rostands *La Princesse lointaine* auftrat, erklärte der nun ein wenig versöhnte Archer, sie habe die Rolle der Mélissinde absolut perfekt gespielt. Der Kritiker des *Sketch* jedoch, der zufälligerweise am gleichen Abend wie die Duse die Vorstellung besuchte, war der gnadenlos ausgebeuteten goldenen Stimme so überdrüssig, daß er anfing, »der Häresie des stimmlichen Bimetallismus zuzuneigen«.[7] Und Shaw war, als er Daly's Theater verließ, unerbittlich davon überzeugt, »daß M. Rostands *Princesse lointaine* an Mélissinde zugrunde gehen wird«.[8]

27 Auf dem Höhepunkt des Ruhmes

Aber derartige kritische Bemerkungen konnten ihr nichts anhaben. Anfang Oktober war Sarah bereits wieder auf Gastspielreise in Belgien und Frankreich. Und in Brüssel wurde eines Morgens eine Blumenschlacht ausgetragen. »Ich weiß noch«, erinnert sich ein Zuschauer, der dieses Ereignis in der Avenue Louise mit eigenen Augen gesehen hatte, »daß in jenem Jahr Blau die beliebteste Farbe war. »Und dann kam Sarah in einer über und über mit blauen Kornblumen bedeckten Kalesche des Weges; sie war in einen wunderschönen grauen Pelz gehüllt und verbeugte sich vor den wie wild klatschenden Zuschauern wie eine Königin.«[1]

Und am 1. Januar 1896 dinierte Jules Renard mit Sarah. Ungeachtet aller bissigen Kommentare, die in der Vergangenheit in seinem Journal über Sarah erschienen waren, war er von ihrer Gegenwart so überwältigt, daß es ihm schier die Sprache verschlug. Als ein Bediensteter versehentlich Renards Serviette fortnahm, traute er sich nicht, um eine neue zu bitten. Sein Fleisch aß er mit der Dessertgabel, und nachdem er die Köpfe des Spargels gegessen hatte, legte er die übriggebliebenen Stengel auf das Messerbänkchen. Er behauptete später, er sei nicht so sehr von Sarah als Frau, sondern vielmehr von der Bernhardt-Legende geblendet gewesen.[2]

Und was immer die Kritiker auch schreiben mochten, die Schauspielerin Sarah Bernhardt stand zu diesem Zeitpunkt auf dem absoluten Höhepunkt ihres Ruhmes. Es lohnt sich daher, wenn wir Nachlebenden noch einmal die ewigjunge, olympische Frau mittleren Alters betrachten, die ganz Europa und viele andere Länder außerhalb der Grenzen dieses Kontinents in helles Verzücken versetzte. Diese Sarah, deren Phädra Heredia zu einem Sonett inspirierte, die Sarah, die sich am Point de Raz an einem Seil hängend die Klippen heruntergelassen hatte (das Seil bewahrte man dort auf, und die Touristen nahmen kleine Stücke davon als Souvenir mit nach Hause);[3] diese Sarah, die den Ruhm der Tragödie neuerlich auf einen solchen Höhepunkt geführt hatte, daß eines Abends in Athen junge Dichter ihre Kutsche zogen und sie mit Veilchen überhäuften;[4] jene Sarah, deren Leben nur ein Homer angemessen hätte schildern können; die Sarah, die in lautes Lachen ausbrach, als Scribe vor ihr stand, und die erbleichte, als sie sah, daß Mussets Grab nicht mehr mit Blumen geschmückt war.[5]

Diese Sarah war bereits mit dem süßen Gift des Ruhmes vertraut, einem bisweilen zur Verblendung verführenden Ruhm, dem Ruhm von Eroberern und Cäsaren; und sie hatte erfahren, was selbst die Fürsten des Geistes niemals erfahren würden. Diese Sarah besaß immer einen Sinn für wahre Größe.

»Sarah Bernhardt verkörpert in unvergleichlicher Weise den Typus der Fin-de-siècle-Pariserin [schrieb Arthur Lynch, ein von der Schauspielerin zutiefst beeindruckter englischer Beobachter]. Sie bietet den überkommenen Vorstellungen von weiblicher Schönheit, Würde und Kraft durch ihr unerschütterliches Selbstbewußtsein und den ihr eigenen Charme unmißverständlich die Stirn... Sie steht mit dem historischen Augenblick in tausendfältiger Verbindung.

Ihr Künstlertum ist ihr mehr oder weniger angeboren, es ist voll des natürlichen Taktes, und sie versteht es, die Macht der tiefsten und elementarsten menschlichen Leidenschaften bis in ihre Abgründe hinein sichtbar zu machen...

Allein durch einen Blick löst sie bereits die gewaltigsten Wirkungen aus. Sie spürt die Kraft und die Bedeutung einer jeden Bewegung, die auf der Bühne sich vollzieht, und dann greift sie mit absoluter Meisterschaft in das Geschehen ein und fügt alle Einzelbewegungen zu einem Ganzen zusammen...

Ihre Kunst ist gleichsam eine Art von Geisterbeschwörung. Sie erhebt ihren Zauberstab, und schon sind wir in ihrem Bann. Jede Szene, jeder Satz und selbst jedes einzelne Wort steht für sie in einer genauen Beziehung zu ihrem jeweiligen Bühnenstandort und zu ihren Gebärden, von denen ihr offenbar unendlich viele verfügbar sind, und keine davon ist überflüssig...

Die Beweglichkeit und Anpassungsfähigkeit Sarah Bernhardts ist ohne Vergleich, und was immer sie auf der Bühne tut, ist richtig... In dem ganzen Universum des menschlichen Gefühlslebens ist ihr keine Nuance unbekannt; von den zartesten Empfindungen des menschlichen Herzens bis hin zu den ungeheuerlichsten Ausbrüchen der Leidenschaft beherrscht sie alle Abstufungen. Auf ihr Geheiß hin verwandeln sich Gefühle in gähnende Abgründe, in zerstörerische Lawinen und in Katastrophen der Leidenschaft, und zu diesem Zweck entfacht sie in sich eine alles verzehrende Glut und fiebernde Erregung. Die Schauspielerin Bernhardt umfaßt alle Schattierungen des menschlichen Daseins.«[6]

Diese unerreichte Vollblutschauspielerin Sarah brach am 3. Januar 1896 zu einer weiteren Amerikatournee auf. Sie wurde dort wie eine Königin begrüßt. Sie empfing Abordnungen zahlreicher Städte, in denen sie nicht auftreten konnte. In einer dieser Städte hätte man zu ihrem Empfang gar einen Triumphbogen errichtet; die Abgesandten einer anderen Stadt boten ihr an, zu ihren Ehren sämtliche Straßen taghell zu erleuchten. Kein Wunder also, daß Sarah strahlend guter Laune war. Und als sie von einem New Yorker Verleger gebeten wurde, für das Buch *Sarah Bernhardt: Artist and Woman* ein Vorwort zu schreiben, setzte sie sich in dem am Madison Square gelegenen New Hoffmann House an den Schreibtisch und verfaßte ein Loblied auf Amerika:

»Man wirft mir immer wieder vor, ich sei gegenüber Amerika nicht unparteiisch, und es ist durchaus richtig, daß ich voll der Sympathie bin für die freien, lebendigen und unternehmungslustigen Menschen dieses Landes, die immer bereit sind, neue Erfindungen zu machen und die Errungenschaften der Wissenschaft, der Kunst und des Genies anzuerkennen, ganz gleich, von wo diese ihren Ausgang genommen haben. Ja, ich fühle mich diesem Land tief verbunden, einem Land, in dem die Frau Königin, ja sogar unumschränkte Herrscherin ist: Wo sie nach eigenem Ermessen kommt und geht, befiehlt, proklamiert, verfügt, in die Tat umsetzt, lehrt und ihren Besitz verschleudert und niemals ›Danke‹ sagt, was bei vielen Menschen Empörung, bei mir hingegen Freude und Genugtuung hervorruft. Gibt es etwas Dummeres als dieses ewige ›Danke‹, und ist es nicht Dank genug, wenn ein Mensch die Gelegenheit hat, Freude zu schenken und von Nutzen zu sein? Oh – welch glückliches Los, eine Frau in Amerika zu sein!...

Eines ist mir gerade jetzt besonders aufgefallen – und ganz gewiß ist dies nicht das einzige –, nämlich daß sich der literarische Geschmack der Amerikaner in letzter Zeit rapide gewandelt hat... Heute verlangt die amerikanische Öffentlichkeit mehr als nur vulgäre Gefühle, die Menschen wollen zum Denken angeregt werden. Sie wollen etwas über das Warum und Wofür der Dinge erfahren. Sie wissen einen klaren Gedanken und eine neue Idee, solange diese einfach ausgedrückt sind, mehr zu schätzen als eine Messerstecherei oder die Entdeckung eines Verbrechens. Das Selbstbewußtsein der Frauen ist in beachtlichem Maße gestiegen; sie sind inzwischen über fast alle Lebensbereiche bestens informiert. Sie sind weniger dem Aberglauben verfallen als wir; und wenn sie auch gerne über Mode und ›typisch‹ weibliche Interessen plaudern, so denken sie durchaus immer wieder über ernsthafte Fragen nach. Viele amerikanische Frauen sind Journalistinnen oder Ärztinnen, und sie bewahren sich dennoch ihre Weiblichkeit, was man von unsern Mannweibern allerdings nicht sagen kann, die beständig die Emanzipation verlangen und diese zugleich in ihrer abstoßendsten Version verkörpern. Eines bedauere ich indessen, nämlich daß niemand sich bereit findet, ein *Conservatoire* zu gründen; es gibt hier zahlreiche Künstler – sowohl Männer als auch Frauen –, die nur einer gewissen Anleitung bedürften, um ihre schauspielerischen Fähigkeiten voll zu entwickeln. Gäbe es in Amerika ein Conservatoire, so wäre den ausländischen Bühnen in diesem Land der Boden entzogen, und junge amerikanische Künstler würden schon bald als Stars erster Ordnung in Erscheinung treten. Die meisten von ihnen sind hübsch und verfügen auch über die notwendige Ausstrahlung, und würde man diese natürliche Ausstrahlung und ihre Empfänglichkeit für die Schönheit noch gezielt formen, dann hätte Amerika die besten Künstler der Welt.

Ein Conservatoire! Ein Conservatoire! Dieses Land braucht ein Conservatoire; denn das amerikanische Theater kann und sollte unabhängig sein. Ich fordere eine solche Ausbildungsstätte aber auch im Namen der Literatur, im Namen der amerikanischen Autoren, von denen einige außerordentlich begabt sind; aber sie wissen nicht, wo sie ihre Werke zur Aufführung bringen können. Und schließlich verlange ich eine solche Stätte um des Publikums willen, das glücklich und stolz wäre, wenn es eigene Künstler und Autoren mit seinem Beifall bedenken könnte.«[7]

Während dieser Amerikatournee traf Sarah auch Lily Langtry, die ebenfalls eine Gastspielreise durch die Neue Welt unternahm. Und häufig ging sie zum Diner in das anheimelnde Haus in der dreiundzwanzigsten Straße hinüber, und ebensooft frühstückte Mrs. Langtry in Sarahs Räumlichkeiten im Hoffmann House. Eines Sonntagmorgens suchten die beiden außergewöhnlichen Frauen gemeinsam den Fotografen Napoleon Sarony auf; und nachdem man gemeinsam in seinem Studio das Mittagessen eingenommen hatte, posierten die beiden Frauen abwechselnd vor seiner Kamera. »Der kleine Mann hatte sich von dem Unternehmen außerordentliche Ergebnisse versprochen, die jedoch leider nicht zustande kamen. Sarah«, erinnerte sich Mrs. Langtry später, »war in völlig ausgelassener Stimmung, und außer Sarony gab es wohl niemanden, der den Fototermin ernst genommen hätte. Im entscheidenden Augenblick fiel ihr meistens gerade etwas Lustiges ein. Selbst auf dem Foto, auf dem wir gemeinsam abgebildet sind, ist der freche Ausdruck auf Sarahs Gesicht leicht zu erkennen; denn in diesem Augenblick kniff sie mich gerade.«[8]

So hat Sarony für uns nur eine leicht verschreckt wirkende Mrs. Langtry und eine freche Sarah auf seiner Fotoplatte festgehalten. Und so überschwenglich und augenscheinlich von ihrem Alter unberührt setzte Sarah ihr Leben auch in Zukunft fort. Sie verkörperte alles: »das Schwert ebenso wie die leuchtenden Raketen eines Feuerwerkes, die Poesie, Girlanden, lächelnde Lippen, Gebete und Tränen. Und aus alledem erwuchs ein ungeheurer Lärm. Beifall, Seufzen, keuchende Lokomotiven, Schiffssirenen, ein Babylon der Sprachen, Begeisterungsschreie, Gebetsfetzen, Schreie der Leidenschaft.«

Ende Juli kehrte Sarah nach Frankreich zurück, und Ende September trat sie im Théâtre de la Renaissance wieder in der *Kameliendame* auf. Diese Wiederaufführung war noch erfolgreicher als die Inszenierungen, in denen sie zuvor mitgewirkt hatte; denn sie trug diesmal nicht ein der Mode ihrer Zeit entsprechendes Kostüm, sondern sie kleidete sich, wie in der historischen Periode üblich, in der die Handlung angesiedelt war. Eine Woche nach der außerordentlich erfolgreichen Premiere mußte sie jedoch einige Vorstellungen ausfallen lassen, um in Versailles vor dem russischen Zaren zu spielen; denn als der französische Botschafter Nikolaus II. gefragt hatte, welche Art von Unterhaltung er sich während seines Staatsbesuches wünsche, hatte dieser nur zwei Worte gesprochen: »Sarah Bernhardt.«

Im Dezember übernahm sie die Titelrolle in der Uraufführung von Mussets *Lorenzaccio* und erhielt für ihre Leistung glänzende Kritiken: »Sie war von Anfang bis Ende – in jedem Augenblick – von unvergleichlicher Ausdruckskraft«, schrieb Catulle Mendès völlig hingerissen. »Und das Fest, das Paris zu ihren Ehren veranstalten wird, soll die Dankbarkeit eines Jahrhunderts und einer ganzen Nation zum Ausdruck bringen«.[9] Tatsächlich wurde Sarah eine Woche nach der Uraufführung des *Lorenzaccio* in Paris erstmals durch einen Galaempfang offiziell geehrt. Henry

Bauer, ein bedeutender Journalist organisierte diese *Journée Sarah Bernhardt.*

Am Vorabend des feierlichen Ereignisses bat Jules Huret Sarah darum, den Lesern des *Figaro* ein wenig Einblick in ihre Gedankenwelt zu gewähren:

»Mein lieber Freund [erwiderte das Idol], Sie bitten mich um nichts weniger als um eine öffentliche Beichte, aber ich werde Ihnen ohne Vorbehalte Rede und Antwort stehen. Der Ausblick auf das Fest, das morgen zu meinen Ehren veranstaltet wird, macht mich stolz und überaus glücklich. Sie wollen wissen, ob ich wirklich der Überzeugung bin, eine solche Ehrung zu verdienen. Wenn ich diese Frage mit ›Ja‹ beantworte, werden sie mich für eingebildet halten. Wenn ich ›nein‹ sage, werden Sie das vermutlich ebenso tadelnswert finden. Lieber möchte ich Ihnen erzählen, warum ich so stolz und glücklich bin. Seit neunundzwanzig Jahren habe ich dem Publikum immer wieder die Erschütterungen meiner Seele, das Pulsieren meines Herzens und die Tränen meiner Augen dargebracht. Ich habe einhundertundzwölf verschiedene Rollen gespielt, davon achtunddreißig Charakterrollen, und von diesen wiederum waren sechzehn die Schöpfungen wahrer Dichter. Ich habe gekämpft, wie noch kein Mensch gekämpft hat...

Ich habe den Ozean überquert, und mein ästhetisches Ideal hat mich überallhin begleitet, und das Genie meiner Nation konnte so wahre Triumphe feiern. Ich habe den Literaturen zahlreicher Völker die französische Sprache eingepflanzt, und das erfüllt mich mit dem größten Stolz. Meine Kunst hat eine wahrhaft missionarische Wirkung entfaltet und das Französische zur Sprache der jüngeren Generation gemacht...

Falls irgendwelche nörgelnden Kritiker behaupten sollten, daß die geplante Feier in keinem angemessenen Verhältnis zu meinem Talent stehe, so sagen Sie ihnen, daß ich die Vorkämpferin einer großen und erhebenden Form der Kunst bin. Sagen Sie ihnen, daß die französische Höflichkeit niemals offenkundiger gewesen ist als in jenem Augenblick, da man in diesem Land den Wunsch verspürt hat, der Kunst der Interpretation Ehre zu erweisen und den Interpreten den übrigen kreativen Künstlern gleichzustellen, und sich daher entschlossen hat, eine Frau dieser Ehrung für würdig zu befinden.«[10]

Am nächsten Tag, dem 9. Dezember 1896, traf Sarah um halb eins mittags gemeinsam mit Maurice und Terka in einem Einspänner vor dem Grand Hotel in der Rue Scribe ein. In dem riesigen *Salle du Zodiaque*, in dem das Bankett stattfinden sollte, hatten sich bereits fünfhundert Gäste versammelt.

Als sie auf der geschwungenen Treppe in den Festsaal hinunterschritt, erhob sich begeisterter Beifall. »Die lange Schleppe ihres wundervollen weißen Kleides – das mit englischen Spitzen und Goldstickereien geschmückt und an den Säumen mit Chinchilla abgesetzt war – folgte ihr wie eine edle Schlange die Stufen hinab. An jeder Treppenwindung lehnte sie sich über das Geländer und umschlang mit einem Arm die mit Samt umkleideten Pfeiler, wobei sie mit der freien Hand ihren applaudierenden Verehrern zuwinkte. Ihr geschmeidiger, schlanker Körper schien kaum den Boden zu berühren. Von einem Glorienschein umstrahlt, schwebte sie uns entgegen.«

Sie nahm zwischen Bauer und Sardou auf dem Präsidentenstuhl Platz, und das Festmahl nahm seinen Anfang. Es wurden drei verschiedene Menüs gereicht, von denen jedes einzelne von einem anderen Künstler komponiert worden war. Beim Dessert brachte Sardou einen Trinkspruch auf sie aus, und als Sarah sich – »immer wieder von Beifall unterbrochen« – bei ihm bedankte und M. Sardou sich verstohlen einige Tränen abwischte, da »wurde die ganze Gesellschaft von echter Rührung übermannt«. Ein Chor sang ein eigens für diesen Anlaß komponiertes Werk, und Sarah verließ in einem wahren Triumphzug den Festsaal. »Als sie nun langsam die Stufen der Treppe hinaufschritt und sich immer wieder lächelnd und winkend ihren Bewunderern zuwandte, schien es fast so, als steige sie im Triumph zum Himmel hinauf.«

Und dann folgte ihr die Schar der Versammelten in das Renaissance-Theater. Hier, in der Rue Scribe, hielten berittene Soldaten die Menge zurück. Und dann betraten sie das Foyer des Theaters: die Privilegierten, die für ihre Plätze ein Vermögen gezahlt hatten, die Kritiker, die wenigstens an diesem einen Nachmittag ihr Geschäft vergaßen, die Abgesandten der Studentenvereinigungen von der École Polytechnique, vom Konservatorium und von der École des Beaux Arts und die Offiziere der Pariser Garnison, die an diesem Nachmittag Ausgang hatten.

Um Viertel vor vier hob sich der Vorhang für den dritten Akt der *Phädra;* und mit einem Peplon bekleidet und in einem mit Goldstickereien verzierten Seidenschleier gehüllt, erfüllte Sarah das Haus mit einem Gefühl unentrinnbarer Tragik. Und dann folgte der vierte Akt von *Rome vaincue,* und wieder erhielt Sarah eine Ovation, und manch einer im Zuschauerraum war zu Tränen gerührt. Und dann hob sich der Vorhang abermals, und das Publikum erblickte Sarah, die – mit dem Peplon und dem Schleier der Phädra geschmückt – auf einem blumenbekränzten Thron saß, über dem sich ein aus Palmenzweigen geflochtener Baldachin erhob. Um sie herum und zu ihren Füßen hatten sich ihre Mitspielerinnen gelagert; sie trugen »schlichte weiße altgriechische Gewänder, und ihre Häupter waren mit aus Rosen geflochtenen Kränzen geschmückt, und sie lächelten Sarah voll Freude und Bewunderung zu«. Und dann trugen die Poeten einer nach dem anderen ihre Huldigungsgedichte vor: Coppée, Mendès, Haraucourt, Theuriet, Morand (der Heredia vertrat) und schließlich Edmond Rostand.

En ce temps sans beauté, seule encore tu nous restes
Sachant descendre, pâle, un grand escalier clair,
Ceindre un bandeau, porter un lys, brandir un fer,
Reine de l'attitude et Princesse des gestes.

En ce temps, sans folie, ardente, tu protestes!
Tu dis des vers. Tu meurs d'amour. Ton vol se perd.
Tu tends des bras de rêve, et puis des bras de chair.
Et quand Phèdre paraît, nous sommes tous incestes.

Avide de souffrir, tu t'ajoutas de coeurs;
Nous avons vu couler – car ils coulent, tes pleurs! –
Toutes les larmes de nos âmes sur tes joues.

Mais aussi tu sais bien, Sarah, que quelquefois
Tu sens furtivement se poser, quand tu joues,
Les lèvres de Shakespeare aux bagues de tes doigts.

Bleich und tränenüberströmt stand sie inmitten der Kamelien; bleich stand sie auf der Bühne, und dann ging ein ganzer Blumenregen auf sie nieder: Kamelien, Hunderte und Tausende von Kamelien.

Keiner Königin, keinem siegreichen Feldherrn hätte man größere Ehre erweisen können. Mit zweiundfünfzig Jahren war es Sarah durch den Kult, den sie mit den tatsächlichen und den erdichteten Begebenheiten ihres Lebens getrieben hatte, durch die mythische Dimension ihres Lebens ebenso wie ihrer Kunst endlich gelungen, zur Legende zu werden. Die Welt war von ihrer Schauspielkunst geblendet; und in welcher Rolle sie auch auftrat, Sarah brauchte nur den Zauberstab zu erheben, und das Publikum war wie gebannt. Rachel, die sich ganz ihrer Kunst verschrieb, hatte die Öffentlichkeit nicht gesucht. Sarah hingegen bedurfte unaufhörlich der öffentlichen Zustimmung und Anerkennung. Sarah hatte ihre Persönlichkeit kultiviert und bis zum äußersten gesteigert und eine dafür empfängliche und dankbare Welt mit allen Aspekten ihrer Selbstwahrnehmung konfrontiert. Sie war so zu einer Institution, einer Göttin geworden. »Ich bin mir nicht ganz sicher«, schrieb Jules Lemaître, »ob Mme. Sarah Bernhardt überhaupt imstande ist, wie ein beliebiger sterblicher Mensch ›Guten Tag‹ zu sagen.« – »Sie ist *die* Schauspielerin«, schrieb

Mendès, als er sie als Marguerite Gautier gesehen hatte. »Suchen Sie nicht in der Vergangenheit oder in der Gegenwart, und hoffen Sie nicht auf die Zukunft. Es hat weder in der Vergangenheit einen Künstler gegeben, noch gibt es einen solchen in der Gegenwart, der sie übertroffen hätte oder ihr auch nur gleichgekommen wäre, und es wird auch in der Zukunft einen solchen Künstler nicht geben.«[11] »Herunter mit dem Hut!« schnauzte Sarcey Lafontaine an, als dieser in der Rolle des M. Duval vergessen hatte, in ihrer Gegenwart sein Haupt zu entblößen. »Nehmen Sie den Hut ab! Wissen Sie nicht, mit wem Sie sprechen – es ist Mademoiselle Sarah Bernhardt.«[12] »Sarah Bernhardt ist einfach nicht mehr als Schauspielerin zu klassifizieren«, sollte Robert de Flers später schreiben. »Es wäre genauso absurd, ihr einen bestimmten Platz in der Reihe der französischen Schauspielerinnen zuzuweisen, wie wenn man versuchen würde, Molière irgendwo einzuordnen.«

28 Siege und Niederlagen

Aber noch mußte Sarah dieses Prestige weitere fünfundzwanzig Jahre lang – genaugenommen bis zu ihrem Tode – aufrechterhalten. Denn obwohl die Botschafter der größten europäischen Mächte mitunter ganze Nachmittage auf die glückliche Gelegenheit warteten, ein kurzes Gespräch mit Sarah zu führen, verliefen die beiden letzten Jahre von Sarahs Regentschaft am Renaissance-Theater nicht gerade besonders erfolgreich.

Am 28. Februar trat sie in *Spiritisme*, einem neuen Sardou-Stück auf. Sardou glaubte ebenso wie Hugo an das Tischrücken: Tatsächlich traf Mrs. Langtry, als sie Sarah einmal in deren Haus besuchte, beide in einem abgedunkelten Raum an, in dem sie gerade eine Séance veranstalteten. In seinem Stück *Spiritisme* hatte Sardou versucht, seinen Privatglauben zu dramatisieren: Ein Ehemann war fälschlich davon überzeugt, daß seine Frau bei einem Zugunglück

197

ums Leben gekommen sei. Und als sie dennoch zurückkehrte, war er, anstatt anzunehmen, daß sie den Unfall
wohlbehalten überstanden habe, davon überzeugt, mit
ihrem Geist zu sprechen. Wie immer Sardous spiritistische
Überzeugungen auch im einzelnen ausgesehen haben mögen, das Pariser Publikum konnte mit dem etwas abseitigen
Drama nicht allzuviel anfangen, und bereits nach zwanzig
Vorstellungen wurde *Spiritisme* wieder abgesetzt.

Am 13. April brachte Sarah jedoch eine wesentlich besse-
re Inszenierung heraus. Bereits ein halbes Jahrhundert
zuvor hatte Rachel in *Polyeucte* mit Bravour die Rolle der
Pauline, einer zum Christentum Bekehrten, gespielt. Jetzt,
Ostern 1897, gelang es Sarah Bernhardt – die ebenfalls
jüdischer Herkunft war –, in der Uraufführung von *La
Samaritaine* das Pariser Publikum gleichermaßen durch ihre
religiöse Glut zu rühren. »Jesus bittet Photine um Wasser.
Sie weigert sich, den Krug in den Brunnen zu tauchen.
Dann spricht er zu ihr über einen anderen Durst, von dem
sie unwissentlich verzehrt wird: einem Durst, den nur er zu
löschen vermag. Denn er besitzt das Wasser der Wahrheit.
Er ist der Messias. Photine lauscht überwältigt und zutiefst
gerührt seinen Worten. Und man muß gesehen haben, wie
Sarah diese Worte des Lebens in sich aufsaugt und wie sie
immer wieder mit der ganzen Glut der gerade Bekehrten
nur diese zwei Worte wiederholt: ›Ich höre! Ich höre!‹

Den ganzen zweiten Akt hält sie durch ihre Kraft zusammen. Von einem göttlichen Feuer erfüllt, wandert sie
umher und verkündet den Menschen das Evangelium...
Schließlich triumphiert die Samariterin: Kurtisanen brechen in Tränen aus und bekennen ihre Sünden, reiche
ältere Frauen werfen ihre Juwelen fort. Männer weinen.
Nein. Sie können sich die Szene nicht richtig vorstellen,
solange Sie sie nicht gesehen haben...«[1] Die ganze religiöse Inbrunst, von der Sarah während ihrer Kindheit erfüllt
gewesen war, schien sie jetzt neuerlich zu beseelen. Und
Rostand widmete sein Stück »Madame Sarah Bernhardt,
die zugleich Flamme und Gebet gewesen ist«.

Kurz nach der Uraufführung von *La Samaritaine* wurde angekündigt, daß Eleonora Duse im Sommer des gleichen Jahres in Paris auftreten werde. Ihr Impresario stand sogar bereits mit verschiedenen Theatern in Verhandlung. Sarah bot ihr sofort kostenlos das Renaissancetheater an, und man kam vertraglich überein, daß Eleonora Duse im Juni abwechselnd mit Sarah selbst auf der Bühne des Hauses auftreten könne.

Als die Duse im Mai die Liste der Stücke, in denen sie spielen werde, bekanntgab, herrschte allgemeines Erstaunen. Sie hatte unleugbar einige französische Stücke in ihrem üblichen Repertoire; aber sie hatte für ihr Auftreten in Sarahs Theater unter anderem *La Femme de Claude* und Sudermanns *Magda* ausgewählt. Zwei Stücke also, in denen auch Sarah bereits häufig zu sehen gewesen war. Und was noch größere Verwunderung hervorrief, war der Umstand, daß sie sich dafür entschieden hatte, ihr Pariser Debüt in der *Kameliendame* zu geben. Sarah hatte gegen diese provozierende Stückauswahl nichts einzuwenden, aber die Presse ließ es an bissigen Kommentaren nicht fehlen. Für die Auswahl der Stücke hatte angeblich Gabriele d'Annunzio verantwortlich gezeichnet, mit dem die Duse gerade eine Liaison begonnen hatte: d'Annunzio, der Sarah Bernhardt bis dahin noch nie auf der Bühne gesehen hatte.

Im Frühsommer wurde dann die Schlacht ausgetragen, die in vielem an die Auseinandersetzung erinnerte, die vierzig Jahre zuvor zwischen Rachel und der Ristori entbrannt war. Wieder trat eine italienische Schauspielerin in Paris auf, und wieder war das Publikum Zeuge eines – jedenfalls der Absicht nach – theatralischen Wettkampfes. Sarah war zweiundfünfzig und stand auf dem Höhepunkt ihres internationalen Ruhmes. Die Duse war achtunddreißig, ihr internationales Ansehen reichte bei weitem nicht an Sarahs Reputation heran, aber sie hatte einen Altersvorteil, sie war eine Novität und, was noch wichtiger war, sie hatte die volle Unterstützung von Sarahs Gegnern. Daher konnte die Duse – in erster Linie wegen der Neugierde, die man ihr entgegenbrachte – einen durchaus beachtlichen Erfolg feiern, aber Sarah Bernhardts Position vermochte sie nicht im geringsten zu erschüttern. Dem Vergleich mit Sarah konnte sie nicht standhalten, und ihren größten Triumph feierte sie in Goldonis *La Locandiera;* in diesem Stück spielte sie eine temperamentvolle Herbergswirtin. »Mme. Duses Begabung«, schrieb Émile Faguet mit äußerster Pedanterie, »kommt am besten in melodramatischen Dichtungen zur Geltung; in diesem Fach ist sie allerdings, wie wir zugeben müssen, außerordentlich wirkungsvoll.«

Am 14. Juni fand eine außergewöhnliche Vorstellung statt, aus deren Erlös ein Standbild Dumas' des Jüngeren finanziert werden sollte. Man entschied sich für die Aufführung von zwei Dumas-Stücken: Die Duse spielte den zweiten Akt von *La Femme de Claude,* und Sarah trat im vierten und fünften Akt der *Kameliendame* auf. Die Einnahmen waren außerordentlich hoch (31 000 Francs), und es war das einzige Mal, daß die beiden Schauspielerinnen in der gleichen Veranstaltung auftraten. Auch d'Annunzio selbst, der soeben in Paris angekommen war, wurde Zeuge dieser bemerkenswerten Vorstellung.

Trotz der engen Verbindung, die d'Annunzio mit der Duse unterhielt, verglich er die beiden Schauspielerinnen ganz nüchtern miteinander, und er machte kein Hehl daraus, daß er Sarah den Vorzug gab. »Wundervoll! Großartig! Sie spielt in reinster d'Annunzio-Manier!« rief er aus, als er ihr das erste Mal begegnete. Eleonora war – so sein Eindruck – völlig aufrichtig, Sarah indessen war poetisch. Romain Rolland teilte diesen Standpunkt und schrieb voller Sarkasmus, daß Genialität der Duse noch entschieden ferner liege als Sarah.[2] André Antoine, der die Leistungen der beiden Schauspielerinnen in der *Kameliendame* miteinander verglich, kam zu einem ähnlichen Ergebnis; er erklärte, daß die Duse ungeachtet ihrer realistischen Darstellung einen viel weniger intensiven Eindruck von der sterbenden Tuberkulosekranken vermittle als Sarah, die auf der Bühne viel lyrischer agiere.[3] Auch Mrs. Comyns Carr, die mit Ellen

Terry befreundet war, verglich die beiden Schauspielerinnen miteinander, als diese in zwei verschiedenen Theatern gleichzeitig in der Rolle der Marguerite Gautier auftraten.

»Die Duse hatte sich für eine ausgesprochen pathetische Interpretation der Rolle entschieden. Die unüberwindliche Reinheit ihres Charakters gestattete es ihr indessen nicht, auch nur auf der Bühne eine Marguerite Gautier *wirklich zu verkörpern*...

Am nächsten Abend gingen Ellen Terry und ich ins Theater, um Sarah Bernhardt zu sehen. Als wir gerade unsere Plätze eingenommen hatten, erschien ein Bediensteter des Hauses und überbrachte Nell eine kurze Notiz. Auf dem Blatt Papier stand: ›Heute abend spiele ich für Sie. Sarah.‹ Der zwischen den beiden Schauspielerinnen bestehende Kontrast war erstaunlich. Fast hätte es eine andere Geschichte sein können. Ganz sicher sahen wir eine völlig andere Marguerite. Sarah identifizierte sich immer mit dem speziellen Anliegen des Dramatikers, und sie verfügte über die Begabung, urplötzlich die heftigsten Gemütsbewegungen in sich zu erzeugen; dadurch gelang es ihr immer wieder die gelegentlich allzu mechanische Dramaturgie des Autors vergessen zu machen, und trotz all ihrer großen Schauspielkunst war die Duse dazu überhaupt nicht in der Lage.«[4]

Dieser Vergleich dürfte vermutlich aus dem Jahr 1894 stammen, und im Sommer genau dieses Jahres hatte Sarah in London die Duse in der Rolle der Marguerite Gautier selbst gesehen. Einem Journalisten vertraute sie an: »Signora Duses Interpretation erscheint mir absolut originell und – wenn es mir gestattet ist, dies zu bemerken – typisch italienisch, aber ich habe nicht den Eindruck, daß unsere Auffassungen in der Substanz sehr weit auseinanderliegen.«

Sie hätte vielleicht noch einiges hinzufügen können; denn eine Person, die Sarah gut kannte, erklärte, Sarah habe die Duse niemals als echte Rivalin betrachtet.[5] Und im Jahr 1897, nachdem sie dreißig Jahre lang von einem Triumph zum anderen geeilt und ihr in Paris gerade die größte Ehrung zuteil geworden war, war sie sich ihrer Position durchaus bewußt.

Und dennoch äußerte sie sich Jahre später so vernichtend über die Duse, daß die italienische Schauspielerin erwiderte: »Sagen Sie Mme. Bernhardt, daß ich weder gegenwärtig noch zukünftig beabsichtige, meine Memoiren zu schreiben. Aber falls ich diesbezüglich meine Meinung noch einmal ändern sollte, dann Gnade ihr Gott.«[6] Und als wiederum einige Jahre später bekannt wurde, die Duse werde im Théâtre de l'Œuvre auftreten, bot Sarah ihr neuerlich das Gastrecht an. Diesmal lehnte die Duse das Angebot jedoch gelassen ab:

»*Pas d'oubli dans mon coeur* ... Ich habe ihre Gastfreundschaft niemals vergessen, und das wird auch in Zukunft nicht geschehen. Während meines ersten hiesigen Aufenthaltes waren Sie äußerst freundlich und gut zu mir. Sie gewöhnten mich an eine unbefangene Vertrautheit, die sich auf meiner Seite in tiefe und aufrichtige Zuneigung verwandelt hatte.

Aber Madame – woran liegt es wohl, daß mein Herz heute den Weg zu Ihnen nicht mehr findet? ... Ich kann das Urteil, daß Sie über meine Begabung und mein Können gesprochen haben, nicht einfach aus meinem Gedächtnis streichen – ich kann es weder ignorieren, noch kann ich es vergessen ...

Ich möchte es an dieser Stelle noch einmal voller Dankbarkeit wiederholen. Madame: *Pas d'oubli dans mon coeur*. In meinem Gedächtnis werde ich das eine aufbewahren, und in meiner Erinnerung wird das andere unauslöschlich bestehen bleiben.«[7]

Am 17. Juni 1897, als das Paris-Gastspiel der Duse zu Ende war, eröffnete Sarah ihre neue Londoner Spielzeit. Während dieses Gastspiels stand tatsächlich ganz allein sie im

Vordergrund, nicht hingegen die Dramatiker, in deren Stücken sie auftrat. Und die *Times* überschrieb einen Artikel schlicht mit »Mme. Sarah Bernhardt im Adelphi«.

Aber ungeachtet ihres großen Ruhmes fanden sich dennoch Zyniker, die sie mit einem Wecker verglichen, der in gewissen Abständen laut losschrillte, um zwischen den einzelnen krisenhaften Ausbrüchen normal weiterzutikken. Und ganz unabhängig von der Frage, ob Sarah besser sei als die Duse, stellte man die Überlegung an, ob Sarah die falschen Rollen wähle, ob sie ihre Kreativität verloren habe oder ob ihre Kräfte sie allmählich verließen. »Es ist schwer zu sagen, ob Mme. Sarah Bernhardt je in einem Stück unvorteilhafter erschienen ist als in diesem bedrückenden und schwerfälligen Werk«, schrieb die *Times* über *Lorenzaccio*. »Der ausgeprägte weibliche Charakter, durch den sie sich sonst so sehr auszeichnet, geht in der Figur des Jungen völlig verloren. Es gereicht Mme. Sarah Bernhardt offensichtlich nicht zum Vorteil, wenn sie sich straflos ihrer Petticoats entledigt.«[8]

»Mme. Bernhardt spricht De Mussets schöne Prosa recht gefällig, und bisweilen entwickelt sie sogar etwas, was man vielleicht als abstrakte dramatische Kraft bezeichen könnte«, bemerkte William Archer, »das heißt eine dramatische Kraft, die von keinerlei Sorge um die charakterlichen Eigenarten der jeweils dargestellten Figur getrübt ist. Sie ist in keinem Augenblick wirklich Lorenzaccio. Vielmehr ähnelt sie Hamlet, am meisten jedoch einer gewissen Mme. Sarah Bernhardt, die man in ein – sie im übrigen äußerst vorteilhaft kleidendes – Männerkostüm gesteckt hat.«[9] Und Shaw war natürlich in seiner Kommentierung ihres Repertoires unerbittlich. Aber schließlich war Mr. Shaw Ire, und man konnte nie genau wissen (und er selbst wußte es wohl auch nicht so genau), auf wessen Seite er eigentlich stand. 1936 legte er anläßlich des Malvern-Festivals ein Geständnis ab (über das wir glücklicherweise einen Bericht der *Morning Post* besitzen). Er erklärte: »Als Theaterkritiker war ich gegenüber Sarah Bernhardt niemals wirklich gerecht, denn sie war genau wie meine Tante Georgina. Aber damals konnte ich das nicht öffentlich sagen, denn meine Tante Georgina war noch am Leben.«[10]

Aber um die Wahrheit zu sagen: Sarah hatte es nicht nur mit der Duse oder gar mit Mr. Shaws bedauernswerter Tante zu tun – sie hatte auch in einer Schauspielerin, die elf Jahre jünger war als sie und mit der sie durch freundschaftliche Bande eng verbunden war, eine Konkurrentin. Im Jubiläumsmonat von 1897 konnte die Réjane in Maurice Donnays *La Douloureuse* in London einen großen Erfolg feiern. »Man kann mit Fug und Recht daran zweifeln«, schrieb ein Journalist, »ob Mme. Sarah Bernhardt in der Szene, in der Hélène Ardan sich rechtfertigen muß, soviel Feingefühl an den Tag gelegt hätte... Mme. Réjane, die gegenwärtig in Paris genauso populär ist, wie es Sarah Bernhardt früher einmal war, ist in ihren Leidenschaftsausbrüchen weniger heftig als ihre große Rivalin. Sie spielt die Szene bedrückter als Mme. Bernhardt, aber mit welcher Feinheit des Gefühls und mit welcher Zurückhaltung!«[11]

Und nicht allein die *Times* verglich Sarah mit der Réjane – und zwar zu Sarahs Ungunsten. Als die Réjane am Abend, nachdem Sarah die gleiche Rolle gespielt hatte, als Gilberte in *Frou-Frou* auftrat, stellte William Archer den folgenden nachdenklichen Vergleich an:

»Mme. Bernhardts erster Auftritt in *Frou-Frou*, der etwa fünfzehn Jahre zurückliegt, wird mir immer als eine der größten schauspielerischen Leistungen in Erinnerung bleiben, die ich je gesehen habe – als eine schlechthin großartige Interpretation des Stoffes. Aber auch an dieser Interpretation ist die Zeit nicht spurlos vorübergegangen; hinzu kommt noch, daß Mme. Bernhardt die Rolle immer mehr mit spektakulären Elementen durchsetzt hat, und zwar in erster Linie wohl deshalb, weil sie in den vergangenen Jahren beständig vor Zuschauern aufgetreten ist, die des Französischen nicht mächtig und daher insbesondere durch ›athletische‹ Spitzenleistungen zu begeistern waren. Solange Sarah sich damit begnügt, nur schön zu sein und zurückhaltend zu agieren, erscheint sie noch immer fast genauso beeindruckend und anrührend wie früher ... Aber in den Szenen der Leidenschaft und der Bedrängnis hat sie jegliches Maß, jegliche Wahrhaftigkeit und jegliche Schönheit verloren ... Lassen Sie mich nur den kleinen Zwischenfall erwähnen, als Gilberte De Sartorys ein Glas Wasser anbietet, das dieser ablehnt. Die Réjane stellt das Glas einfach und natürlich wieder an seinen Platz zurück. Sarah kann offenbar nicht anders, als das Glas wutentbrannt zu zerschlagen; und in dieser Weise ließe sich Beispiel an Beispiel reihen.«[12]

Und natürlich fand in diesem Sommer in London ein konkurrenzloses Ereignis statt. Das wird auch Sarah selbst begriffen haben, als sie am 22. Juni das Glenesks' House am Piccadilly besuchte, um sich von dort aus den aus Anlaß des diamantenen Thronjubiläums der Königin Victoria veranstalteten Festumzug anzusehen.

Es war in der Tat ein unvergleichliches Schauspiel, dessen Zeugin sie wurde: Auf beiden Seiten des Piccadilly erhoben sich venezianische Masten, und an diesen hingen »an der dem Green Park zugewandten Seite aus Blumen gebundene Girlanden – dazwischen rote und blaue Lampen. An manchen Stellen waren diese farbenprächtigen Girlanden quer über die ganze Straße gespannt. An der Hyde Park Corner war die Vorderseite von Lord Rothshilds Haus über und über mit roten, weißen und blauen Fahnen geschmückt. Mit rotem Samt bezogene Tribünensitze waren vor den neuen Eingangstoren des Devonshire House errichtet worden, und an der Frontseite von Apsley House flatterten die königliche Standarte – der Union Jack – und spanische, portugiesische und belgische Flaggen. Auch das Stadthaus der Baroneß Burdett-Coutts war überreich geschmückt. Die Straßen wurden von dem Manchester Regiment, den Königlich-Irischen Füsilieren und der Rifle Brigade gesäumt; im Hyde Park wurde Ehrensalut geschossen, und von der St.-Pauls-Kathedrale her erklang feierliches Glockengeläut, und selbst die ein wenig säumige Sonne hatte sich schließlich dazu durchgerungen, sich zu zeigen und ihre Pflicht zu erfüllen. Wie auf Kommando erschien sie am Himmel und erfüllte während des ganzen Tages ihr vornehmes Amt. Überall brachen die Menschen in Hochrufe aus, und wo immer die Königin in ihrer Kutsche vorüberkam, winkten ihr die Zuschauer mit Zehntausenden weißer Taschentücher zu. Der farbenprächtige feierliche Festumzug zog zunächst den Constitution Hill hinauf, wo Tausende von Staatsbediensteten, die gemeinsam mit ihren Frauen auf bequemen Stühlen unter den schattenspendenden Bäumen Platz genommen hatten, die Prozession betrachteten; von dort aus bewegten sich der Wagen der Königin sowie ihr zahlreiches Gefolge zunächst zur Hyde Park Corner und dann zur eleganten Piccadilly-Straße hinüber.«[13]

»In meinem ganzen Leben habe ich nichts vergleichbar Schönes gesehen«, schrieb Ellen Terry, die gemeinsam mit Sarah Zeugin des Umzuges gewesen war. »Alles war vollkommen, aber die kleine Königin selbst strahlte mehr Würde aus als die ganze übrige Prozession zusammengenommen.«[14]

Im Oktober 1897 trat Sarah bereits wieder in Belgien auf. Dann kehrte sie nach Frankreich zurück und brachte auf dem Höhepunkt der Dreyfusaffäre *Le Mauvais Bergers* zur Aufführung; im Anschluß daran trat sie dann noch in ihrem Theater in einer Reihe von erfolglosen Stücken auf. Ende 1898, nachdem sie eine ganze Serie vom Publikum gnadenlos abgelehnter Mißerfolge hinter sich hatte, gelangte sie zu der Überzeugung, daß ein böser Zauber über dem Renaissance-Theater liege. Deshalb löste sie ihren Pachtvertrag auf und trat im November und Dezember zum Abschied von ihrem langjährigen Theater noch einmal in der *Kameliendame* auf. Anschließend unterzeichnete sie einen Fünfundzwanzig-Jahre-Pachtvertrag für das fast an der Seine gelegene Théâtre des Nations, ein Theater, das sie – wie sollte es anders sein – in Théâtre Sarah-Bernhardt umbenannte.

29 Hamlet, Prinzessin von Dänemark

Dieses riesige Theater war ein wesentlich risikoreicheres Unternehmen. Das Renaissance hatte neunhundert Plätze gehabt, das Sarah-Bernhardt hingegen hatte siebzehnhundert Sitze. Im Renaissance verursachte ein Stück wie *Gismonda* wöchentlich Unkosten von zweiunddreißigtausend Francs, und wenn das Haus jeden Abend ausverkauft war, so belief sich der wöchentliche Gewinn auf maximal sechzehntausend Francs. Im Sarah-Bernhardt verschlang das gleiche Stück indessen pro Woche vierzigtausend Francs, aber bei optimaler Platzausnutzung konnte das Haus auch pro Woche einen Profit von fünfundfünfzigtausend Francs abwerfen.

In diesem Theater, das sie mit einer äußerst erfolgreichen *Tosca*-Aufführung eröffnet hatte, trat Sarah am 20. Mai 1899 erstmals in der Rolle des Hamlet auf. Bereits lange vor der Premiere ging in Paris das Gerücht, sie habe sich mit der Rolle des dänischen Prinzen vertraut gemacht, indem sie in dem Kostüm Hamlets auf dem Boulevard Pereire spazierengegangen sei; und »es war ein von Pikanterie nicht ganz freies Vergnügen, den Prinzen von Dänemark während des Frühstücks über den neuesten Pariser Klatsch reden zu hören«. Als sie nun in ihrer Rolle auftrat, erinnerte sie manch einen an den Hamlet Delacroix'. Die der Inszenierung zugrunde liegende *Hamlet*-Übersetzung war (jedenfalls für den Geschmack des Pariser Publikums) ein ganz außerordentlicher Erfolg. Und Maurice Baring ging sogar soweit zu erklären, Sarahs Interpretation vermittle dem französischen Publikum erstmals einen zutreffenden Eindruck von der Bedeutung des *Hamlet*-Stoffes. Sarah beschritt in ihrer Interpretation völlig neue Wege und entfachte so unter den Kritikern eine derart heftige Kontroverse, daß Mendès sich sogar mit einem andersdenkenden Kritiker duellierte. Mounet-Sully, der den Hamlet bereits unzählige Mal an der Comédie gespielt hatte, besuchte Sarahs Theater zehnmal, um sich ihre Interpretation des Hamlet-Stoffes anzusehen. Und sobald der Vorhang gefallen war, diskutierten Hernani und Doña Sol, Ruy Blas und die Königin von Spanien bis zum Morgengrauen über das Stück. Im Juni ließ Sarah das Theater wegen notwendiger Umbauarbeiten schließen und reiste zu einem Hamlet-Gastspiel nach London.

Und so fand am 12. Juni 1899 in Londoner Adelphi Theatre eine der denkwürdigsten Shakespeare-Aufführungen statt, die das an Shakespeare-Interpretationen wahrlich nicht arme England bis dahin gesehen hatte: Sarah als Hamlet.

»Die Engländer können sich glücklich schätzen«, erklärte sie einem englischen Journalisten. »Denn Sie haben Shakespeare. Und Sie werden ihn niemals ganz vergessen können.« Diese Feststellung enthielt vielleicht mehr Wahrheit, als ihr selbst bewußt war. Es war ein kühnes Unterfangen, während der Regierungszeit Henry Irvings eine Neubewertung des umstrittensten Charakters des englischen Dramas vornehmen zu wollen. Und Sarahs Unternehmen war doppelt wagemutig; denn in ihrer Inszenierung wurde der Prinz von Dänemark nicht nur von einer Frau, dazu noch einer Französin gespielt, sondern sogar von einer Frau von vierundfünfzig Jahren.

»Mme. Sarah Bernhardts Hamlet mußte bereits als eine *tour de force* ein breites Interesse wecken [schrieb die *Times*]; und ihre Interpretation hätte bereits wegen ihres sensationellen Charakters einen großen Publikumszulauf erwarten können. Aber es ist weit mehr als nur dies, was Mme. Sarah Bernhardt anzubieten hat. Ihr Hamlet ist eine sorgfältige und intelligente Arbeit, und es ist ihr gelungen, die Hamlet-Figur ganz und gar mit ihrer Auffassung der Rolle zu durchdringen. Und sie hat ein durch und durch unkonventionelles Verständnis ihrer Rolle. Sie ist nicht im geringsten der melancholische Philosoph . . . Ihr Hamlet ist ein äußerst angenehmer, humorvoller und ausgesprochen lustiger Prinz, der unter weniger tragischen Umständen die Lebensader und die Seele des ganzen Hofes hätte sein können . . . Hamlet, so wie Mme. Bernhardt ihn versteht, ist nicht so sehr ein depressiver Däne, sondern vielmehr ein vollblütiger Romane . . . Aber niemand, der neue Betrachtungsweisen und hervorragende schauspielerische Leistungen zu schätzen weiß, wird von dieser Aufführung unberührt bleiben. Und niemand, der Mme. Bernhardts außerordentliches Können und ihre ganze Persönlichkeit gebührlich bewundert, wird von dieser Aufführung enttäuscht werden.«[1]

»Noch nie [schrieb Clement Scott] sind die Szenen mit Polonius, mit Rosencrantz und mit Guildenstern so bewundernswert gespielt worden . . . In der Liebesszene mit Ophelia hat die göttliche Sarah nur einen Rivalen, nämlich Henry Irving . . . Aber was für großartige Ideen sie gehabt hat! Wie sie sich bekreuzigt, bevor sie dem Geist folgt, wie sie zu den Schauspielern auf der Miniaturbühne spricht; in dieser Szene wirkt Hamlet einen Augenblick lang wie ein Schauspieler, der sich an sein Publikum wendet; das Gefühl, das das an der Wand hängende Bild seine Vaters in ihm auslöst, als dieser bereits wieder verschwunden ist und die Alltagswirklichkeit wiederum die Oberhand gewonnen hat; die Wirkung des Giftes, das durch Hamlets Adern pulst, als er in dem Duell mit Laertes an der Hand verletzt wird; der Kuß, den er seiner toten Mutter auf das Haar preßt – all dies sind Einzelheiten, die noch nie zuvor jemandem eingefallen sind.

Aber die ganze Inszenierung war voll Fantasie, Spannung und Poesie...«[2]

In der Presse wurden jedoch nicht nur positive Stimmen laut. Der *Punch* unterbreitete sofort den Vorschlag, Irving solle in Zukunft die Ophelia spielen. Und wie positiv auch immer die Prosaübersetzung des *Hamlet*, die Eugène Morand und Marcel Schwob angefertigt hatten, in Frankreich aufgenommen worden war, für die Ohren des englischen Publikums klang der Text kalt und kraftlos.

Max Beerbohm verfaßte einen äußerst geistreichen Artikel, den er mit *Hamlet, Prinzessin von Dänemark* überschrieb. Es hieß dort: »Sarah hätte sich nicht zu der Annahme verführen lassen sollen, daß Hamlets Schwäche allein ihn bereits in eine besondere Nähe zu ihrer eigenen körperlichen und seelischen Beschaffenheit als Frau rücke. Ihre Freunde hätten sie auf diesen Trugschluß hinweisen müssen. Die Kritiker ihres Landes hätten sie in ihrer Fehleinschätzung nicht noch unterstützen dürfen. Die Zollbeamten am Charing-Cross-Bahnhof hätten ihr Zobelwams und ihre Kniebundhose beschlagnahmen sollen . . . Guten Gewissens kann man ihr eigentlich nur ein Kompliment machen, nämlich daß sie in ihrem Hamlet von Anfang bis Ende eine *très grande dame* gespielt hat.«[3]

Hamlet, Prinzessin von Dänemark kehrte im September nach Paris zurück, um die Innendekoration ihres neuen Theaters zu beaufsichtigen. Und es wurde dabei ein solcher Aufwand getrieben, daß sie das Haus erst am 16. Dezember wiedereröffnen konnte. An jenem Abend konnte ein erlesenes Publikum, dem auch Präsident Loubet angehörte, die revolutionäre Innenausstattung des Sarah-Bernhardt bestaunen. Pariser Theater waren bis dahin immer in Rot gehalten gewesen. Sarahs Zuschauerraum war von der Decke bis zum Boden mit butterblumengelbem Samt bespannt – nur die Holzteile waren elfenbeinweiß gehalten. »Der Bühnenboden ist nicht mehr wie bisher schräg, sondern horizontal angelegt, da die Künstlerin es absurd findet, daß die Figuren, die im Bühnenhintergrund stehen, größer erscheinen als solche, die direkt an der Rampe stehen. Auch hat sie auf einen Souffleurkasten ganz verzichtet; außerdem ist die Bühne mit kostbaren Intarsienarbeiten belegt. Um ihr ausgeprägtes Hygienebedürfnis und ihre Vorliebe für Wohlgerüche zu befriedigen, hat sie das ganze Auditorium mit *benjoin* besprühen lassen. Das Foyer, das Buffet und das Rauchzimmer sind aufs luxuriöseste ausgestattet, und für Besucher, die sich gesundheitlich nicht ganz wohl fühlen, gibt es eine eigene Hausapotheke.«[4]

In dem öffentlichen Foyer (auch dies zeigte, daß sich Mme. Bernhardt ihrer Bedeutung durchaus bewußt war), das auf die Place du Châtelet hinausging, konnte man Mme. Bernhardt in Lebensgröße auf zehn Wandbildern bewundern, auf denen sie als Lorenzaccio, Phädra, Théodora, Princesse lointaine, Tosca und Gismonda dargestellt war. Mme. Bernhardts Garderobe war nicht nur eine einfache Garderobe, sondern sie bestand aus fünf geräumigen Zimmern, die sich auf zwei Stockwerke verteilten. Eine Doppeltür und drei Stufen führten von der Bühne unmittelbar in ein etwa sieben Meter langes und vier Meter breites Vorzimmer. Daran schloß sich ein großer, im Stil des Empire möblierter Salon an, dessen Wände mit gelber Seide bespannt waren. Schließlich betrat man Sarahs Ankleidezimmer: Darin befanden sich ein großer Toilettentisch, Garderobenvorrichtungen, in denen fünfzig Kostüme Platz finden konnten, ein monumentaler Waschtisch, eine Badewanne und ein riesiger Spiegel. Diese drei zusammenhängenden Zimmer, die auf die Avenue Victoria Aussicht gewährten, lagen im ersten Stock des Theaters. Und von dem Vorzimmer aus führte eine enge Treppe ins Erdgeschoß hinunter in ein Eßzimmer, das zwölf Gästen bequem Platz bot. Auf der einen Seite dieses Raumes befanden sich ein Speisezimmer und eine kleine Küche. Während der folgenden zwanzig Jahre defilierte an Premierenabenden die gesamte Pariser Theaterwelt durch diese Räumlichkeiten, die für ihren Luxus berühmt waren; und jeden Sonntag wurden dort einige Auserwählte zum Diner gebeten.

Wie vielen dieser Besucher war wohl bewußt, daß die Bühne auf dem Boden der ehemaligen Rue de la Vieille

Lanterne stand, wo sich das sterbliche Mysterium Gérard de Nerval in einer bitterkalten Januarnacht vierundvierzig Jahre zuvor an einem Fenstergitter erhängt hatte? Jedenfalls Sardou wußte darum. Und wann immer er in diesen Räumen mit Sarah Bernhardt Proben abhielt, dachte er an jenen »edlen Träumer, der in ihr die Königin von Saba gesehen und sich höchstwahrscheinlich unsterblich in sie verliebt hätte«.[5]

Am 16. Dezember 1899 hatte Sarah ihr Theater wiedereröffnet. Und am 17. Dezember las Edmond Rostand, »der sie für sein Überleben so wichtig fand wie die Sonne für das Leben der unpersönlichen Erde«, auf der Bühne dieses Hauses erstmals aus seinem Versdrama *L'Aiglon* vor.

30 L'Aiglon

Die Mutter von Maurice Bernhardt, die inzwischen zwei Enkel bekommen hatte, Lysiane und Simone, war äußerst kinderlieb. Sacha Guitry, der Sohn Luciens, erinnerte sich später daran, wie er jeden Sonntag – so wie andere Leute die Messe besuchten – mit seinen Eltern zu Madame Sarah Bernhardt gegangen sei, »um dieser einen Kuß zu geben«. Sarah erschien ihm zugleich vertraut und übermenschlich groß. Und wenn er sich ihr allsonntäglich mit einem Rosen- oder Veilchenstrauß näherte, war er sich sehr wohl bewußt, daß er einer Königin gegenüberstand. An Sonntagabenden sah Sacha voll tiefer Bewunderung aus den Kulissen zu, wie Sarah Bernhardt und sein Vater auf der Bühne agierten. Neben seinem Vater und seiner Mutter war Sarah Bernhardt für den Jungen von großer Bedeutung – Madame Sarah, der die Familie an Weihnachten, Neujahr und Ostern ihren ersten Besuch abstattete. Und wenn er den Weihnachtsabend bei Madame Bernhardt verbrachte, fühlte sich der Junge immer wie im Wunderland: In der Mitte des Ateliers stand ein riesiger Weihnachtsbaum, der – wie es schien – von Tausenden von Kerzen erleuchtet wurde und der unter der Last der Geschenke fast zusammenbrach. Die Geschenke waren mit Zahlen versehen, und jedes Kind mußte aus einem Samtbeutel eine Nummer ziehen, um zu erfahren, welches Geschenk es mit nach Hause nehmen durfte.

Sacha liebte Madame Sarah in seiner Kindheit so sehr und brachte ihr auch als Erwachsener noch eine solche Verehrung entgegen, daß er es nicht ertrug, wenn jemand Kritik an ihr übte.[1]

Und genau wie der Sohn Lucien Guitrys ihr eine grenzenlose Bewunderung entgegenbrachte, so betrachtete sie auch der Sohn Edmond Rostands mit ehrfürchtiger Zuneigung. Noch viel später erinnerte er sich daran, wie er sie einmal vor der Aufführung der *Kameliendame* in ihrer Garderobe gesehen hatte, diese Frau, die so alterlos wie die Unsterblichen erschien. Er erinnerte sich auch noch an ihr Mädchen Dominga, die wie ein Korsar in Frauenkleidern wirkte: Dominga, deren Schnauzbart ihm jedesmal einen Schrecken einjagte, wenn sie ihm einen Kuß gab. Er erinnerte sich gleichermaßen an die Streitereien zwischen Sarah und ihren Bediensteten, die immer damit endeten, daß Sarah ihren Angestellten ihren Bühnenschmuck schenkte; und diese verteilten den Flitterkram untereinander, wie die Diadochen das Reich Alexanders des Großen unter sich aufgeteilt hatten. Er erinnerte sich an die barocke Märchenkutsche, die von zwei kastanienbraunen Pferden gezogen wurde, die ihm wie verzauberte Prinzen erschienen; und dieser Kutsche war dann Sarah, selbst im Hochsommer bis unters Kinn in einen Chinchilla gehüllt, entstiegen. Und dann erinnerte er sich noch an den Nachmittagstee, den diese so menschliche Märchenfee täglich zu sich nahm; eines Tages hatte sie sogar Champagner über ihr Haar gegossen, um ihm zu beweisen, daß sie Naturlocken habe. Es ist daher nicht verwunderlich, daß Maurice Rostand anläßlich seiner Reifeprüfung eine Arbeit über Madame Sarah verfaßte, die gewiß für seine Prüfer sehr unterhaltsam gewesen sein muß.[2]

»Sie war mehr als eine Kaiserin«, erklärte Jacques Porel, der Sohn der Réjane, »sie war fast eine Göttin. Ich glaube, was ihre Bedeutung in der Welt anbelangte, kann man sie nur mit Victor Hugo vergleichen.« Auch noch in ihren mittleren Jahren hatte sie sich in erstaunlichem Maße ihre Jugend und ihren Charme bewahrt. Und Porel erinnerte sich auch noch daran, wie sie ihn als Jungen begrüßt hatte, wenn er in ihre Garderobe gerannt kam und »in ihre Arme sank... Meine Wange berührte ihr byzantinisches Kostüm. Ich tauchte tief in all die kosmetischen Wohlgerüche ein, mit denen sie ihren Körper verhüllte. Und dann hörte ich für einen Augenblick das süße Murmeln ihrer berühmten Stimme in meinen Ohren.«[3] »Ich sehe mich noch heute«, schrieb der Sohn Eugéne Morands, »in der Mietdroschke, mit der ich als Kind über den Boulevard Pereire zum Haus von Sarah Bernhardt gefahren bin. Und dann sehe ich in dem von Lilienduft erfüllten Salon dies überaus feingeschnittene Profil vor mir, das Bastian Lepage so treffend gemalt hat; nur ihrem etwas fülligen Leib, der auf dem Fell irgendeines wilden Tieres hingestreckt lag und auf allen Seiten von Blumen umstanden war, sah man seine fünfzig Jahre an. Als ich so in einem schwarzen Samtanzug das Innere des Hauses betrat und mich vor den Löwen fürchtete, die dort angeblich frei herumliefen, richtete sich Sarah auf und rief mit ihrer auch damals noch beeindruckend schönen, leuchtend klaren Stimme, die wie eine Violine klang: ›Da ist Morands Junge!‹ Dann setzte ich mich auf einen vergoldeten Stuhl und sang, und Sarah küßte mich und steckte mir die Taschen mit Bonbons voll, die ich verspeiste, während ich mit einem Auge immer zur Tür hinüberschielte, durch die gleich die Löwen hereinkommen würden.«

Nur eine Frau, die sich ihrer Publikumswirkung und ihrer Ausstrahlung so sicher war wie Sarah, konnte wagen, was sie sich nun vorgenommen hatte. Dreißig Jahre zuvor hatte Sarah ihren Ruhm als Zanetto begründet. Jetzt, mit sechsundfünfzig Jahren, wollte sie die Krone ihres Ruhmes mit einem weiteren Juwel schmücken, indem sie noch einmal einen Jüngling verkörperte; und zwar den Sohn Napoleons. Sie war bereit, die Last L'Aiglons auf ihre Schultern zu nehmen.

Rostands Stück war als einer der Höhepunkte der Pariser Weltausstellung des Jahres 1900 gedacht. Es sollte absolute historische Authentizität ausstrahlen. Gemeinsam mit Rostand besuchte Sarah daher die Wiener Museen und die Räumlichkeiten in Schloß Schönbrunn, in denen l'Aiglon gestorben war. Sie brachte eine Reihe von Kunstgegenständen und Bildern mit nach Paris zurück, auf denen er dargestellt war, um sich mit seiner Erscheinung vertraut zu machen. Für die Schlußszene borgte sie sogar die kaiserliche Wiege der Habsburger aus. Sie wählte selbst die Fußbekleidung der Schauspieler aus. Bereits lange vor der Uraufführung des Stückes trug sie nur mehr Männerkleidung, um sich an ihr Kostüm zu gewöhnen und ihre weiblichen Gebärden zu vergessen. Die teuren Uniformen wurden eigens in Wien in Auftrag gegeben, als sie jedoch in Paris eintrafen, fand sie sie nicht gut genug gearbeitet und ließ in Paris neue anfertigen. Selbst die Bandrosette an ihrem Hut war echt. Sie gehörte einem alten Senator, dem Sarah zum Dank eine Freikarte für die Premiere schenkte.

Rostand erzählte später noch bisweilen von einer Begebenheit, die sich während der Vorbereitungszeit zugetragen hatte. Als er gemeinsam mit Sarah in Wien gewesen war, war sie mit ihrer Truppe in der Nähe von Brünn aufgetreten. Um dort hinzugelangen, hatten sie einen Sonderzug nehmen müssen, der auch durch Wagram gefahren war. Sarah hatte, durch ihre Leidenschaft für historische Ereignisse angefeuert, einen ihrer Angestellten beauftragt, einen Fackelzug samt Führer zu organisieren. Sie wollte nämlich unbedingt dem Schlachtfeld von Wagram einen würdigen Besuch abstatten. Ihr Beauftragter wußte nicht, wie er so fern aller menschlichen Siedlungen eine Prozession von Fackelträgern, Pferden und Kutschen zusammenbringen konnte. Sarah war jedoch Feuer und Flamme.

Als ihr Zug in der folgenden Woche in den Bahnhof von Wagram einfuhr, lag über dem kleinen Ort eine feierliche Atmosphäre, und von draußen klangen begeisterte Menschenstimmen herüber. Der verschlafene kleine Bahnhof war mit Girlanden geschmückt. Kutschen und Pferde standen bereit. Sarahs Beauftragter wartete, mit einem Frack und weißen Handschuhen bekleidet, lächelnd am Bahnsteig; neben ihm standen der Bürgermeister von Wagram und dessen Stellvertreter inmitten einer Schar örtlicher Honoratioren, die Fackeln in den Händen hielten. Der Zug kam zum Stehen. Sarahs Gefolge machte sich zum Aussteigen bereit, und sie selbst lehnte sich »mit strahlendem Gesicht wie eine Herrscherin, die die Huldigung ihrer Untertanen entgegennimmt«, aus ihrem Abteilfenster. In diesem Augenblick schaute sie auf die Bahnhofsuhr.

»Zwei Uhr? Die Uhr muß falschgehen.«

Die Umstehenden erklärten ihr, daß die Uhr vollkommen korrekt gehe.

Dann wandte sie sich an den Zugführer und schrie: »Wir müssen sofort weiter!«

»Es ist sehr wahrscheinlich«, erklärte Rostand, als er diese Geschichte zum besten gab, »daß Sarah, als sie den Bürgermeister von Wagram und ihren Beauftragten später wiedersah, so tat, als sei überhaupt nichts Außergewöhnliches geschehen. Das wäre jedenfalls typisch für sie gewesen.«[4]

Die Proben zu *L'Aiglon* fanden täglich um halb zwei Uhr statt. So stand es jedenfalls auf dem Probenplan. Guitry kam jedoch nie vor halb drei, Rostand traf gegen drei ein, und gegen zehn vor vier erhoben sich die Versammelten, und Sarah Bernhardt erschien. Der Reihe nach traten alle vor, um ihre Hand zu küssen. Da mindestens sechzig Personen anwesend waren, dauerte das Handkußzeremoniell eine gute halbe Stunde. Im Anschluß an dieses Ritual

zog Sarah sich in ihre Garderobe zurück, da sie sich dafür
entschieden hatte, während der Proben Lorenzaccios Kostüm zu tragen. Sobald sie angekleidet war, fing die Probe
an. Aber um fünf Uhr wurde sie unterbrochen, weil Madame Sarah Bernhardt um diese Zeit eine Tasse Tee zu sich
zu nehmen pflegte. Geduldig und ohne zu murren beobachtete nun das versammelte Ensemble Sarahs Teezeremo-
nie. Die Proben für *L'Aiglon* nahmen fünf bis sechs Monate
in Anspruch.[5]

Die Uraufführung fand am 15. März 1900 statt. Und Mau-
rice Baring schilderte Jahre später den denkwürdigen Pre-
mierenabend. *Tout Paris* war anwesend: Anatole France,
Jules Lemaître, Halévy, Sardou, Robert de Montesquiou,
Albert Vandal, Henry Houssaye, Paul Hervieu, Coquelin,
Mme. Greffuhle. Es herrschte eine ungeheure Spannung.
Sarah wurde begeistert begrüßt:

»Als sie in der ersten Szene die Worte sprach: *Je n'aime pas
beaucoup que la France soit neutre,* erfüllte brausender Beifall
das Haus, aber es war deutlich zu spüren, daß dieser
Enthusiasmus mehr politisch als künstlerisch motiviert
war... Und als Sarah dann die Verse

Il suit l'ennemi; sent qu'il l'a dans la main;
Un soir il dit au camp: ›Demain!‹ Le lendemain,
Il dit en galopant sur le front de bandière:
›Soldats, il faut finir par un coup de tonnerre!‹
Il va, tachant de gris l'état-major vermeil;
L'armée est une mer; il attend le soleil;
Il le voit se lever du haut d'un promontoire;
Et, d'un sourire, il met ce soleil dans l'histoire!

in das Publikum schleuderte, war die Wirkung ihrer Worte
so intensiv, daß das zunächst wie versteinert dasitzende
Publikum plötzlich wie vom Blitz getroffen reagierte. Viele
Zuschauer brachen in Weinen aus...«[6]

Rostand und Sarah Bernhardt hatten genau ins Herz des Publikums getroffen: Sie hatten in den Zuschauern den Stolz auf Napoleon und auf seine Dynastie geweckt, die vor dreißig Jahren in der Katastrophe von Sedan die Herrschaft endgültig verloren hatte.

Unmittelbar nach der Uraufführung von *L'Aiglon* erkrankte Rostand an einer Lungenentzündung und fuhr zur Erholung nach Montmorency.

Dieser idyllische Erholungsort lag so nahe bei Paris, daß Rostand am Abend, wenn die Kirschbäume sich im Wind wiegten, den Eindruck haben konnte, das ferne Echo des Beifalls zu hören, der in Sarahs Theater aufbrauste. Und jeden Tag erhielt er eine neue Bestätigung seines Erfolges: Denn l'Aiglon selbst, die sich ihrer weißen Uniform entledigt und sich in Sarah Bernhardt zurückverwandelt hatte, fuhr allabendlich in ihrer märchenhaften Kutsche unter Gelächter und in bester Laune nach Montmorency hinaus, um jeweils über die Vorstellung des Vorabends Bericht zu erstatten. Und jeden Tag brachte sie ihm direkt von der Bühne einen napoleonischen Veilchenstrauß mit; denn er hatte ihr erklärt, daß in dem Duft dieser Blumen die ganze Atmosphäre von *L'Aiglon* und der Beifall, den das Stück gefunden hatte, für ihn spürbar seien.

Dennoch war *L'Aiglon*, wie man zugeben muß, kein uneingeschränkter Erfolg. Max Beerbohm, der schon Hamlet, Prinzessin von Dänemark abgelehnt hatte, war schockiert, Sarah neuerlich in einer Männerrolle zu sehen: »Es wäre kein sonderlich großer Verlust«, konstatierte er, »Mme. Bernhardt in der Rolle des Herzogs nicht gesehen zu haben. Natürlich ist ihre schauspielerische Leistung wieder einmal hervorragend: Es erübrigt sich beinahe, dies noch eigens zu erwähnen. Auch ihr Durchstehvermögen ist geradezu phänomenal. Das Problem ist auch nicht, daß Mme. Bernhardt vielleicht zu alt wäre – im Gegenteil, ihre Jugendlichkeit ist geradezu frappierend. Auch könnte man noch darüber hinwegsehen, daß der historisch Gebildete ihre Erscheinung mit keiner der bekannten Miniaturen des Herzogs von Reichstadt in Verbindung bringen kann... Die eigentliche Schwierigkeit besteht darin, daß sie aussieht wie eine Frau, geht wie eine Frau, spricht wie eine Frau und, unter jedem nur denkbaren Gesichtspunkt betrachtet, eine Frau ist.«[7]

Für eine empfindsame junge Zuschauerin galt diese Feststellung Max Beerbohms allerdings nicht. Denn diese Zuschauerin verliebte sich Hals über Kopf in den Herzog von Reichstadt und wies jeden Heiratskandidaten, den ihre Eltern ihr zuführten, kategorisch ab. Die verzweifelten Eltern schrieben einen Brief an Mme. Bernhardt, die das Mädchen sofort zu sich kommen ließ und sie ungeschminkt und in ihrem ältesten Morgenrock empfing. »So sehe ich in Wirklichkeit aus«, sagte Sarah. »L'Aiglon existiert nur auf der Bühne, ansonsten gibt es ihn nicht.« Das vernarrte junge Mädchen heiratete den nächsten Mann, der um ihre Hand anhielt, und Sarah fungierte als Taufpatin des Kindes, das dem jungen Paar bald darauf geschenkt wurde.

31   Quand même – trotzdem

Nur durch eine Pause unterbrochen, die Sarah im August einlegte, erlebte *L'Aiglon* in Folge 237 Aufführungen. Die Gesamteinnahmen betrugen 2677000 Francs, was 11300 Francs pro Vorstellung entspricht, und das Stück war einer der größten finanziellen Erfolge, die Paris je gesehen hatte. Das Stück wäre möglicherweise sogar 500 Vorstellungen lang gelaufen, hätte Sarah nicht von November 1900 bis April 1901 eine sechsmonatige Gastspielreise durch die Vereinigten Staaten unternommen. Nach ihrer Rückkehr sollte *L'Aiglon* natürlich wieder aufgeführt werden, und in dieser Aufführung wünschte sich Sarah Coquelin in der Rolle Flambeaus.

Der Erfolg von *L'Aiglon* war für sie von Anfang an ein wenig durch den Umstand getrübt worden, daß sie Coquelin unbedingt für die Rolle des bärbeißigen und energischen alten Haudegens hatte gewinnen wollen. Coquelin hatte die Rolle auch angenommen, und die Einzelheiten seines Vertrages waren bereits festgelegt worden. Als Rostand das Stück dann jedoch zu Ende geschrieben hatte, und Coquelin feststellte, daß Flambeau weder im ersten noch im letzten Akt einen Auftritt habe und daß die Rolle wesentlich unwichtiger sei als Sarahs Part, hatte er sich doch noch aus dem Vertrag herausgewunden. Lucien Guitry spielte in der Folge Flambeau, und Sarah war untröstlich.

Aber ihr Entschluß stand dennoch fest. Sie entwickelte daher, bevor sie ihre Amerikareise antrat, eine Strategie. Ein Bevollmächtigter ihrer amerikanischen Tourneeveranstalter suchte Coquelin im Porte-Saint-Martin auf und erklärte ihm, Sarahs Popularität habe in letzter Zeit stark nachgelassen; es sei deshalb durchaus möglich, daß sie allein nicht mehr über die Anziehungskraft verfüge, die amerikanischen Theater zu füllen, und daß nur ein Sarah-Bernhardt-Coquelin-Gastspiel die Zuschauermassen noch anlocken könne. Wie Sarah angenommen hatte, fühlte sich Coquelin äußerst geschmeichelt; er erklärte jedoch, er nehme das Angebot nur an, wenn er in seinem allergrößten Triumph, nämlich *Cyrano de Bergerac*, auftreten könne. »Und wenn ich Mme. Bernhardt überreden könnte, in *Cyrano* die Roxane zu spielen, wären Sie dann bereit, als Flambeau in *L'Aiglon* aufzutreten?« Coquelin stimmte diesem Vorschlag (wie Sarah ganz richtig angenommen hatte) umgehend zu. Und am 26. November 1900 wurde die Coquelin-Sarah-Bernhardt-Tournee im New Yorker Garden Theatre eröffnet.

Nach einem kurzen Gastspiel in London traten die beiden am Nationalfeiertag des Jahres 1901 im Théâtre Sarah-Bernhardt erstmals gemeinsam in *L'Aiglon* vor das französische Publikum. Coquelin, der die Figur des Flambeau im Ausland gespielt hatte, konnte sich schlecht weigern, nun auch zu Hause in dieser Rolle aufzutreten. Und Sarahs Geduld und ihr strategisches Vorgehen wurden nun endlich belohnt: Die Pariser Kritiker und auch Rostand selbst waren von seiner schauspielerischen Leistung hingerissen.

Bis zum Ende ihres langen und bewegten Lebens blieb Sarah unermüdlich tätig. Bis Mitternacht stand sie auf der Bühne, zog sich nach der Vorstellung um und hielt dann noch bis fünf Uhr morgens Proben ab. Einen Autor, der sie darum bat, ihr ein Stück vorlesen zu dürfen, bat sie, ihr nach London zu folgen und ihr sein Werk dort vorzulesen. Und als er ihr unverzagt nach London nachreiste, wurde er gebeten, nach der Vorstellung um Mitternacht in Sarahs Hotel zu kommen und ihr sein Stück dort vorzutragen.[1] In London hatte sie im allgemeinen morgens Proben und abends Vorstellung, und an den Nachmittagen trat sie dann noch in den Vorstädten in Sondervorstellungen auf. Als Graham Robertson Maurice Bernhardt einmal auf Sarahs rastloses Tätigsein ansprach, erwiderte dieser: »Aber was soll meine Mutter denn sonst nachmittags tun?« Selbst wenn sie in Folkestone mit dem Schiff eintraf oder von dort aus nach Frankreich zurückfuhr, fühlte sie sich gedrängt, noch in der kleinen Hafenstadt einige ›improvisierte‹ Vorstellungen zu geben.

Auch die langen Tourneen, die sie unternahm, schienen Sarahs Kräfte nicht zu erschöpfen. So eilte sie einmal, während ihre Truppe sich auf dem Weg von Italien nach Spanien befand, im Expreßzug nach Paris, um ein neues Stück vorzubereiten.[2] Im Jahre 1897 lud sie eines Samstagabends Coolus ein, ihr sein neues Stück vorzulesen. Er traf um Mitternacht in ihrem Theater ein. Um ein Uhr überprüfte sie ihre Tageseinnahmen, während Coolus bereits in ihr Haus am Boulevard Pereire vorausfuhr. Um halb zwei Uhr traf auch sie frisch und munter zu Hause ein; danach soupierten die zwei in aller Ruhe. Um vier Uhr früh war sie dann schließlich bereit, sich sein vier Akte langes Stück anzuhören. Dieser Vortrag war um sieben Uhr beendet. Dann unterhielt man sich noch über die Besetzung, die Terminplanung und die Bühnenausstattung; und um acht

Uhr morgens hatten die zwei dann alle wesentlichen Fragen besprochen. An diesem Tag hatte Sarah sowohl eine Matinee- als auch eine Abendvorstellung, und am folgenden Tag mußte sie sich einer Operation unterziehen. Ruhe erschien ihr gleichsam als eine Vorstufe des Todes.[3] »Ich weiß noch«, schrieb einer ihrer Biographen, »welche Überraschung sie einem Englischlehrer bereitete, bei dem sie Unterricht nehmen wollte, um Shakespeare in der Originalsprache spielen zu können. ›Mlle. Bernhardt, ich würde mich freuen, sie zu unterrichten, aber ich kann pro Tag nur eine halbe Stunde erübrigen.‹ – ›Also gut‹, sagte sie, ›versuchen Sie, die halbe Stunde von zwei bis halb drei Uhr nachts für mich freizuhalten; denn nur während dieser Zeit bin ich verfügbar.‹«[4]

Das war kaum übertrieben: Im Sommer 1901 besuchte Maurice Baring Sarah auf Belle-Ile. Für eine Siebenundfünfzigjährige hatte sie noch erstaunliche Energien. Während des ganzen Vormittags arbeitete sie. Nachmittags spielte sie dann Tennis, und nach dem Diner versammelten sich die in ihrem Haus zu Besuch weilenden Gäste, um sich mit Gesellschaftsspielen die Zeit zu vertreiben. Während dieser ganzen Tage führte sie telegrafisch mit Catulle Mendès eine heftige Diskussion über die Details einer Inszenierung von *La Vierge d'Avila*, die sie plante. Zahllose – seitenlange – Telegramme gingen so hin und her. Und dennoch beschränkte sich Sarah in ihren Ausführungen auf das sachlich Notwendige. Eines von Mendès' Telegrammen begann mit den Worten: *Vous êtes puissante et câline.* Und in einem anderen bezeichnete er sie als *la grande faucheuse des illusions.* Die Beamten im örtlichen Postamt staunten nicht schlecht. Wie die Auseinandersetzung letztlich ausgegangen ist, hat Baring nie erfahren.

Und auch diese Diskretion war typisch für Sarah. Während Barings gesamten Besuches sprach sie niemals über das Theater, nur bisweilen erwähnte sie kurz ihre telegrafische Konversation mit Mendès. Statt dessen erzählte sie viel über ihre Reisen, die sie in alle Welt geführt hatten. Sie berichtete über ihre Erfahrungen in Griechenland, und er zitierte einen französischen Dichter, der von *des temples roux dans des poussières d'or* gesprochen hatte; und sie sagte, das sei eine schöne Beschreibung der griechischen Tempel Süditaliens, aber für Griechenland selbst sei es zutreffender, von *des temples roses dans des pouissières d'argent* zu sprechen. Und dann begaben sie sich im Geiste von Griechenland aus gleich in die fernsten Regionen dieser Erde, und sie schwärmte von Australien, wo sich ihr der schönste Anblick ihres Lebens geboten habe, als in der Prärie eine riesige Schar leuchtend bunter Vögel sich in die Luft erhoben und den ganzen Himmel mit der leuchtenden Farbe ihres Gefieders bedeckt habe.[5]

Wir wollen nun von Sarahs Odyssee jedoch wieder nach Belle-Ile-en-Mer zurückkehren: auf die Inselfestung (die sie später zugunsten eines Schlosses aufgab), die von zahlreichen kleinen, ständig belegten Gästehäusern umgeben war, und auf den Wirtschaftshof. Dabei können wir uns mit Sarah an einen der drei Strände begeben, die zu dem Anwesen gehörten, und ihr dabei zusehen, wie sie (in einem langen weißen Badeanzug, Seidenstrümpfen und festen Schuhen) in der Brandung nach Garnelen Ausschau hält. Wir können aber auch in der von Cassis und Vermouth gezogenen Kutsche eine Inselrundfahrt unternehmen, oder wir können uns im Geiste nach einem sicheren Ort umsehen, bevor Sarah mit ihrem Lieblingstier, einem Raubvogel namens *grand-duc*, die Szene betritt. Diesen Vogel, der pro Tag ein Kaninchen verschlang, hatte ihr ein russischer Großherzog zum Geschenk gemacht. Wir können uns Maurice vorstellen, der zum Angeln geht (Sarah beauftragte ihn immer, ganz bestimmte Fische zu fangen, so als fügten sich selbst die Fische noch ihren Befehlen). Dann sehen wir Sarah vor uns, wie sie mit einem Feldstecher nach Maurice Ausschau hält. Nun sehen wir Sarah vor uns, die auf dem dunkelblauen Asphaltplatz Tennis spielt und rote

Bälle in die Tamariskenhecken schlägt. Wir sehen die Touristen vor uns, die unbefugt das Anwesen betreten haben, Blumen pflücken oder Fotoaufnahmen machen oder stundenlang darauf warten, auch nur einen Blick von der Herrin all dieser Pracht zu erhaschen. Und schließlich sehen wir Suze Rueff vor uns, die in ihrem weißen Kleid am Fenster steht und den Touristen wie eine Königin zuwinkt. Nachdem diese Sarah erkannt haben, gehen sie glücklich ihres Weges.

Da Coquelin Anfang 1902 einen Vertrag mit dem Porte-Saint-Martin abgeschlossen hatte (wo er auch als Kodirektor fungierte), setzte Sarah *L'Aiglon* ab und trat am 22. April in der Titelrolle von *Francesca da Rimini* auf; aber den Beifall erntete De Max, der die Rolle des Giovanni Malatesta übernommen hatte.

Auch als sie im Oktober, kurz vor ihrem achtundfünfzigsten Geburtstag, erstmals vor einem Berliner Publikum auftrat, konnte sie für sich ebenfalls keinen spektakulären Erfolg verbuchen. Jahrelang hatten sie die Deutschen immer wieder zu einem Besuch ihres Landes eingeladen, und jahrelang hatte sie Deutschland durch Mißachtung gestraft. Noch immer loderte jener Patriotismus in ihr, der sie zweiundzwanzig Jahre zuvor in Kopenhagen den Baron Magnus hatte brüskieren lassen. Und als ein deutscher Veranstalter anfragte, was sie für ein *L'Aiglon*-Gastspiel in Berlin verlange, hatte sie sofort zurücktelegrafiert: »Elsaß-Lothringen.«[6]

Und folglich geriet das deutsche Publikum ihretwegen nun auch nicht gerade in Verzückung. Aber ausverkauft waren ihre Vorstellungen immer. Und als Wilhelm II. sie nach Potsdam einlud und zu ihren Ehren ein Diner veranstaltete, konnte sie einen weiteren Monarchen in ihrer stattlichen Sammlung verbuchen.

Die Jahre 1902 und 1903 waren zugegebenermaßen für Sarah nicht sonderlich erfolgreich, und erst im Dezember 1903 hatte sie mit Sardous *La Sorcière* wieder einen uneinge-

Sarah Bernhardt
während eines Gastspiels in Berlin, 1902
(ganz rechts in der Kutsche)

Im Hafen von Boulogne-sur-Mer 1912:
Die weltberühmte Tragödin bricht zu einem
Gastspiel nach England auf

Sarah Bernhardt tanzt den ›russischen Gral‹ –
Karikatur der Schauspielerin als Primaballerina mit einer
Flasche Wodka, 1914

Kleines Bild:
Plakatwerbung für Puder mit dem Porträt
Sarah Bernhardts, 1890

Porträtaufnahme von Nadar,
Paris 1884

schränkten Erfolg – im übrigen den letzten Erfolg, den die beiden gemeinsam feiern konnten.

Am 8. April 1905 spielte sie in einer Wiederaufführung von Racines *Esther* die Rolle des orientalischen Fürsten Assuérus, und Ende des Monats reiste sie nach London, wo sie erstmals in Maurice Maeterlincks *Pelléas et Mélisande* auftrat. Mrs. Patrick Campbell, die bereits in England und den Vereinigten Staaten in der englischen Fassung des Stückes die Mélisande gespielt hatte, spielte die gleiche Rolle nun in Französisch, während Sarah den Part des Pelléas übernommen hatte. Als sie nun mit dem Stück auf Tournee gingen, schrieb ein Dubliner Kritiker kurz und bündig: »Mrs. Campbell spielte die Mélisande und Mme. Bernhardt den Pelléas. In ihrem Alter sollten die beiden es eigentlich besser wissen.«

Mrs. Campbell selbst hatte an diese dreiwöchige Tournee angenehmere Erinnerungen:

»Ich weiß noch, wie wir uns eines Abends über das Flirten unterhalten haben, Sarah nahm dieses Wort sehr ernst. Sie erklärte, das Flirten wecke animalische Instinkte und stachele diese sogar noch auf. Das Flirten sei eine Eigentümlichkeit der englischen Männer und Frauen. Eine Französin liebe und gebe sich ganz hin, behauptete sie. Aber die Leidenschaft künstlich zu erregen, ›pour passer le temps‹, das komme für sie niemals in Frage.

Sarahs Tierliebe nahm mitunter außerordentlich seltsame Formen an. Eines Morgens, als wir in Liverpool waren, hörte ich im Nebenraum ein fremdartiges, angsteinflößendes Fauchen, das von zwei rauhen Männerstimmen immer wieder unterbrochen wurde. Ich trat in das Zimmer hinein und sah zwei gemeingefährlich aussehende Kerle vor mir. Sie hatten in einem Eisenkäfig eine große wilde Tigerkatze. Sarah erklärte gerade: *Il sera plus heureux si vous ouvrez la porte.* Dabei wies sie auf die ohnehin nicht sonderlich stabile Käfigtür. Die Männer sagten, die Türen könne man auch noch später aufmachen, und zunächst wollten sie erst einmal dreißig Pfund haben.

Erst als ich Sarah davon überzeugt hatte, daß man solche Tiere nie richtig zähmen könne und daß der Tiger in spätestens einer Stunde aus dem Käfig ausbrechen und sie wahrscheinlich auffressen würde, erklärte sie den beiden Männern, daß sie die Raubkatze nicht behalten werde. Die Männer waren wütend, und es kostete mich große Mühe, sie wieder loszuwerden.

Ich weiß auch noch, wie Sarah einmal in einem Hotel dreißig oder vierzig Flaschen Bier bezahlen sollte, die ihre Bediensteten angeblich getrunken hatten. Wir waren überhaupt nur für einen Tag und eine Nacht in dem Hotel gewesen. Sie ließ den Direktor kommen und stritt mit ihm, bis sie völlig in Rage war... Dann wandte ich mich an den Direktor und sagte ihm ins Gesicht: ›Es spielt doch gar keine Rolle, wie viele Flaschen Bier hier getrunken worden sind, wie können Sie es nur wagen, Madame zu widersprechen?‹ Da ich mit meiner Stimme den Streit der beiden übertönt hatte, zog sich der Mann ein wenig verstört aus dem Raum zurück.«[7]

Auch Mrs. Campbell selbst wirkte in einer bestimmten Situation einmal ein wenig verstört, denn Sarah war handfesten Scherzen durchaus nicht abgeneigt. (»Sie war unwiderstehlich komisch«, hatte Baring einmal geschrieben, »voll übersprudelnder Fröhlichkeit und guter Laune.«) Und als Sarah-Pelléas während einer Aufführung einmal voll Zärtlichkeit Beatrice-Mélisandes Hand ergriff, hatte sie in der hohlen Handfläche ein rohes Ei. »Es gelang mir, ein Lachen zu unterdrücken«, stellte Mrs. Campbell nicht ohne Stolz fest, »und ich spielte meine Rolle ruhig und in gemessener Haltung weiter... Je länger die Szene dauerte, um so ernster erschien ich.«

Das war die Revanche für einen Scherz, den sich Mrs. Campbell einmal gegenüber Sarah erlaubt hatte; und es gab nur wenige in Sarahs Truppe, denen sie solche »Übergriffe«

durchgehen ließ. Noch lange sprachen die übrigen Schauspieler davon, wie Sarah einmal in *Frou-Frou* einem pedantischen Schauspieler soviel Champagner verabreicht hatte, daß er seine Rolle wenigstens an diesem Abend ausnahmsweise nicht völlig nüchtern herunterspielte. Sie wußten auch davon zu berichten, wie Sarah einmal in Amerika, statt die an dieser Stelle in dem Stück vorgesehene Tirade zum besten zu geben, leidenschaftlich über den schlechten Service in amerikanischen Hotels hergezogen war (und selbst die Kritiker hatten dies nicht bemerkt, und am Ende der Szene war stürmischer Beifall ausgebrochen). Als nun einige der Ensemblemitglieder zu Mrs. Campbell sagten, daß Madame ihre englische Kollegin offenbar »sehr, sehr gerne« habe, waren sie wohl im Recht.

Sowohl Mrs. Campbells Memoiren als auch die überschäumenden Telegramme Sarahs, die sich in deren Nachlaß fanden, belegen, daß zwischen den beiden Frauen eine enge und dauerhafte Freundschaft bestand. Bereits viele Jahre früher hatte Sarah in einem Geburtstagbrief, den sie an Mrs. Campbell geschrieben hatte, diese als einen wundervollen Menschen bezeichnet, »dessen Seele so liebenswürdig ist wie ihr Gesicht«. Als Mrs. Campbell einige Jahre später krank darnieder lag, war Sarah in ihrem Zobelmantel sechs Stockwerke zu ihr hinaufgestiegen und hatte immer wieder keuchend gerufen: *Oh! Mon Dieu! Ces escaliers! Vertige! Vertige!* Dann hatte sie bei ihrer kranken Freundin Branntwein und Essigsalz zurückgelassen und versprochen, *bientôt* wiederzukommen. Und als Sarah ihrerseits krank war und sich einer Operation unterziehen mußte, telegrafierte sie Mrs. Campbell noch am Abend vor dem Eingriff ihre besten Wünsche und den neuesten Klatsch.

Teil IV
Les Ailes meurtries

32 Die unverwüstliche Sarah

Am 5. Juni reiste Sarah von Southampton aus zu einem weiteren Gastspiel nach Amerika. Auf dieser Tournee war der außerordentlich attraktive De Max ihr Partner. Während dieser Amerikareise trat sie auch erstmals in einer von ihr selbst durchgeführten Dramatisierung des *Adrienne-Lecouvreur*-Stoffes auf. Ein halbes Jahrhundert lang war sie nun immer wieder in Scribes und Legouvés Bearbeitung des Stoffes aufgetreten. Sie hatte jedoch den Eindruck gewonnen, die Liebe der Adrienne für Moritz von Sachsen lasse sich noch treffender charakterisieren. Aber der als Schauspielerin weltberühmten Sarah war als Dramatikerin kein Erfolg beschieden. Die amerikanischen Kritiker fanden ihr Stück »weitschweifig und planlos konstruiert«, und auch die Pariser Presse sollte sich zwei Jahre später nicht freundlicher über das Stück äußern.

Am 9. Oktober 1905 ereilte sie in Rio de Janeiro einer der härtesten Schicksalsschläge ihres Lebens. Sie stand in *La Tosca* auf der Bühne. Am Ende der letzten Szene beging Floria Selbstmord, indem sie sich von dem Balkon des Kastells St. Angelo stürzte. Normalerweise war der Bühnenboden hinter dem Balkon mit Matratzen abgedeckt. Aus irgendeinem Grund waren die Matratzen an diesem Abend jedoch nicht an ihrem Platz, und Sarah stürzte mit dem rechten Knie voraus schwer auf den Bühnenboden.

Vor Schmerz verlor sie das Bewußtsein. Ihr Bein schwoll so stark an, daß man sie auf einer Tragbahre ins Hotel zurückbringen mußte. Als sie am nächsten Tag das Schiff nach New York bestiegen hatte, suchte sie ein Arzt in ihrer Kabine auf, aber seine Hände waren so schmutzig und ungepflegt, daß sie es ablehnte, sich von ihm berühren zu lassen. Umsonst wurde sie von ihren Freunden bedrängt, sich von dem Arzt behandeln zu lassen, nachdem dieser ein Bad genommen hatte. Sarah begab sich erst in ärztliche Behandlung, als sie drei Wochen später in New York eingetroffen war.

Ihr New-York-Gastspiel mußte um zwei Wochen verschoben werden. Etwa Mitte November konnte sie wieder gehen und in Chicago ihre Amerikatournee eröffnen. Nun aber zeigte es sich, daß es ein großer Fehler gewesen war, das verletzte Knie drei Wochen lang unbehandelt gelassen zu haben; und der Zustand ihres Kniegelenkes verschlechterte sich unaufhaltsam. Drei Jahre später – 1908 – konnte sie nur mehr unter großer Mühe gehen; 1911 mußte sie sich beim Gehen schon stützen lassen, und ab 1913 mußte das Mobiliar auf der Bühne so arrangiert werden, daß sie niemals mehr als zwei aufeinanderfolgende Schritte zu tun brauchte. In ihrer Garderobe rieb sie ihr Knie mit Äther ein, um so den stechenden Schmerz zu betäuben. Immer wieder erhielt sie Injektionen. Und um ihr den Gang zu ihren Auftritten zu erleichtern, wurde auf der rückwärtigen Seite der Bühne ein Seil gespannt, das ihr als Geländer diente. Nach jedem Abgang von der Bühne fiel sie erst einmal erschöpft in einen Sessel und ruhte einige Minuten lang aus, bevor man sie in ihre Garderobe zurückführte. Gelegentlich wurde auch behauptet, ihr Knie sei tuberkulös geworden; sicher ist jedenfalls, daß sie seit ihrem Unfall im Jahre 1905 mit ihrem Knie erhebliche Schwierigkeiten hatte.

Auf ihrer Amerikatournee von 1905/06 besuchte sie etwa zweiundsechzig Städte. Sie zog große Menschenmengen an, da viele Zuschauer glaubten, dies sei wahrscheinlich die letzten Gelegenheit, sie noch einmal zu sehen. Viele Menschen sparten wochenlang, um sich die horrend teuren Eintrittskarten überhaupt leisten zu können. Die Theater-Manager im Westen der USA weigerten sich, sie zu unterstützen, weil Sarah ihnen das Geschäft ruinierte. Aber Sarah holte sich ganz einfach von den örtlichen Bürgermeistern die Genehmigung, ein Zelt zu errichten; und in diesem mobilen Theater, das ihr noch zusätzliche Publizität einbrachte, konnte sie in zahlreichen amerikanischen Städten wahre Triumphe feiern. Es wird sogar berichtet, in Omaha, Nebraska, sei eines Abends ein Cowboy in vollem Galopp vor Sarahs Theaterzelt vorgeritten, habe sein Pferd an einen Baum gebunden und dann eine Karte gekauft. Angeblich war er dreihundert Meilen weit geritten, um Sarah zu sehen. Und als er das Zelt betrat, fragte er den Kassierer: »Übrigens – was macht diese Bernhardt eigentlich, tanzen oder singen?«

Sie war eine fantastische Frau, diese Bernhardt: Bereits morgens um vier war sie auf den Beinen, um ihr Zelt zu inspizieren. »Ich habe an ihr nie die leiseste Spur von Ermüdung oder von Langeweile gesehen«, schrieb ihr amerikanischer Tourneeleiter. »Wenn wir im Zug unterwegs waren, spielten wir manchmal Karten, und wir brachten ihr das Pokern bei. Sie war eine Draufgängerin. Und wenn sie sah, daß einer der übrigen Mitspieler mehr Chips hatte als sie selbst, dann streckte sie die Hand aus und sagte: ›Chiep, Chiep, Chiep‹, und meistens bekam sie ihren Willen.« Was Sarah haben wollte, das bekam sie fast immer.

Ende Juni 1906 kehrte sie nach Frankreich zurück und reiste von dort aus für drei Wochen nach London. Im Anschluß daran verbrachte sie müde und erschöpft einige Monate auf Belle-Ile, wo sie ihre mitreißenden, bezaubernden und häufig nicht ganz korrekten *Mémoires* diktierte. Natürlich gab es einige, die erklärten, *Ma Double Vie* sei nicht im eigentlichen Sinne Sarahs Werk. Diesen sogenannten Kritikern hielt Max Beerbohm jedoch entgegen: »Den Schrift-

stellern bleibt nur der Trost, daß Sarah einfach alles kann ...
[Kein Lohnschreiber] hätte dem Buch soviel Unmittelbarkeit und Lebendigkeit einhauchen können – oder die mitreißende Spontaneität, durch die sich das Buch für jeden wahrnehmungsfähigen Leser ganz eindeutig als Sarahs ureigenes Werk ausweist.«[1]

Am 10. November kehrte sie nach achtzehnmonatiger Abwesenheit auf ihre Pariser Bühne zurück und trat in einem neuen Stück von Catulle Mendès auf. In *La Vièrge d'Avila* spielte sie mit der ganzen religiösen Inbrunst, die seit ihrer Kindheit in Grand-Champs in ihr lebte, und sie verschmolz in der Figur der heiligen Theresa ihre beiden Berufungen als Schauspielerin und als Nonne miteinander. Ganz Paris wallfahrte in Sarahs Theater, um sie als Nonne zu sehen, und mit dem beeindruckenden Tod der heiligen Theresa fügte Sarah der Reihe ihrer erschütternden Todesszenen eine weitere hinzu. Am 4. Oktober 1907 konnte sie in Henri Cains und Jean Richepins neuem Stück *La Belle au Bois-Dormant* einen noch größeren Erfolg feiern. Seit ihrer Liaison mit Jean Richepin und den Tagen von *Nana Sahib* und *Macbeth* waren inzwischen dreiundzwanzig Jahre – fast ein Vierteljahrhundert – verflossen; und jetzt endlich, da sie dreiundsechzig und er achtundfünfzig Jahre alt war, konnten sie einen gemeinsamen Erfolg feiern. Das Schauspiel basierte auf Perraults Märchen, und Sarah übernahm mit einem fast unglaublichen Selbstbewußtsein die Rolle des Prinzen, »der so schön wie der Tag und gerade zwanzig Jahre alt war«. Louis Verneuil, der damals ein Junge von vierzehn Jahren war, fand es ganz »unmöglich, sich eine strahlendere, jugendlichere, poetischere und idealere Erscheinung auch nur vorzustellen«.

Wie faszinierend und beeindruckend selbst ihre späteren Jahre noch waren! Aus dem verletzten, trotzigen Kind der frühen Jahre war eine verletzte ältere Frau geworden, die sich jedoch durch nichts von ihrem Weg abbringen ließ. In der Saison 1908/09 brachte sie *Die Kameliendame*, *La Samari-*

taine, La Tosca, Fédora und *La Sorcière* neu heraus. Und als im Mai 1909 Adeline Dudlay ihre Abschiedsvorstellung gab, trat Sarah in Mussets *Nuit de Mai* in der Rue Richelieu auf. Es blieb jedoch bei dieser einen Vorstellung. Sie war jetzt vierundsechzig, und sie übernahm die Rolle des jungen romantischen Dichters. Im November dieses Jahres trat sie in der Titelrolle von *Le Procès de Jeanne d'Arc* auf. Bereits zwanzig Jahre früher war sie in einem Stück von Jules Barbier in der Rolle der Jungfrau von Orleans aufgetreten. Jetzt, mit fünfundsechzig Jahren, spielte sie die gleiche Rolle noch einmal. Und als sie in der Gerichtsszene nach ihrem Alter gefragt wurde, wandte sie sich ganz langsam zum Publikum um. Dann erwiderte sie sanft, aber fest: »Neunzehn.«

Jeden Abend brach an dieser Stelle stürmischer Beifall aus.

Ungestüm und fröhlich paßte sich Sarah den sich ändernden Zeiten an. In ihrer Jugend war sie einmal in einem Ballon aufgestiegen, nur um den gesellschaftlichen Autoritäten die Stirn zu bieten; nun leistete sie sich das Vergnügen, gegenüber der Telefonvermittlung unhöflich zu sein (so daß ihr Telefon folgerichtig von der beleidigten Amtsperson einige Tage lang blockiert wurde). 1908 hatte sie an der Verfilmung von *La Tosca* in den Markthallen von Belleville mitgewirkt (das Ergebnis war ein selbst an den Maßstäben der damaligen Zeit gemessen ziemlich dürftiger Film). Später wurde dann in Neuilly *Die Kameliendame* verfilmt, aber auch dieser Versuch schlug nach Sarahs Auffassung fehl, und sie wollte später von dieser Verfilmung nichts mehr wissen. Es folgten jedoch noch zwei oder drei andere Filme, denn Sarah gehörte zu den wenigen, die die ungeheuren Möglichkeiten erkannte, die in der soeben erst entwickelten Filmtechnik verborgen lagen. 1910 spielte sie in *Le Bois Sacré* mit: Rostands Geschichte über ein junges Paar, das in Griechenland eine Autopanne hatte. Während die beiden jungen Leute schliefen, wurde ihr Wagen von

den olympischen Göttern repariert. Es war ein bezaubernder Anblick, dabei zuzusehen, wie die Gottheiten sich an
dem neuesten Panhard-Modell zu schaffen machten, wobei
Vulkanus den Motor reparierte und Jupiter mit dem Wagen
schließlich triumphierend davonfuhr.

Diese moderne Einstellung war typisch für Sarah. Sie war
sich auch nicht zu schade dazu, im Sommer 1910 erstmals in
London als Music-Hall-Attraktion aufzutreten:

»...während an diesem ruhigen Sonntagnachmittag das
elegante Publikum des Carlton-Hotels beim Tee saß, fuhr
plötzlich ein verstaubtes Automobil vor, in dem eine wundervolle und entzückende junge Schauspielerin saß.

Sofort entstand in der Hotelhalle ein Menschenauflauf.
Zahlreiche Damen, die dort bereits stundenlang mit großen
Blumensträußen in der Hand gewartet hatten, eilten ins
Freie und stürzten sich dort samt ihren Bouquets auf die
soeben angekommene junge Frau. Im Teeraum hieß es
allenthalben: *Elle est arrivée!*

Die Menschen ließen ihre Teetassen stehen und eilten, so
schnell es ihnen ihre gute Erziehung gestattete, ins Freie,
um die Ankunft der Schauspielerin mit eigenen Augen zu
sehen. Von einer immer größer werdenden Schar begeisterter Anhängerinnen umdrängt, hüllte sich die soeben Angekommene in ihren Mantel und eilte die Stufen hinauf.

Die junge Schauspielerin war Sarah Bernhardt – Sarah
Bernhardt, die bereits sechsundsechzig Jahre alt und Ur-
großmutter ist und dennoch die Energie und den Charme
einer soeben erst entdeckten jungen Schauspielerin ausstrahlt...

Heute nachmittag wird sie [so notierte der Journalist] im
Coliseum im zweiten Akt von Rostands *L'Aiglon* in der Rolle
des jungen Königs von Rom auftreten. Um sich auf dieses
schwierige Unterfangen vorzubereiten, ist sie heute früh
um fünf Uhr aufgestanden, mit dem Auto von Lille nach
Boulogne gefahren, hat dort die Fähre nach Folkestone
bestiegen, wo sie von Sir Squire Bancroft erwartet wurde,

und ist dann mit dem Automobil den ganzen Weg von Folkestone nach London gefahren. Für das Phänomen Sarah sind derartige Aktivitäten jedoch offensichtlich die reinste Erholung...

Müde? Nicht im geringsten! ›Was für ein wundervolles Land‹, rief sie aus. ›Man hat mir gesagt, ich sei durch den Garten Englands gefahren. Es ist der Garten der Welt. Wie grün! Wie herrlich schön! Was für prächtige Rinder! Was für gesunde Schafe! Ich habe einige von Ihren Schafen – Southdown nennt man sie, glaube ich – für meinen Wirtschaftshof gekauft... Ja, ich bin froh, hier zu sein. Ich bin froh, in Ihrem neuen Coliseum aufzutreten. Ich habe gehört, daß es hier ein ganz neues Publikum geben soll... Das ist wundervoll, das inspiriert mich. Ich werde diesen Menschen mein Bestes geben... Ob ich von der Bühne abtrete? Darüber habe ich noch nie nachgedacht...‹«

Im Coliseum wurde zwischen Sarahs Garderobe und der Bühne ein dreißig Meter langer türkischroter Teppich ausgelegt, damit ihre Füße nicht den Boden berühren mußten, über den auch Zirkuselefanten gelegentlich in die Manege trotteten. Aber hätte sich Rachel oder Irving zu so etwas hergegeben?

Am 23. Oktober, ihrem sechsundsechzigsten Geburtstag, reiste sie nach Amerika; als Partner nahm sie den siebenundzwanzigjährigen Lou Tellegen, einen unbekannten Schauspieler holländischer Herkunft, mit auf diese Tournee. Drei Jahre lang war dieser auf Gastspielreisen und in Paris ihr einziger *jeune premier*.

Jeden Abend suchte nun Tellegen Sarah in ihrer Garderobe auf, um sie zu ihrem Auftritt abzuholen, und führte sie an seinem Arm an sich verneigenden Bühnenarbeitern und ehrfürchtig grüßenden Schauspielern vorbei zur Bühne. Sarah war von diesem außerordentlich gutaussehenden jungen Mann tief beeindruckt. Tellegen war so schön, daß sogar Rodin ihn bat, ihm Modell zu stehen. Sie war, wie jedermann bald bemerkte, äußerst angetan von ihrem jungen Kollegen. Aber was ihr Alter anbelangte, so hätten sie Mutter und Sohn sein können. Trotz entsprechender Andeutungen Tellegens fällt es jedoch schwer zu glauben, daß Sarah, die einstmals eine *grande amoureuse* gewesen, inzwischen jedoch eine ältere, unheilbar gehbehinderte Frau geworden war, mit dem jungen Schauspieler eine Liaison unterhalten haben sollte. Ihre nahen Freunde sowie ihre Familienangehörigen jedenfalls versichern, daß davon keine Rede sein könne.[1]

Richtig ist jedoch, daß sie in ihrer Bewunderung für Tellegen dessen schauspielerische Unzulänglichkeiten hartnäckig ignorierte. In dieser Hinsicht verhielt sie sich auch jetzt nicht anders, als sie es in ihrer späteren Jugend gegenüber Damala getan hatte. Als sie 1912 mit Tellegen in der Rolle des Alexander von Medici den *Lorenzaccio* wiederaufführte, zeigten die Reaktionen des Publikums nur allzu deutlich, was man in der Öffentlichkeit von seinem schauspielerischen Können hielt: Am Ende der Premierenvorstellung kam Sarah zunächst zweimal alleine hinaus, um den Applaus des Publikums entgegenzunehmen. Sie erhielt stürmischen Beifall. Als beim dritten Vorhang Tellegen mit ihr gemeinsam auf die Bühne trat, herrschte im Publikum eisiges Schweigen; und der Beifall wurde erst dann wieder aufgenommen, als Sarah neuerlich allein auf der Bühne erschien.

33 Sarah und das englische Publikum

Am 23. Oktober 1912 feierte Sarah ihren achtundsechzigsten Geburtstag, und ihre englischen Bewunderer wollten sie aus Anlaß dieses Geburtstages besonders ehren. Ein Reporter des *Daily Telegraph* besuchte sie in Belle-Ile, um ihr von diesem Plan zu berichten. Gerührt und überrascht bemerkte Sarah erst jetzt, wieviel sie dem englischen Publikum eigentlich verdankte.

Mehr als dreißig Jahre lang hatte sie nun fast jährlich den Kanal überquert und in Shakespeares Landsleuten ihre treuesten Freunde gefunden. In London hatte sie nach eigenem Bekunden das notwendige Selbstvertrauen erhalten, um die Comédie zu verlassen und auf die Kraft ihrer eigenen Flügel zu vertrauen. England hatte entscheidenden Anteil an ihrem steilen Aufstieg gehabt. Und sie dachte gerne daran zurück, wie Königin Victoria sie empfangen und ihre Interpretation der Marguerite Gautier gutgeheißen hatte, ein Akt, der diese Bühnenfigur erst eigentlich gesellschaftsfähig gemacht hatte.

Jetzt – im Jahre 1912 – brachte Sir Herbert Tree am His Majesty's Stücke zur Aufführung; Gerald du Maurier und Marie Lohr zogen Menschenmassen ins Wyndham's; Sir George Alexander trat im St. James Theatre vor vollem Haus auf; Arthur Bourchier und Violet Vanbrugh spielten im Garrick. Aber zahlreiche inzwischen nicht mehr ganz junge Theaterfreunde erinnerten sich noch sehr gut an jenen fernen Sommer des Jahres 1879, als sämtliche jungen Männer Sarah heiß verehrt und einige sich sogar als Droschkenkutscher verkleidet hatten, nur um Sarah in den Straßen Londons herumkutschieren zu dürfen. Sie erinnerten sich noch an das Gaiety Theatre – und an jenen denkwürdigen Abend im Juni 1879, als sich der Vorhang vor dem um die Büste Molières versammelten Ensemble der Comédie-Française gehoben hatte. Und ein wenig links von der Gruppe hatte in einem strahlend weißen griechischen Kostüm eine ungewöhnlich schöne und anmutige junge Frau gestanden – Sarah Bernhardt, das hatten sie alle gleich instinktiv gewußt. Und nichts hatte die Bewunderung des Publikums in den vergangenen dreißig Jahren schmälern können: weder die Zeit, noch körperliche Gebrechlichkeit, noch die beständige Wiederholung bereits bekannter Programme. Und zwei Jahre vor ihrem Tod trat sie in London in *Les Cathédrales* und in *Daniel* auf, und man jubelte ihr mit der gleichen Begeisterung und Anhänglichkeit zu wie seit dreißig Jahren.

In London hatte Sarah Damala geheiratet; und dort war sie jedes Jahr im Sommer entweder im Metropole, im Carlton oder im Savoy abgestiegen und hatte in ihrem jeweiligen Hotel gemeinsam mit ihren französischen und englischen Freunden das Mittagessen eingenommen: mit Lord Glenesk, der immer als einer der ersten zu ihrer Begrüßung erschienen war; mit Oscar Wilde, dessen paradoxer und spontaner Witz ihr soviel Freude bereitete, oder mit Ellen Terry. Und selbst als Ellen eines Abends das gleiche Kleid wie Sarah getragen hatte (ein weißes Seidenkleid, das an den Säumen mit Gold abgesetzt gewesen war), hatte die Freundschaft der beiden Frauen keinen Schaden genommen.

Anläßlich eines Diners im Savoy unterhielt sich Sarah äußerst angeregt mit Irving (der kein Französisch sprach) in ihrer Muttersprache, und er antwortete ihr (die nur wenig Englisch verstand) gutgelaunt in seiner Muttersprache; und dennoch verstanden sich die zwei offensichtlich hervorragend.[1]

»Ich will nicht sagen, daß er der größte Schauspieler gewesen ist«, erklärte sie anläßlich seines Todes, »aber ganz gewiß war er der größte Künstler dieser Welt.«[2] Und an anderer Stelle: »Ich bewundere das Lyceum. Ellen Terry und Irving sind einfach bezaubernd. Ich versuche einiges von Irvings wunderbarem jeux de scéne abzuschauen. Ich gehe im Lyceum gleichsam zur Schule.«[3]

Die Verehrerin Ellen Terrys und Irvings hatte Sargent in seinem Atelier zugeschaut und war eigens in ihrer Kutsche nach Knightsbridge gefahren, um Burne-Jones zu besuchen. Graham Robertson konnte sich in späteren Zeiten noch gut daran erinnern, wie er Sarah zum ersten Mal im Metropol Hotel getroffen hatte und wie sie ihm »mit ihrem locker hochgesteckten rotbraunen Haar, ihrem langen cremefarbenen Samtumhang, unter dem sie ein von einem silbernen Gürtel zusammengehaltenes malvenfarbenes Seidenkleid getragen hatte, quer durch den großen leeren Raum entgegengeschritten war...

Ich erinnere mich, daß wir über die ›Rollen‹ sprachen, die jeder von uns am liebsten im Leben spielen würde.

›Ich wäre am liebsten eine Königin‹, sagte Sarah sofort.«[4]

Sie war in der Tat eine Königin. Sie hatte sich wie eine Königin verhalten, als der zukünftige König Edward VII. sie nach einer Vorstellung der *Kameliendame* einmal seiner Frau vorgestellt und die künftige Königin Alexandra ausgerufen hatte: »Madame, Madame, wie froh ich bin, daß Sie den fünften Akt lebend überstanden haben!« Ihre Gardenien hatte sie mit ihrer eigenen Perlenbrosche an Marguerite Gautiers Brust festgesteckt. Sarah war gleichermaßen wie eine Königin aufgetreten, als sie von der Königin Victoria im Salon des Hotels Régina in Nizza empfangen worden war und in das königliche Gästebuch in großen Buchstaben die Worte »DER SCHÖNSTE TAG MEINES LEBENS« geschrieben hatte.

Kann man Sarah als schön oder auch nur als annehmbar gutaussehend bezeichnen? Graham Robertson war davon überzeugt, sie könne ihre Schönheit ganz nach Belieben wie ein Kleidungsstück an- und ablegen. Er konstatierte nur, sie habe feine Züge, eine kleine, gleichmäßig geformte Nase und tiefliegende graugrüne Augen und üppiges rotgoldenes Haar. Er behauptete, daß man jedoch keines dieser Details mehr im einzelnen wahrnehme, sobald sie beschlossen habe, schön zu sein – daß nämlich dann ihr ganzes Gesicht wie von einem fahlen Licht erleuchtet erscheine, ihr Haar wie ein Strahlenkranz brenne und daß sie plötzlich groß und majestätisch wirke –, daß also gleichsam eine völlige Verwandlung mit ihr vor sich gehe.

Und auch Burne-Jones betete sie geradezu an: »Lassen Sie mich wissen, wie lange sie bleibt und wie lange ich sie in diesem neuen Stück noch sehen und anbeten kann«, schrieb er an Robertson. »Denn ich muß in ihre Vorstellung gehen, auch wenn ich anschließend eine Woche lang krank sein sollte.« Und an anderer Stelle: »Nein, komm gemeinsam mit ihr und erkläre mir ganz sanft und einfühlsam die Bedeutung ihrer Worte – und ich werde sie mit offenem

Mund anstarren und zufrieden sein. UND LASS SIE IM LETZTEN AUGENBLICK IHRE MEINUNG ÄNDERN UND EINEN ANDEREN TAG UND EINE ANDERE STUNDE FESTSETZEN. UNTER GAR KEINEN UMSTÄNDEN SOLL SIE SICH LANGWEILEN, SONDERN ALLES SOLL NACH IHREM SCHÖNEN UND LIEBENSWERTEN WILLEN GEHEN UND GANZ UND GAR IN IHR BELIEBEN GESTELLT SEIN.« Sarah hoffte allerdings umsonst, Burne-Jones werde ihr Porträt malen; aber er konnte seine Abneigung gegen die Porträtmalerei nicht überwinden und sich selbst nicht dazu durchringen, sie als juwelengeschmückte Théodora zu verewigen. C. B. Cochran, dieser geniale moderne Impresario, erklärte ganz einfach, zwar habe er Ellen Terry, die Duse und andere große Schaupielerinnen ebenfalls sehr verehrt, Sarah sei jedoch die einzige Göttin in seinem persönlichen Theaterhimmel gewesen.[5] »Wir sprechen von Sarah«, schrieb A. B. Walkley nach ihrem Tod, »wie unsere Vorväter von Rachel gesprochen haben. Dieser Tribut gebührt Sarahs Größe in der gleichen Weise wie einem Papst der Name Innozenz oder einem König der Name George. Sarah war gleichsam eine einzigartige Institution.«[6]

Unter diesen Umständen ist es nicht verwunderlich, daß Sarah sich mit größter Selbstverständlichkeit für die größte Schauspielerin der Welt hielt.

Immer wieder kreuzte die göttliche Sarah die englische Theatergeschichte. So gibt es etwa die Geschichte von dem Diner, das sie gemeinsam mit Coquelin, Réjane und Alma Tadema bei Beerbohm Tree's in der Sloane Street einnahm. Sie hatte eine Schwäche für wirkungsvolle Auftritte, und so rauschte sie mit einiger Verspätung herein und erklärte beiläufig: »En retard comme toujours!« Mrs. Tree, deren kulinarische Schöpfungen durch diese Verspätung in Gefahr waren, fand diese Bemerkung allerdings nicht besonders originell. Tree selbst empfing sie warmherziger, als sie einen Logenplatz erstanden hatte, um ihn in *Joseph und seine Brüder* zu sehen. Während einer kurzen Pause wurde ihr ein Umschlag mit dem Geld überreicht, das sie für ihren Logenplatz bezahlt hatte. In einem knappen Begleitschreiben hieß es in einer dem Stück angemessenen biblischen Sprache: »Ich gebe Sarah nur, was Sarahs ist.«

Die Du-Maurier-Schwestern, die es liebten, wenn Henry James irgendwelche Theaterberühmtheiten imitierte, erzählten noch viele Jahre später, wie James einmal Sarah Bernhardt als *Tosca* nachgemacht hatte. Denn »als er an die Stelle kam, da er sich durch einen Spalt in der Tür zwängen mußte, hatte Henry James vergessen, daß er nicht so schlank war wie die göttliche Sarah, und er blieb mit seiner untersetzten Figur in dem Spalt stecken.«

Graham Robertson begleitete Sarah einmal zu einem Fotografen, der sie in verschiedenen Szenen aus *Tosca* aufnehmen wollte:

»Nach der Ermordung Scarpis versuchte sie verschiedentlich einen Ausdruck des Schreckens und des Triumphes anzunehmen, sie schien jedoch mit ihrer Leistung jedesmal unzufrieden zu sein – denn irgend etwas fehlte, da sie keine Leiche vor sich hatte.

Schließlich wandte sie sich mir zu. ›Kommen Sie einmal her‹, rief sie. ›Kommen Sie und lassen Sie sich von mir umbringen.‹ ... Fröhlich und guter Dinge ging ich zu ihr hinüber. Als ich jedoch in La Toscas schreckgeweitete und zum tödlichen Stoß entschlossene Augen blickte, die immer näher kamen... ›Madam Sarah!‹ krächzte ich, ›vergessen Sie nicht, daß Sie ein *richtiges* Messer und nicht ein Bühnenmesser in der Hand halten.‹«[7]

Robertson war auch Zeuge, als Sarah sich eines Abends in ihrer Garderobe schminkte:

»Ich fand es immer faszinierend, sie beim Schminken zu beobachten: Die verschiedenen Pinselstriche, mittels derer sie ihre eigenen feingeschnittenen Züge in das breitlippige, sinnliche Gesicht der Théodora verwandelte, in das olivfarbene Gesicht Lorenzaccios oder in die zerbrechliche Erscheinung von Napoleons unglücklichem Sohn.

An diesem Abend war Sarah gerade dabei, sich in Cleopatra zu verwandeln; und während sie letzte Hand an sich legte, wurde Mrs. Campbell angemeldet. Sarah war völlig in ihre Beschäftigung versunken; sie bemalte ihre Hände und färbte ihre Fingerspitzen und ihre Handflächen tiefrot.

Mrs. Campbell sah ihr ungeduldig zu. Sie wollte etwas mit Sarah besprechen und war in Eile. ›Warum machen Sie sich solche Mühe damit?‹ fragte sie schließlich. ›Was Sie da jetzt tun, wird man nicht einmal in der ersten Reihe erkennen können, niemand wird Ihre roten Handflächen überhaupt sehen.‹

›Ich werde sie sehen‹, erwiderte Sarah bedächtig. ›Das tue ich für mich selbst. Wenn ich dann auf meine Hand blicke, wird sie Cleopatras Hand sein. Und das wird mir helfen.‹

Nie war ihr eine Mühe zuviel. Tatsächlich glaube ich sogar, daß ihr nicht einmal der Sinn dieses Wortes bekannt war. Alles, was irgendwie mit ihrer Kunst zusammenhing, war für sie einfach keine Mühe; sie gab immer ihr Bestes.«

Und Graham Robertson war es auch, dem wir den folgenden Bericht über eine charakteristische Begegnung zwischen Ellen Terry und Sarah verdanken. An jenem Abend trat Sarah gerade im letzten Akt von *La Reine Elisabeth* auf, und Ellen Terry erschien auf der Bühne des Coliseums, um ein paar Begrüßungs- und Dankworte für Sarah zu sprechen.

»Natürlich gab es in dem Stück Passagen von seltener Schönheit, aber insgesamt bot Sarah an diesem Abend keine außerordentliche Leistung. Dennoch erhielt sie die üblichen Ovationen, und während sie sich mit weit geöffneten Armen immer wieder vor den Zuschauern verneigte, trat Ellen Terry auf die Bühne, um Sarah ihren Willkommensgruß zu entbieten. Sie sprach die vorgeschriebenen

Worte und ging dann in einem Akt der Huldigung vor Sarah auf die Knie. Sobald der Vorhang gefallen war, eilte ich hinter die Bühne, um mich den beiden Damen anzuschließen. Ich traf auf eine geradezu atemlose Madame Sarah, die sich ganz gegen ihre Gewohnheit bemühte, Englisch zu sprechen. ›Thank you, meine Liebe‹, murmelte sie gerührt. ›Donke für die schöne Kompliment, die Sie mir 'aben gesagt.‹ Und als sie nun in Ellens Arme sank, flüsterte sie mir über deren Schulter zu: ›Qu'est-ce qu'elle m'a dit?‹

Ich fürchte, meine geflüsterte Übersetzung der Rede war für Sarah nicht sonderlich hilfreich, aber einige wesentliche Punkte konnte ich ihr verständlich machen, so daß sie sich insgesamt noch leidlich aus der Affäre zu ziehen vermochte. Nachdem die beiden Damen diesen emotionalen Höhenflug unbeschadet überstanden hatten, begaben wir uns in Madames Garderobe, wo wir uns angeregt unterhielten.«

»Miss Sarah und ich haben niemals Mühe gehabt, uns zu verständigen«, erklärte Ellen Terry in ihrer Autobiographie.

Man muß allerdings zugeben, daß Irving seine französische Kollegin nicht so gut verstand. Er fand sie sympathisch und bewunderte ihre geschäftlichen und organisatorischen Fähigkeiten, aber von ihrer schauspielerischen Potenz hatte er (Ellen Terry zufolge) nicht den geringsten Begriff. Aber von Irvings Selbstversunkenheit (die Leistungen anderer Schauspieler waren für ihn völlig belanglos) und Noël Cowards Ablehnung Sarah Bernhardts (der einmal behauptete, sie sehe auf einem ihrer offiziellen Fotos aus »wie ein in weiße Seide gekleidetes Schaf«[8]) einmal abgesehen, machte Sarah auf das englische Publikum einen unauslöschlichen Eindruck. Als sie einmal nach einem Auftritt als Peléas in Maeterlincks Stück in Begleitung zweier florentinischer Lakaien im Garten des Midland Hotel in Manchester spazierenging, »erhoben sich selbst hartgesottene Baumwollfabrikanten, die noch nie etwas von ihr gehört hatten, und zogen den Hut, und nüchternen Börsenmaklern verschlug ihr Anblick die Sprache«. [9]

Und in Manchester ereignete sich auch eine andere Begebenheit, die zugleich Sarahs französischen Charakter und ihre Anglophilie aufs deutlichste illustriert. Eines Nachmittags fuhr sie gemeinsam mit einer Freundin von Manchester aus aufs Land. Als sie an einer etwas tiefer gelegenen Wiese vorüberkamen, hörten sie lautes Geschrei und ließen ihren Landauer anhalten. Unten auf der Wiese lieferten sich zwei Fußballmannschaften ein heißes Gefecht; da es ein nasser Tag war, waren die Spieler über und über mit Schmutz bedeckt. Sarah, die von Kopf bis Fuß in weißen Pelz gekleidet war, stellte sich auf den Sitz und verfolgte voller Begeisterung den Wettkampf der beiden Mannschaften. Als das Spiel vorüber war, kletterte sie wieder nach unten in den Wagen und ließ sich in die Kissen sinken; dabei murmelte sie: »J'adore ce cricket: c'est tellement anglais.« [10]

Dieses von ihr so geliebte England besuchte Sarah nun Ende August 1912. Und Arthur Bourchier stand diesmal in Folkestone genauso mit Blumen bereit wie dreiunddreißig Jahre zuvor Oscar Wilde.

Jetzt kehrte sie also abermals nach England zurück und forderte auch diesmal – wie sie es in der Vergangenheit immer getan hatte – die Gründung eines englischen Nationaltheaters. »Was Sie brauchen«, erklärte sie einem Journalisten, »ist ein echtes in London beheimatetes Nationaltheater, das aus öffentlichen Mitteln unterhalten wird. Jedes Volk sollte ein solches Theater haben. Privatinitiative allein reicht zur Begründung einer solchen Institution nicht aus... Sie haben das Glück, sich eines Nationaldramatikers rühmen zu können. Warum sollten Sie dann auf ein Nationaltheater verzichten?« [11]

Madame Sarah selbst, diese Inkarnation des privaten Unternehmertums, trat wiederum im Coliseum auf; dann stattete sie Richard Temple im Charing Cross Hospital einen Besuch ab und unterhielt sich mit diesem über Gilbert und Sullivan; anschließend besichtigte sie den Röntgenraum, wo man eine Aufnahme ihrer Hand machte; dann bewunderte sie die Blumen, die überall auf den Gängen der Station standen, warf einen Blick auf die Operationstische und schrieb in das Gästebuch: ›Quel admirable hôpital‹, um dann in einer Chinchillawolke wieder zu enteilen.

Am 7. Oktober wurden zu ihren Ehren in der King's Hall eine Theateraufführung und ein mitternächtlicher Empfang veranstaltet. Und als sie am frühen Morgen ins Carlton Hotel zurückkehrte, »saß sie in einem zur Hälfte mit den schönsten Blumengebinden gefüllten Coupé. Nachdem Sarah am 10. Oktober im Coliseum in der Rolle der Königin Elisabeth aufgetreten war, überreichte ihr Ellen Terry auf der Bühne des Hauses zwei Blumensträuße und erklärte: »Königin Sarah, keiner Eurer Untertanen ist Euch mehr ergeben als Ellen Terry.« Am 23. Oktober, ihrem achtundsechzigsten Geburtstag, besuchte sie in einem weißen Zobelmantel einen Empfang im Savoy: Hundertausend Bewunderer hatten sich ihr zu Ehren in Unterschriftenlisten eingetragen, und noch immer wurden neue Unterschriftenlisten hereingebracht. Und Sarah erklärte in der einzigen Rede, die sie je auf Englisch gehalten hat, sie sei glücklich, daß die Kunst das Fundament zur entente cordiale gelegt habe.

Teil V
Les Ailes brisées

34 Die Flügel sinken nieder

In dem Jahr, da sie in England mit Ehren überhäuft wurde, wandte sich Sarah der englischen Geschichte zu und spielte in einem Film die Königin Elisabeth. Das Drehbuch basierte auf Emile Moreaus Stück. Zwar hatte auch die Aufführung des Schauspiels schon unter Tellegens Mitwirkung stark gelitten, aber trotzig, wie sie war, bestand Sarah darauf, daß Tellegen auch in der Verfilmung des Stoffes die Rolle des Essex übernahm. Der Film *La Reine Elisabeth* wurde ein großer finanzieller Erfolg, und glücklich reiste Sarah nach Amerika.

Ende Mai 1913 beendete sie ihr Gastspiel in New York, und hier endete auch ihre Zusammenarbeit mit Lou Tellegen. Er blieb in Amerika, um dort seine englischsprachige Karriere zu beginnen, während Sarah nach Paris zurückkehrte, wo sie in *Jeanne Doré* einen weiteren Triumph feiern konnte. Anläßlich der dreißigsten Vorstellung von *Jeanne Doré* wurde Sarah, die bereits von allen Herrschern Europas mit Auszeichnungen überhäuft worden war und deren Ausnahmestellung bereits seit langem allgemein anerkannt wurde, eine Ehrung zuteil, wie sie für jeden französischen Unterpräfekten selbstverständlich war: Sie wurde Ritter der Ehrenlegion.

Der Reporter des *Daily Telegraph*, der Sarah aufsuchte, um ihr die Glückwünsche seiner Zeitung und ihrer englischen Bewunderer zu überbringen, traf sie im Kreis ihrer

Familie in ihrem Haus am Boulevard Pereire beim Mittagessen an. Sarah saß inmitten eines ganzen Berges von Telegrammen. »Meine liebe, große Freundin: Ich umarme Sie von ganzem Herzen«, hatte Rostand gekabelt. Und in einem zweiten Telegramm fügte er noch hinzu: »Alle Dichter und Künstler haben bereits seit langem ungeduldig auf den Zeitpunkt gewartet, da die zahllosen Lorbeerkränze, die Ihnen schon zuteil geworden sind, durch dieses kleine rote Band zusammengebunden würden.« – »Hätte die Ehrenlegion nicht bereits existiert«, telegrafierte Louise Abbéma voll glühender Zuneigung, »so hätte man sie eigens Ihretwegen begründen müssen.« – »Endlich!« kabelte Judith Gautier. »Eine neue rote Flamme ist nun in Ihrer leuchtenden Krone entzündet worden.« Und Sarceys Tochter schrieb: »Diese Auszeichnung ist eine Auszeichnung ganz Frankreichs.«

Und tatsächlich löste die Dekorierung in ganz Frankreich Freude aus. Die ältesten der am Theatre Sarah-Bernhardt beschäftigten Türschließerinnen brachen in Tränen aus. Und als die Aufführung von *Jeanne Doré* vorüber war, hielt der älteste von Sarahs Schauspielern »eine zwar stockende, aber dennoch ans Herz gehende kleine Ansprache« und überreichte ihr in einer roten Lederschachtel das Ritterkreuz mit Brillanten. Der Erziehungsminister nannte später die offizielle Begründung für Sarahs Ehrung. »Sarah Bernhardt diente im Krieg von 1870 als Krankenschwester, und sie hat die französische Sprache in der ganzen Welt bekannt gemacht.«

Im Mai des Jahres ging sie mit *Jeanne Doré* auf Gastspielreise durch Frankreich, aber in Lille, nahe der belgischen Grenze, wurde ihre Tournee unterbrochen, und am 28. Juli kehrte sie nach Paris zurück. Einige Tage später brach der Erste Weltkrieg aus.

Sarah verbrachte den August in Paris. Ihr Knie bereitete ihr große Schmerzen, so daß sie ihr Haus am Boulevard Pereire kaum verlassen konnte. Ende des Monats versuchte ihre Familie, sie davon zu überzeugen, daß es für sie besser sei, aus Paris abzureisen, aber sie wollte davon nichts wissen. Erst Georges Clemenceau konnte sie überreden, Paris zu verlassen. Clemenceau, der zu jener Zeit politisch nicht aktiv war, hatte aus gutunterrichteten Quellen erfahren, daß Sarah für den Fall, daß es den Deutschen gelingen würde, Paris einzunehmen, als Geisel deportiert werden sollte. Zu jener Zeit glaubten viele Franzosen, die Deutschen würden auch diesmal wieder Paris einnehmen; und Clemenceau erinnerte sie an die Verantwortung, die sie für ihre Familie trug, an ihr Theater und ihre Mitarbeiter und an die einzigartige Bedeutung, die sie für ihr Land habe, und konnte sie so überreden, sich in Sicherheit zu bringen. Am 31. August reiste sie per Auto in Richtung Süden ab.

Sie hatte in Andernos, zirka fünfunddreißig Kilometer von Bordeaux entfernt, eine Villa gemietet, und dort ließ sie sich jetzt vorübergehend nieder. Als im Oktober für Frankreich ermutigende Nachrichten von der Front eintrafen, wäre sie am liebsten gleich nach Hause zurückgekehrt, aber der Zustand ihres Knies hatte sich erheblich verschlechtert, und sie litt unter akuten Schmerzen. Ihr Bein wurde in Gips gelegt; aber auch nachdem man ihr Bein für drei Monate ruhiggestellt hatte, war ihr Zustand nicht besser geworden, und es zeigte sich sogar, daß die Krankheit nicht mehr lokal begrenzt, sondern inzwischen bereits lebensbedrohlich geworden war. Professor Pozzi reiste eigens aus Paris an, um Sarah gemeinsam mit zwei Ärzten der Gegend zu behandeln. Und nach langen Gesprächen einigten sich die Ärzte darauf, daß eine Amputation unumgänglich sei. »Wenn es keine Alternative gibt«, erklärte Sarah, »warum fragen Sie mich dann überhaupt noch um meine Meinung?«

Im Alter von siebzig Jahren bereitete sie sich daher nun mit beeindruckender Tapferkeit auf die Operation vor: auf eine Operation, die sie für immer ihrer unvergleichlichen Körpersprache berauben würde. An Mrs. Patrick Campbell in Philadelphia telegrafierte sie schlicht und ergreifend:

»Der Arzt wird mir nächsten Montag das Bein abschneiden. Bin sehr glücklich. Küsse. Alles Liebe.« Und am Vorabend der Operation sandte sie ein für sie typisches Telegramm an eine Freundin in Paris: »Morgen werden sie mir das Bein abnehmen. Denk an mich und arrangiere für mich im April einige Unterrichtsstunden.«

Sie war gezwungen, vierzehn Tage in Bordeaux im Bett zu liegen, bevor sie wieder nach Andernos zurückfahren konnte, um sich dort zu erholen. Aber sie dachte schon wieder daran in *La Princesse lointaine* aufzutreten; und die Königin Alexandra, die ihr die besten Genesungswünsche telegrafiert hatte, erhielt bereits einige Tage später ein munteres Dankesschreiben. Darin hieß es: »Ich nutze die erste freie Minute, die der Arzt mir gewährt, um Ihrer huldreichen Majestät meinen tiefen Dank auszusprechen.«

Sarah erklärte einmal, das Alter einer Frau richte sich nicht nach ihren Jahren, sondern danach, wie alt sie sich fühle. »Das gleiche gilt für den Tod. Ich denke oft an den Tod, aber nur um mich zu vergewissern, daß ich erst sterben werde, wenn ich dazu bereit bin.«

Und sie war noch nicht bereit; sie mußte sich noch einmal ganz in ihrer Kunst verlieren, und sie brauchte – zugegebenermaßen – Geld. Obwohl sie ihre Ausgaben reduziert hatte, unterhielt sie noch immer das Haus am Boulevard Pereire, das Schloß auf Belle-Ile und sieben oder acht Dienstboten. Außerdem war da noch ihr (inzwischen fünfzig Jahre alter) Sohn, den sie finanziell unterstützen mußte. Fortan lebte sie großenteils vom Verkauf ihrer Juwelen und von Darlehen. Das Finanzamt (so versichert eine berufene Quelle) verzichtete darauf, von ihr Steuern einzufordern. Und dennoch flossen laut Verneuil jeden Monat etwa zwanzigtausend Francs durch ihre Finger, von denen ihr allerdings weniger als zehntausend für die Bestreitung ihres eigenen Lebensunterhaltes zur Verfügung standen.

Im Oktober kehrte sie nach Paris zurück und arrangierte eine Reihe von Wohltätigkeitsmatineen: Sie selbst trat in *Les Cathedrales*, einem szenischen Gedicht von Eugène Morand, als das ›Straßburger Münster‹ auf. Im Frühjahr 1916 wurde sie an der Front herumgetragen und gab im Rahmen des Théatre aux Armées eine Reihe von Vorstellungen. Im Norden, in der Champagne und in den Vogesen spielte sie für die einfachen Soldaten. Und am 30. September brach sie neuerlich – diesmal allerdings mit einem kleinen Ensemble – zu einem Amerikagastspiel auf. Sie hatte ein neues, ihrer körperlichen Verfassung angemessenes Repertoire ausgewählt: eine Reihe kurzer Akte, darunter den dritten Akt von *Le Procès de Jeanne d'Arc*, den fünften Akt der *Kameliendame* und den sechsten Akt von *L'Aiglon*.

»Diese Aufführungen müssen für sie äußerst kraftraubend gewesen sein«, schreibt Dorothy Perrott, »da sie inzwischen über siebzig Jahre alt war. Sie war schwerbehindert und mußte ständig getragen werden. Sie brauchte jedoch unbedingt Geld, um die ewigen Schulden ihres Sohnes Maurice zurückzahlen zu können. Außerdem erforderte es Mut, eine solche Gastspielreise zu unternehmen, die sie nicht nur in die großen, sondern auch in kleine Landstädte führte, wo sie als ›Die große französische Schauspielerin‹ angekündigt und von einem baufälligen Theater in das nächste geschleppt wurde.

Ich verbrachte damals gemeinsam mit meinen Eltern den Winter in einer dieser kleinen Städte, genaugenommen in St. Augustine in Florida. Einige Tage vor ihrer Ankunft erschien in der Lokalzeitung eine Anzeige, in der Mädchen gesucht wurden, die Lust hätten, in der berühmten Todesszene in Cleopatra mitzuwirken – ›Erfahrungen sind nicht vonnöten‹. Sarah hatte nur die absolut unabkömmlichen Mitglieder ihres Ensembles mit auf diese Reise genommen und hing im übrigen bei der Gestaltung der Massenszenen ganz von einheimischen Komparsen ab. Unsere Gage betrug einen Dollar.

Ich war die erste in der Schlange der Bewerber, und mir wurde die ehrenvolle Aufgabe zugewiesen, am Kopfende der Couch zu stehen, auf der Sarah Bernhardt liegen würde, während die übrigen Komparsen soweit entfernt wie möglich aufgestellt wurden. Als das Arrangement schließlich stimmte, wurde die göttliche Sarah auf die Bühne getragen. Sie wurde von zwei schwächlichen alten Männern auf einer Art Bahre hereingetragen; dann folgten zwei Frauen und ein Mann, der offensichtlich der Arzt war, und diese nahmen sie von der Bahre und legten sie auf die Couch. Es war leicht zu sehen, daß ihr linkes Bein fehlte, denn sie hatte keine Prothese, und von dem Bein war infolge der Amputation nur ein Stumpf zurückgeblieben. Der Arzt und die beiden Frauen arrangierten Sarahs Kleider und die Kissen, und der Doktor verabreichte ihr etwas, was sie durch die Nase einatmete. Zu jener Zeit erfreuten sich Riechsalze gerade besonderer Beliebtheit. Sie wandte sich nur einmal um und sah uns an, und da ich neben ihr stand, schenkte sie mir die Andeutung eines Lächelns, so daß mein bebendes Herz mir bis zum Hals schlug. Ich weiß noch, daß ich mich an der Couch festhalten mußte, weil meine Knie so heftig zitterten.

Ihre Leute brauchten eine ganze Weile, bis alles zu Sarahs Zufriedenheit arrangiert war. Einer brachte schließlich eine kleine Gummischlange, die Sarah in ihrer Halsgegend in den Falten ihres Kleides verbarg. Dabei sprach sie kein einziges Wort, und selbst meinen bewundernden Augen erschien sie als eine sehr alte Frau, die unter ihrem schweren Make-up und eingehüllt in ganze Parfümwolken ruhelos, nervös und übermüdet dalag. Schließlich gab sie ihren Leuten ein Zeichen, und diese zogen sich in die Kulissen zurück. Dann erhob der Doktor die Hand, und kurze Zeit später ging der Vorhang auf. Es herrschte absolute Stille, und dann fing sie zu sprechen an.

Man hat sie die Sarah mit der goldenen Stimme genannt. Sie war nun plötzlich zum Leben erwacht, und ich glaube nicht, daß es an meiner Jugend und an meiner Beeindruckbarkeit lag, daß Sarah mir nun wie von einem Strahlenkranz umgeben erschien. Es ist unmöglich, die berückende Klarheit und Reinheit ihrer Stimme zu beschreiben. Ihrem

Mund entströmte die vollkommenste Sprachmelodie, und die Gebärden ihrer erhobenen Hände und die fließenden Bewegungen ihrer Arme verströmten die reinste Poesie.

Sie spielte die Schlußszene. Während sie die Worte »*Adieu, ma douce Charmian*« sprach, drehte sie sich um und sah mich an. Für mich war dies ein fürchterlicher Augenblick, und ich neigte meinen Kopf und wünschte, die Erde würde mich verschlucken. Vielleicht war dies genau die richtige Reaktion. Dann hatte sie plötzlich die wie lebendig wirkende Gummischlange in der Hand und führte diese zum tödlichen Biß an ihre Brust. Antonius trat auf die Bühne, und dann geschah das Wunder. Denn obwohl sie keine Stütze hatte, erhob sie sich geschwind und scheinbar mühelos von der Couch, stand einen Augenblick lang ohne jede Hilfe aufrecht da – kerzengerade, sicher und seltsam schön – und sank dann in Antonius' Arme. Sie war eine alte Frau, und sie hatte nur ein Bein, und dennoch wirkte sie der Zeit völlig entrückt.

Tosender Beifall brach aus, und Sarah trat – leicht auf Antonius gestützt – mehrmals vor den Vorhang. Dann ging der Vorhang zum letzten Mal nieder, und er begleitete sie zurück zu ihrer Couch. In diesem Augenblick schien sie von allen Lebensgeistern völlig verlassen. Sie lag reglos da, und Helfer eilten herbei, legten sie auf die Bahre und trugen sie davon.

Ich lief rasch zum Bühnenausgang hinaus und wartete, bis sie vorübergetragen wurde. Als sie dann an mir vorüberkam, streckte sie ihre Hand aus, und ich küßte diese, während Tränen meine Wangen hinunterrannen. Sie berührte mit der Hand leicht meine Schulter. ›*Gentille petite fille*‹, flüsterte die goldene Stimme.«[1]

Anfang 1918 kehrte Sarah müde und entmutigt nach Frankreich zurück. Sie war davon überzeugt, das Publikum müsse wegen ihres mittelmäßigen Repertoires enttäuscht von ihr sein, und der Gedanke an all die Stücke, deren Aufführung ihr von nun an versagt war, machte sie traurig. Von ihrer Amerikatournee ist uns noch eine anrührende

Episode überliefert: In den Vereinigten Staaten begegnete sie eines Tages dem berühmtesten aller Magier, Harry Houdini. »Houdini, Sie sind ein so wundervoller Zauberer«, sagte sie zu ihm. »Könnten Sie mir nicht mein Bein zurückzaubern?« Und als sie sah, wie peinlich berührt er war, fügte sie hinzu: »Ja, aber Sie machen tatsächlich das Unmögliche möglich. Das ist mein absoluter Ernst.«

Nun war sie von Andromache und Phädra auf ewig geschieden. Jetzt spielte sie die Rolle der *Athalie* nur mehr mit geringem Vergnügen; und jetzt schrieb Louis Verneuil sein Stück *Daniel* für sie. Daniel, ein alter, sterbenskranker Mann, ist in die Frau seines Bruders verliebt. Um ihr die Flucht mit dem Mann, den sie wirklich liebt, zu ermöglichen, behauptet er, daß er ihr Liebhaber gewesen sei. Als Sarah anläßlich der Kostümprobe zum ersten Mal seit sechs Jahren wieder auf einer Pariser Bühne auftrat, wurde sie zehn Minuten lang von Beifall umtost.

Teil VI
Les Ailes se ferment

35   Die Flügel erlahmen

Wohin sie während ihrer letzten Lebensjahre auch kam, überall wurde sie wie eine regierende Königin empfangen. Im Mai 1921 traf sie in Madrid ein, um in *Daniel* aufzutreten. Fünftausend Menschen erwarteten sie am Bahnhof, und ein starkes Polizeiaufgebot sorgte für Ordnung. Und als der Zug schließlich in den Bahnhof eingefahren war und Émile, ihr Diener, und Verneuil sie vorsichtig aus dem Zug hoben, entledigten sich alle anwesenden Männer ihrer Mäntel und breiteten diese auf dem Boden aus. Selbst Sarahs Träger wurden noch einer solchen Ehrung für würdig befunden.

Im gleichen Jahr wurde Verneuil von C. B. Cochran für ein vierwöchiges London-Gastspiel engagiert. Zehn Tage vor der geplanten Eröffnung dieses Gastspiels im Garrick Theatre rief Cochran aus London an und erklärte, der Zensor habe drei von Verneuils Stücken abgelehnt. Verneuil suchte daraufhin die einflußreichsten Leute auf, die er in Paris kannte. Er erhielt einen Brief von Aristide Briand, dem Premierminister, und einen weiteren Brief von Louis Barthou. Mit diesen Empfehlungsschreiben ausgerüstet, überquerte er nun den Kanal. In London empfing ihn Lord Cromer, der sich während der folgenden Tage endlos mit seinen Kollegen beriet. Plötzlich entschloß sich Verneuil, Sarah Bernhardt um Rat zu bitten. Sie trat zu dieser Zeit am Théâtre Caton in Tarbes auf. Er schickte einen ausführlichen telegrafischen Bericht, und Sarah, für die nichts unmöglich war, sandte ein Telegramm direkt an den englischen König: »Mein lieber Freund: Die Stücke meines Enkels sind pariserisch, aber nicht unmoralisch. Ich wäre Ihnen unendlich dankbar, wenn Sie persönlich dafür sorgen könnten, daß keines der Stücke der Zensur zum Opfer fällt. Herzlichen Dank. Sarah Bernhardt.«

Am nächsten Morgen um neun rief Lord Cromer persönlich bei Verneuil an. Er verlangte einige kleinere Veränderungen, akzeptierte jedoch im übrigen sämtliche Stücke.

Denn Sarah war in der Tat eine Königin. Da sie immer bemüht war, den Kontakt zur jüngeren Generation nicht ganz zu verlieren, bat sie eines Tages Jacques Porel, Réjanes Sohn, sie mit seiner Frau bekannt zu machen. Sie erwartete die beiden jungen Leute in ihrem Haus am Boulevard Pereire. Als das junge Paar eintrat, saß Sarah lächelnd, gebrechlich und in ihrer ganzen Herrlichkeit in einer Art von Thronsessel. Anne-Marie blickte sie an. Es fiel kein Wort, und auch jegliche einführenden Worte erübrigten sich, denn die junge Frau brach in Tränen aus. Sarah war hingerissen. Sie hatte ihr Publikum bereits durch ihre bloße Erscheinung erobert, und dazu hatte es keines Wortes bedurft. [1]

Ihre bloße Erscheinung war voll und ganz ausreichend, und da sie eine Schauspielerin war, spielte sie auch noch in ihrem Privatleben ihre Lieblingsrollen. Ihre Frühstückspartys waren wie Bühnenempfänge inszeniert. Und Maurice Rostand erinnerte sich noch später daran, wie sie plötzlich in dem Frühstückszimmer erschien und im Gegenlicht in dem von ihr bevorzugten gotischen Stuhl dasaß (sie saß bereits, lange bevor die ersten Gäste eintraten, in diesem Stuhl, damit diese nicht mitbekamen, daß sie hereingetragen werden mußte). Ihre Gäste waren im allgemeinen Maurice, seine Tochter Lysiane, Mme. de Gournay (eine Art Gesellschafterin) und Arthur Meyer, der bereits seit den Tagen von Le Passant ihr Bewunderer war. Inzwischen war er alt, faltig und langweilig geworden; mit seinem wachsartigen Gesicht wirkte er »wie ein zahmer Pudel, der Wert darauf legt zu zeigen, daß er es gewohnt ist, in der besseren Gesellschaft zu verkehren... Sie streckte ihre kleine kraftvolle und fast quadratische Hand aus, an der alle Ringe von Lalique versammelt waren, und flüsterte, als spreche sie eine begehrte Einladung aus: ›Na, mein lieber Tutur, wann werden wir uns entschließen zu sterben?‹ Diese Frage ließ Sarah lachen, bis Tränen in ihren Augen standen, der alte Tutur erbleichte jedoch bis in die Abgründe seiner Seele, sofern er überhaupt eine Seele hatte.«[2]

Am Samstag, dem 4. April 1921, traf sie in London ein. Auf dem Weg nach Boulogne war sie wegen einer Autopanne aufgehalten worden. Sie war daher gezwungen gewesen, die Nacht in Montreuil-sur-Mer zu verbringen und bereits um fünf Uhr am nächsten Morgen von dort wieder abzureisen. Die Überfahrt war ungemütlich gewesen, und sie war schließlich erschöpft im Savoy angekommen.

Bereits zwei Stunden später begannen ihre Proben; denn am folgenden Montag sollte sie in *Daniel* im Princes Theatre auftreten.

An jenem Montag wurde sie unmittelbar vor Beginn des zweiten Aktes auf die Bühne getragen. Und sie blieb dort, bis der letzte Vorhang fiel. Und *Daniel* »war wundervoll, obwohl die tiefe Gemütsbewegung der Zuschauer, die darauf warteten, daß der Vorhang sich hebe, vielleicht noch beeindruckender war«. Die Menschen hatten Kinder, die kaum etwas von dem Geschehen auf der Bühne verstanden, mit ins Theater gebracht, damit diese später einmal sagen konnten, sie hätten Sarah Bernhardt gesehen. Für die ältere Generation beschwor der Abend Erinnerungen herauf, »die die unmittelbare Erfahrung überlagerten und fast auslöschten«.[3] An diesem Tag wurde Sarah auch zum *Officier de la Légion-d'honneur* ernannt, und an diesem Tag ließ die englische Schauspielervereinigung, die durch Ellen Terry vertreten war, Sarah zum Zeichen der Dankbarkeit und der Verehrung ein goldenes Buch überreichen, in das sich alle Mitglieder dieser Vereinigung eingetragen hatten.

»Wenn Sie mich nach meiner Theorie des Lebens fragen«, erklärte Sarah einmal, »so muß ich sagen, daß sie sich am knappsten mit dem Wort *wollen* umreißen läßt... Das Leben ist selbst für jene kurz, die ein hohes Alter erreichen, und wir müssen für die wenigen leben, die uns kennen und uns ihre Zuneigung schenken, die uns beurteilen und uns die Absolution erteilen und denen wir die gleiche Zuneigung und Großzügigkeit entgegenbringen. Wir sollten nur sehr selten hassen, da es zu ermüdend ist, uns nicht so leicht aus der Ruhe bringen lassen, immer wieder verzeihen und niemals vergessen.«[4]

»Ich erinnere mich noch daran, Sarah während ihres letzten London-Aufenthaltes in einer Kutsche im Hyde Park gesehen zu haben«, schrieb einer ihrer Bekannten. »Als sie sich so außerordentlich bleich und mit dick aufgetragenem Lidschatten in ihrer Kutsche zurücklehnte, sah sie hinreißender aus als die aufregendste Schönheit der Saison. Durch ihren Anblick fühlte ich mich in eine Welt der intensivsten Sinneseindrücke versetzt. War es jedoch möglich, diese Frau zu lieben? Ja, aber nur mit einer Liebe, wie sie für die Bewohner eines fremden Planeten typisch sein mag. Die einzige Empfindung, die man für sie hegen konnte, war Bewunderung und nichts als Bewunderung. Man konnte sie genauso viel oder wenig begehren wie etwa Cleopatra oder Helena von Troja.«

Selbst im letzten Stadium ihres Lebens war sie noch immer von einer illusionären Aura der Jugend und Schönheit umgeben. Einige Zeit später lud sie Cochran zum Tee in ihr Pariser Haus ein. Und er hatte »selten eine beglückendere Stunde verbracht. Nach fünf Minuten hatte ich den Eindruck, diese wundervolle Frau sei nicht alt und verkrüppelt, sondern jung und schön... Sie wollte wissen, wer die Nachfolger unseres Irving und unserer anbetungswürdigen Ellen Terry seien. Sie sprach voll Zuneigung und Bewunderung von Guitry. Lucien, erklärte sie, sei der einzige der großen Schauspieler der Vergangenheit, der noch am Leben sei. Sie war ganz außerordentlich an Yvonne Printemps' künstlerischer Entwicklung interessiert...«

Sie interessierte sich einfach für alles. Im Oktober jenes Jahres trat sie in Maurice Rostands *La Gloire* auf. Sie wirkte an einer Galavorstellung zugunsten vom Mme. Curie, der *femme radium* mit; sie zog eine Gastspielreise nach Holland in Erwägung und verhandelte wegen einer weiteren großen Amerika-Tournee. Im Oktober 1922 machte sie eine Gastspielreise durch Italien und trat anschließend abermals in *La Gloire* auf.

Sie konnte jetzt nur mehr Rollen übernehmen, in denen sie keine kraftraubenden Bewegungen auszuführen brauchte. In *La Gloire* saß sie in einem überdimensionalen Bilderrahmen, in *Athalie* ruhte sie auf einer Sänfte. Sie war nun fast achtzig, und manchmal muß ihr bewußt gewesen sein, daß ihr Tod nicht mehr fern sein könne. Am 25. Oktober, als sie sich in ihrer Garderobe für *La Gloire* schminkte, wurde ihr ganzer Körper plötzlich von einem Schütteln erfaßt; dieses Symptom war der Vorbote einer schweren Urämie. Der Arzt verbot ihr (wie Dr. Parrot es ihr ebenfalls einst untersagt hatte), an diesem Abend aufzutreten. Aber »wenn die Stunde gekommen war, mußte sie, um deretwillen die Schweden die Wellen der Ostsee mit Rosen übersät und vor deren Füßen die Peruaner ihre Mäntel ausgebreitet hatten, sich genau wie ihre Kameraden dem Ruf des Inspizienten fügen. Das war ihre einzige Rettung«. [5] Das war Sarahs Aufgabe. Aus Zuneigung zu Maurice Rostand erfüllte sie wie ein Soldat des Theaters ihre Pflicht. Und dann ging der Vorhang zwischen ihr und der Welt nieder und hüllte sie wie ein riesiges purpurnes Leichentuch ein.

Im Dezember jenes Jahres begegnete Colette erstmals Sarah Bernhardt:

»Sie hatte mich freundlicherweise zum Mittagessen zu sich eingeladen, und da ich sie die ganze Zeit anschauen mußte, vergaß ich vollkommen zu essen. Zwei Stunden lang redete sie voller Enthusiasmus über die uns beide interessierende Welt: Theater, Politik, Journalismus – sie sprach einfach über alles und verkündete von der Höhe ihres Stuhles aus ihre Ansichten, als gebe es nichts, was sich ihrem Urteilsvermögen entziehe. Oberhalb ihres Kopfes krächzte ein kleiner Papagei vor sich hin und streute Nußschalen auf Sarahs silbergraues Haar.

Sie lächelte beständig ihr lustiges ätherisches Lächeln, das bis zu ihren Augen hinaufreichte, und ihre in fortgesetzter Bewegung befindlichen gebieterischen und ausdrucksvollen kleinen Hände strahlten nicht weniger als ihr Gesicht. Sie bereitete den Kaffee am Tisch eigenhändig zu und goß mir das belebend duftende Gebräu in eine Tasse.

›Der Kaffee ist genausogut wie der Kaffee, den man früher bei Mendès getrunken hat‹, bemerkte ich.

Ihr ganzes Gesicht erstrahlte in jugendlicher Fröhlichkeit: ›Ich habe Mendès' Kaffee ebenfalls sehr gerne getrunken. Und Mendès liebte es, stundenlang über seinen selbstgebrauten Kaffee zu reden. Vielleicht sollte ich für meine Eigenkreation ein wenig mehr Reklame machen.‹«[6]

Im gleichen Monat brach sie während der Proben zu Sacha Guitrys Stück *Un Sujet de Roman* zusammen. Als sie wieder zu sich kam, waren ihre ersten Worte: »Wann kann ich wieder auftreten?« Sie erholte sich noch einmal für kurze Zeit: Bereits eine Woche später nahm sie an der Kostümprobe zu Maurice Rostands *Le Phénix* teil, und ganz Paris defilierte in einem Akt der Huldigung durch ihre Garderobe. Aber sie hatte ihre Kräfte überschätzt, und diese ließen jetzt rapide nach.

Im März dinierte Sarah noch einmal gemeinsam mit Mme. Jane Catulle Mendès:

»Ich hatte geglaubt, ich würde Sarah schwach und erschöpft vorfinden, denn sie hatte mir von ihrer Krankheit erzählt, und ich machte mir genausowenig Illusionen wie sie selbst. Als ich den kleinen Raum im ersten Stock betrat, sah ich sie in einem perlweißen Kleid, weißhaarig und mit bleichem Gesicht auf der üblichen Chaiselongue liegen. Ihre wundervollen Augen waren unverändert – bis auf einen Ausdruck der Schicksalsergebenheit, den ich bisher an ihr noch nie gesehen hatte. War sie mir je schöner erschienen? Nein, selbst als *Princesse lointaine* oder als Jungfrau von Avila war sie niemals schöner gewesen. Nur für mich, und sie wußte, daß wir beide uns nicht selbst betrügen konnten, strahlte sie noch einmal den Mut der Schönheit aus, hatte sie noch einmal den Kalvarienberg der Schönheit erstiegen... Als wir Abschied voneinander nahmen, legte sie die Arme um meinen Hals, küßte meine Wange und konnte sich kaum dazu durchringen, ihre Abschiedsumarmung wieder zu lösen. Sie wußte, daß wir uns niemals wiedersehen würden. Nach dem Abschiedsgeschenk der Schönheit überreichte sie mir nun noch das Abschiedsgeschenk zärtlichster Zuneigung.«[7]

Am 15. März traf Lysiane Bernhardt in Sarahs Haus am Boulevard Pereire ein, wo gerade die Verfilmung von *La Voyante* stattfand. In Sarahs Atelier hatte man inmitten von Staffeleien und Scheinwerfern eine Wahrsagerbude aufgestellt; dahinter erhob sich eine Montmartre-Kulisse. Sarah saß müde und ausdruckslos an einem Tisch. Geduldig übte sie die einzelnen Bewegungsabläufe ihrer Szene. Dann stürzte sie zu Boden.

Viele Jahre zuvor hatte sie der Herzogin von Teck einmal anvertraut: »*Altesse Royale, je mourrai en scène; c'est mon champ de bataille.*«

Am 20. März erklärten die Ärzte, die Urämie habe inzwischen ihren ganzen Organismus vergiftet, und es bestehe keine Hoffnung mehr. Zunächst war sie verzweifelt: Sie wollte in Guitrys neuem Stück auftreten, und sie wollte unbedingt ihren Film beenden. Dann resignierte sie jedoch zunehmend, und ihre Resignation verwandelte sich in

Stumpfheit, und die Menschen in ihrer Umgebung spürten, daß es mit Sarah zu Ende gehe.

Auch sie selbst wußte das. Sie wußte, daß die Journalisten Tag und Nacht draußen auf dem Boulevard Pereire auf einer Bank auf ihren Tod warteten, und es amüsierte sie, die Zeitungsleute noch ein wenig warten zu lassen. Als Mrs. Patrick Campbell sie am 23. März besuchte, trug Sarah ein langärmeliges Kleid aus pinkfarbenem venezianischem Samt, das Sacha Guitry ihr hatte schicken lassen. In dem Bewußtsein, daß sie nicht mehr lange zu leben habe, saß Sarah mit ihrem weiß geschminkten Gesicht voller Anmut da. Als der Besuch zu Ende war, wurde Sarah in ihrem Stuhl nach oben getragen. Dort angekommen, wandte sie sich in ihrem Stuhl noch einmal um, preßte einen Kuß auf einen ihrer Finger und streckte ihn empor.[8]

»Wie lange ich auf den Tod warten muß«, sagte sie am Morgen des 26. März zu ihrem Sohn Maurice. Und dann: »*Je veux des fleurs, beaucoup des fleurs.* Es ist Frühling, besorge mir ein ganzes Blumenmeer.« In manchen Augenblicken war sie heiter und klar; dann wieder erlebte sie Momente der Verwirrung, wenn sie an die großen Todesszenen dachte, in denen sie auf der Bühne gestanden hatte. Sie dachte an den Tod der Marguerite Gautier und an den Tod l'Aiglons. Und voll Inbrunst rezitierte sie die entsprechenden Textpassagen.

Um halb vier nachmittags erhielt sie die letzte Ölung; und um fünf Minuten nach acht verschied sie noch am gleichen Abend.

Persephone war mit den Blumen des Frühlings reich geschmückt: Ihr Kopfkissen war über und über mit Rosen und mit weißem und violettem Flieder bedeckt; ihr Totenbett war mit Flieder-, Rosen- und Vergißmeinnichtsträußen umstellt. Und die unzähligen Menschen, die kamen, um Abschied von ihr zu nehmen (und einige der bedeutendsten und berühmtesten Persönlichkeiten mußten abgewiesen werden), wandelten durch ein Haus, das beinahe einem Garten glich, und standen schließlich vor einem Zimmer, das von Blumen fast überquoll.

Sarah war genau wie l'Aiglon ganz in Weiß gekleidet. Sie trug ein weißes Seidenkleid. Auf ihrer Brust waren die Insignien der Ehrenlegion ausgebreitet. Um ihren Hals hing an einem schwarzen Band ein Goldmedaillon, in das ein Porträt von Maurice und eine Locke von seinem Haar eingelassen war. In der Hand hielt sie ein Kruzifix aus Gold und Ebenholz, und »ihr Gesicht, das von tiefem Frieden erfüllt war, wirkte wie geschnitztes Elfenbein«.

Und dann wurde sie in den mit Samt ausgekleideten Rosenholzsarg gelegt, der bereits so lange auf sie gewartet hatte.

Teil VII
Les Ailes fermées

36   Die gebrochenen Flügel

Sarah wurde unter beispielloser Prachtentfaltung in einem
von ihr selbst entworfenen Grabmal auf dem Friedhof Père
Lachaise beigesetzt. Es befindet sich unweit der Gräber
Talmas und Rachels. Nur ein einziges Wort ist auf dem
Grabmal zu lesen; es lautet: Bernhardt.

Drei Monate nach ihrem Tod wurde ihr persönlicher
Besitz verkauft. Die sich überschlagenden Gebote für ihre
Puppensammlung und für die Totenmaske Damalas ent-
behrten nicht einer gewissen Peinlichkeit. Wiederum vierzehn Tage später wurde im Hôtel Drouot ihre Bibliothek
versteigert. Und wir wollen noch einen Blick auf diese
wertvolle Büchersammlung werfen, bevor sie für 195 977
Francs in alle Winde verstreut wurde. Denn in diesen
Büchern war ein Teil von Sarahs außerordentlichen Fähigkeiten verkörpert und ein Widerschein der Pracht und der
Vielseitigkeit ihrer Epoche.[1]

Da gab es beispielsweise eine Don-Quichotte-Ausgabe
aus dem achtzehnten Jahrhundert, deren Vorbesitzer nach-
einander zwei ihrer ergebensten Verehrer gewesen waren,
nämlich Sardou und Rostand. Da gab es eine Euripides-
Übersetzung mit einer Widmung Leconte de Lisles. Da gab
es Bücher, denen als Widmung handschriftliche Gedichte
vorangestellt waren, etwa eines von d'Annunzio, in dem er
sie als »*die göttliche Sarah*« tituliert, oder eines, das »Sarah
Bernhardt gewidmet ist, die das Licht in ihrer Hand hält«.

Haraucourt hatte geschrieben

A Madame Sarah Bernhardt
Notre-Dame des Arts,
Impératrice des Rêves,
Mère des Illusions,
Rédemptrice des Réalités,
Porte entr'ouvrant sur les horizons du Mystère,
Epanouissement de nous hors de nous-mêmes...

Dieser Stapel blauen Papiers ist eine Komödie, die ihr Dumas *fils* im Entstehungsjahr von *L'Étrangère* gesandt hat. Hier sind Widmungen von Banville und Coppée, Léon Daudet und Dierx, von Judith Gautier, Heredia, Hugo, Loti, Louÿs, Maeterlinck, Mendès, Mistral, Sully Prud-homme, Zola... Oscar Wilde schickte seine Gedichte und schreibt als Widmung »*Comme la Princesse Salomé est belle ce soir!*«

In Sarahs Büchersammlung findet sich auch die Erstaus-gabe des *Hernani*, die Sarah benutzt hat, um die Rolle der Doña Sol zu lernen. Dort findet sich ebenfalls der *Ruy Blas*, den Hugo ihr voller Dankbarkeit gewidmet hat. Und dann gibt es in ihrer Bibliothek noch eine sechsbändige Racine-Ausgabe von 1820; die einzelnen Bände tragen die Initialen JS, denn der ursprüngliche Besitzer der Bücher war Joseph Samson gewesen.

Samsons Racine-Ausgabe hatte Sarah dazu gedient, sich mit den Figuren der Andromache und der Phädra vertraut zu machen. Aus diesen Bänden war für Sarah eine Phädra erstanden, die für manche Kritiker noch beeindruckender gewesen war als die Phädra Rachels.

Rachel: Sie war der beherrschende Genius in Sarah Bern-hardts Leben gewesen, der Maßstab, an dem sie beständig gemessen wurde. Und diese beiden Schauspielerinnen jüdischer Herkunft, die sich ihren Erfolg hart hatten er-kämpfen müssen, waren einander in der Tat sehr ähnlich gewesen. Sie beide hatten voll Inbrunst die Phädra und Adrienne Lecouvreur gespielt; sie beide hatten die Welt durch die Vielzahl ihrer Liebschaften und die gesellschaftliche Stellung und künstlerische Bedeutung ihrer Liebhaber immer wieder in Erstaunen versetzt – und durch die emotionale Energie, die ihnen auf der Bühne und im Leben zur Verfügung gestanden hatte. Sie beide hatten sich mit dem typisch jüdischen Familiensinn um ihre Kinder und um ihre parasitären Familien gekümmert. Sie beide hatten der Welt auf triumphalen Auslandstourneen die höchste Bewunderung abgerungen; und sie beide setzten absolute Maßstäbe in der Theatergeschichte.

Aber trotz aller Gemeinsamkeiten hatte es auch grundlegende Unterschiede zwischen ihnen gegeben. Rachel war eine tragische Schauspielerin gewesen, eine herausragende Phädra, im modernen Drama war ihr hingegen kaum Erfolg beschieden gewesen. Sarah war in allen bedeutenden Stükken des neunzehnten und zwanzigsten Jahrhunderts aufgetreten: in der *Kameliendame* und in den Werken Hugos, Sardous und Rostands. In gewisser Hinsicht sind die beiden Schauspielerinnen überhaupt nicht miteinander zu vergleichen: Rachel war in allererster Linie eine *tragédienne*, Sarah hingegen eine *artiste dramatique*. Rachel hatte die tiefsten Tiefen der Tragödie ausgelotet, während Sarah in allen Gattungen der dramatischen Kunst zu Hause gewesen war und sich zugleich noch mit Fragen der Kostümierung, des Bühnenbildes und der Theaterleitung befaßt hatte. Es ist kaum möglich, die eine der beiden Frauen höher zu bewerten als die andere.

Und dennoch, wenn man das kurze Leben der Rachel verfolgt, so gewinnt man den Eindruck, es mit einem sehr engagierten Menschen zu tun zu haben, mit einer Frau, die von tiefer Bewunderung für die Werke erfüllt war, die sie auf der Bühne lebendig werden ließ. »O mein süßer Racine, in deinen Meisterwerken erkenne ich das wahre Herz der Frau! In meiner eigenen Kunst bin ich ganz und gar von der Schönheit deiner Poesie abhängig. Wenn die Lyra meiner

Seele nicht immer in reinster Harmonie mit deinem göttlichen Wort erklingt, so liegt es an der tiefen Bewunderung, die mein ganzes Sein in einen Zustand der Ekstase entrückt.« Hätte Sarah etwas Vergleichbares über irgendeinen Dichter oder Dramatiker, den sie kannte, schreiben können?

Ihre gesamte Laufbahn deutet darauf hin, daß dies völlig unmöglich gewesen wäre. Als Pierre Louÿs ausrief: »Sarah, immer wieder nur Sarah...«, faßte er unbewußt das Motto ihres ganzen Lebens in Worte. Als Sarcey erklärte: »In welcher Verkleidung sie auch auftritt, sie ist immer Sarah«, bestätigte er Louÿs' Worte. Und als ein englischer Kritiker feststellte, daß Sarah eine unvergleichliche Institution sei, kam er der Wahrheit so nahe wie nur möglich.

Denn Sarah war eine überragende Schauspielerin. Aber trotz der Vielzahl der Rollen, die sie spielte, trotz der Kraft und der Vielseitigkeit ihrer Begabung und trotz der alles-verzehrenden Liebe, die sie dem Theater entgegenbrachte, war sie am besten, wenn sie sich selbst in Szene setzen – das heißt, wenn sie Sarah Bernhardt spielen konnte.

Sarah Bernhardt war eine Egoistin: Trotz all ihrer vielfältigen Interessen und trotz all ihrer dauerhaften und starken Freundschaften und Leidenschaften sah sie sich selbst als den Polarstern des Universums, den magnetischen Norden, von dem alles unvermeidlich angezogen wurde. Für sie war das Leben eine grandiose Theatervorstellung, in der immer nur sie die Hauptrolle spielen konnte. Sie war genauso egoistisch wie Napoleon.

Wie der Kaiser der Franzosen erwies sie sich als stark genug, um eine ganze Welt zur Huldigung zu zwingen, um einen Kult und eine Legende ins Leben zu rufen. Sie brachte ihre Tugenden voll zur Geltung, und sie bemühte sich gar nicht erst, ihre Schwächen zu verbergen; neugierigen Journalisten erzählte sie bereitwillig die wildesten Mythen über sich und ihr Leben. Sie tat dies jedoch wahrscheinlich nicht deshalb, um ihr wahres Selbst vor einer aufdringlichen Öffentlichkeit zu verbergen, sondern um für Gesprächsstoff zu sorgen und die Welt wieder neugierig zu machen – natürlich auf Sarah. Es läßt sich nicht leugnen, daß Sarah Publizität sowohl genoß als auch nach Kräften unterstützte, daß sie selbst die erste Hohepriesterin des Bernhardt-Kultes gewesen ist. Gleichermaßen läßt sich nicht leugnen, daß ihr Exhibitionismus sie bisweilen auf Abwege geraten ließ. Aber sie lebte sowohl in Wirklichkeit als auch im Reich der Fantasie mit einer solchen Intensität, daß sie für die Menschen schlechthin alles verkörpern konnte:

»Wer könnte es schon wagen, Sarah Bernhardt die Krone streitig zu machen?« fragte Arsène Houssaye. »Wer versteht es wie sie, die Herzen der Menschen zu bewegen? Wer außer ihr hat denn den Liebreiz und die Leidenschaft, die Anmut und die Kraft und die unerschütterliche Seelenschönheit, deren es bedarf, um den Leib des Menschen mit einer magischen Aura zu umkleiden?... Sie hat Gipfel erstiegen und unauslotbare Abgründe durchmessen, ihr Maßstab ist immer das Ideale gewesen, und für die Wahrheit hat sie sich aufgerieben.

Sie hat alles durchforscht, alles gekannt, die Freuden und die Züchtigungen des Stolzes und der Leidenschaft. Sie ist Königin gewesen, sie ist Frau gewesen. Sie ist alle Frauen gewesen, die Heroine der Tragödie, des Dramas und der Komödie. Sie kennt Äschylus, Shakespeare und Hugo; sie erforscht das Erhabene ebenso wie das Einfache und das Unbegreifliche, schlechthin alles, was dem Gesicht des Menschen seinen eigentümlichen Ausdruck verleiht. Mit glühender Begeisterung nähert sie sich allen Erscheinungen des Lebens, denn sie weiß, daß sie für alles geboren ist...«

»Mme. Bernhardt«, ereiferte sich 1897 eine Schriftstellerin, »hat ein abenteuerliches Leben geführt, was für uns weder von Belang noch von Interesse ist.« Vielleicht hatte die Verfasserin dieser Zeilen aber auch unrecht. Vielleicht kommt Edmond de Goncourt mit der folgenden Behauptung der Wahrheit schon ein wenig näher. Er behauptet: »Das Leben Mme. Sarah Bernhardts wird sich in Zukunft vielleicht als eine der wundersamsten Begebenheiten des neunzehnten Jahrhunderts erweisen.« Vielleicht hat es sich für uns ja doch gelohnt, uns auf das Leben dieser genialen Schauspielerin näher einzulassen, dieser Gauklerin unter Gauklern, dieser Frau unter Frauen, auf diesen manchmal schwindelerregenden, manchmal faßbaren, häufig legendären Charakter, der uns unter dem Namen Sarah Bernhardt überliefert ist.

ANHANG

Zeittafel

1844 *Am 23. Oktober wird Sarah Bernhardt als Tochter des wohlhabenden Weltenbummlers Edouard Bernhardt und der Kokotte Judith Van Hard (ihre Eltern waren nicht verheiratet) in Paris geboren.*
Marx und Engels lernen sich in Paris kennen.
Erste Telegrafenlinie zwischen Baltimore und Washington.
Ihre ersten vier Lebensjahre verbringt Sarah – deren Eltern sich kaum um sie kümmern – in der Obhut einer bretonischen Amme teils auf einem kleinen Bauernhof in der Bretagne, teils in einer Pariser Conçierge-Wohnung.

1847 Algerien endgültig von Frankreich unterworfen.
Gesetzlicher Zehnstundentag in England.
Erste Chloroform-Narkose in England durch Simpson.

1848 Februarrevolution in Paris;
König Ludwig Philipp dankt ab.
Deutsche Nationalversammlung in der Frankfurter Paulskirche.
Erste spiritistische Zirkel in New York.
Goldfunde in Kalifornien lösen Massenwanderungen aus.

1851 Staatsstreich des französischen Präsidenten Karl Ludwig Napoleon.
Erste Weltausstellung in London.
Eisenbahn bringt erste Weihnachtsbäume nach Berlin.

1852 Napoleon III. Beginn des zweiten Kaiserreiches in Frankreich (bis 1870).

1853   Giuseppe Verdi: ›La Traviata‹ und ›Der Trouba-
        dour‹.
        Beginn des Krimkrieges.
1854   *Sarah besucht die Klosterschule Grandchamps in Ver-
        sailles.*
        Uraufführung des ›Faust II‹ in Hamburg.
1855   Weltausstellung in Paris.
1859   *Sarah wird in das ›Conservatoire‹ aufgenommen.*
        Eleonora Duse wird geboren.
        Charles Darwin: ›Über die Entstehung der Arten‹.
1862   *In Racines ›Iphigénie‹ gibt Sarah an der Comédie-Française
        ihr Bühnendebüt.*
        Theodor Fontane: ›Wanderungen durch die Mark
        Brandenburg‹.
1863   *Sarah verläßt im Streit die Comédie-Française. Einige
        Monate später erhält sie ein Engagement am Gymnase.*
1864   *Sarah wird Mätresse des Prinzen Henri de Ligne, des
        Vaters ihres einzigen Sohnes Maurice, den sie am 22.
        Dezember in Paris zur Welt bringt.*
        *Im Sommer kündigt sie ihren Vertrag mit dem Gymnase
        und reist nach Spanien.*
        Jules Verne: ›Reise zum Mittelpunkt der Erde‹.
        Jacques Offenbach: ›Die schöne Helena‹.
        Öffentliche Anerkennung der Arbeitergewerkschaf-
        ten in Frankreich.
1865   *Sarah wird vom Théâtre Porte-Saint-Martin engagiert und
        feiert in ›La Biche aux Bois‹ ihren ersten großen Erfolg.*
        Ende des amerikanischen Bürgerkrieges und Ermor-
        dung Präsident Abraham Lincolns.
        Richard Wagner: ›Tristan und Isolde‹.
1866   *Sarah bindet sich vertraglich an das Odéon.*
        Inbetriebnahme des Nordatlantikkabels.
1867   Karl Marx: ›Das Kapital‹.
1868   Ludwig I., König von Bayern, stirbt.
1869   *Am 14. Januar feiert Sarah in François Coppées ›Le
        Passant‹ einen zweiten großen Erfolg. Am 29. April tritt
        sie vor Napoleon III. persönlich auf.*

272

Mahatma Gandhi wird geboren.

Tolstoi: ›Krieg und Frieden‹.

Im Schlachthof von Chicago wird das erste Fließband eingesetzt.

1870 Deutsch-Französischer Krieg: *Sarah organisiert ein Hospital für die Verwundeten.*

1871 Anschluß Elsaß-Lothringens an Deutschland.

Rom wird Hauptstadt Italiens.

Friedrich Nietzsche: ›Die Geburt der Tragödie aus dem Geiste der Musik‹.

1872 *Sarah lernt Victor Hugo kennen und spielt die Rolle der spanischen Königin in ›Ruy Blas‹.*

Sarah kehrt an die Comédie-Française zurück.

1873 Napoleon III., ehemaliger Kaiser von Frankreich, stirbt im Londoner Exil.

Weltausstellung in Wien.

1874 *Sarah tritt erstmals in Racines ›Phädra‹ auf.*

Emile Zola: ›Der Bauch von Paris‹.

1877 *Sarah feiert als Doña Sol in Victor Hugos ›Hernani‹ einen großen Erfolg.*

1878 *Während der Pariser Weltausstellung fliegt Sarah gemeinsam mit dem Ballonisten Louis Godard in einem Fesselballon über die Seinestadt.*

1879 *Erstes Londongastspiel Sarah Bernhardts (gemeinsam mit dem Ensemble der Comédie-Française). In Folkestone wird sie von Tausenden von Anhängern begeistert begrüßt.*

Thomas Edison erfindet die Kohlefadenlampe.

1880 *Sarah bricht neuerlich mit der Comédie (muß eine Konventionalstrafe von 100 000 Francs zahlen). Am 24. Mai trifft Sarah zu ihrem zweiten Gastspiel in London ein. Heitere Gastspielreisen nach Brüssel, Kopenhagen und durch die französische Provinz.*

Am 27. Oktober beginnt in New York Sarahs erste Nordamerikatournee. In der Nähe von Boston trifft sie mit Thomas Edison zusammen.

1881 Tunis gelangt unter französische ›Schutzherrschaft‹.

Judenprogrome in Rußland.

Jacques Offenbach: ›Hoffmanns Erzählungen‹.
Henrik Ibsen: ›Gespenster‹.

1882   *April: Sarah heiratet in London den griechischstämmigen*
       Lebemann und Schauspieler Ambroise Aristide Damala.
       Im Mai Gastspielreisen: Spanien, Portugal, Schweiz.

1883   *Februar: Sarah erwirkt die gesetzliche Trennung von ihrem*
       Ehemann.
       Gesetzliche Einführung der Krankenversicherungs-
       pflicht in Deutschland.
       Richard Wagner stirbt.
       Friedrich Nietzsche: ›Also sprach Zarathustra‹.
       Mark Twain: ›Huckleberry Finns Abenteuer...‹

1885   Victor Hugo stirbt.

1886   *Sarah unternimmt ihre erste Südamerikatournee.*
       John S. Permberton ›erfindet‹ in den USA das Coca-
       Cola-Rezept.

1887   Emil Berliner erfindet das Grammophon.
       Daimler stellt den von ihm entwickelten vierrädrigen
       Kraftwagen mit Benzinmotor vor.
       Claude Debussy: ›Le Printemps‹.

1888   *Sarah unternimmt Gastspielreise durch Süd(ost)europa*
       und den Vorderen Orient (Kairo, Alexandria, Konstanti-
       nopel) sowie Ost- und Nordeuropa (St. Petersburg, Stock-
       holm).

1890   Wilhelm II. entläßt Bismarck.
       Ende des Sozialistengesetzes (seit 1878) in Deutsch-
       land.

1891   *Sarah bricht im Januar zu der ausgedehntesten Gastspiel-*
       reise ihres Lebens auf: Nordamerika, Australien, Mexiko,
       Südamerika.

1893   *Sarah übernimmt in Paris das Théâtre de la Renaissance*
       (bis 1898).

1894   Der jüdisch-französische Offizier Alfred Dreyfus
       wird wegen angeblichen Landesverrates (zugunsten
       Deutschlands) zu Unrecht verurteilt: *Sarah Bernhardt*
       und Emile Zola setzen sich in der Folge leidenschaftlich für
       die Rehabilitation des Verbannten ein.

1886   *Sarah unternimmt eine Gastspielreise durch die USA.*
        In Paris wird Sarah wegen ihrer Verdienste um die
        Verbreitung der französischen Sprache und Kultur wäh-
        rend eines Galaempfangs öffentlich geehrt.
        Puccini: ›La Bohème‹.
1897   Im Frühsommer gibt Eleonora Duse, die Schauspie-
        lerin und Geliebte des italienischen Dichters Gabriele
        d'Annunzio, ihr Paris-Debüt.
        Edmond Rostand: ›Cyrano de Bergerac‹.
        Johannes Brahms stirbt.
        Erster Zionistenkongreß in Basel.
1898   *Sarah kündigt ihren Pachtvertrag mit dem Théâtre de la*
        Renaissance.
        Fürst Otto von Bismarck stirbt.
        Emile Zola: ›J'accuse‹ (offener Brief an den franzö-
        sischen Staatspräsidenten zugunsten von Alfred
        Dreyfus).
        August Strindberg: ›Nach Damaskus‹.
        Entdeckung des Radiums und des Poloniums durch
        Marie und Pierre Curie.
1899   *Sarah pachtet das Pariser Théâtre des Nations und benennt*
        es in Théâtre Sarah-Bernhardt um.
        Am 12. Juni tritt Sarah im Londoner Adelphi Theater in
        der Rolle des Hamlet auf.
        Karl Kraus gründet ›Die Fackel‹.
        Erstes registriertes Autoopfer in den USA.
1900   *Während der Pariser Weltausstellung tritt Sarah am*
        15. März in der Uraufführung von Edmond Rostands
        ›L'Aiglon‹ auf.
        Arthur Schnitzler: ›Der Reigen‹.
        Sigmund Freud: ›Traumdeutung‹.
        Friedrich Nietzsche stirbt.
1901   Königin Victoria von England stirbt.
        Giuseppe Verdi stirbt.
1902   *Sarah tritt erstmals in Deutschland (Berlin) auf, das sie bis*
        dahin wegen der Annexion Elsaß-Lothringens gemieden
        hatte. Sie wird von Wilhelm II. zum Diner geladen.

Emile Zola stirbt.

Erste Strecke der Berliner U-Bahn.

1903 Gorkis ›Nachtasyl‹ von Max Reinhardt in Berlin inszeniert.

Erster Motorflug der Gebrüder Wright.

1904 Isadora Duncan gründet in Berlin die Duncanschule.

Anton Tschechow: ›Der Kirschgarten‹.

1905 *Sarah unternimmt eine weitere Gastspielreise durch Nord- und Südamerika. Am 9. Oktober verletzt sie sich in Rio de Janeiro während einer Vorstellung am rechten Knie.*

Kaiser Wilhelm II. landet in Tanger, um deutschen Einfluß zu sichern.

Heinrich Mann: ›Professor Unrat‹.

Kinder von Negerhaussklaven in Deutsch-Ostafrika werden frei.

1906 Alfred Dreyfus wird freigesprochen.

1908 *Sarah wirkt in der Verfilmung von ›La Tosca‹ mit.*

Der französische Physiker Henry Becquerel entdeckt die Radioaktivität.

Frauenstimmrecht in Dänemark.

Tel Aviv von Zionisten gegründet.

1910 *Sarah unternimmt neuerlich eine Gastspielreise durch die USA.*

China schafft die Sklaverei ab.

1911 *Unter der Regie von André Calmettes spielt Sarah die Hauptrolle in der Verfilmung der ›Kameliendame‹.*

1912 *Sarah unternimmt Gastspielreise nach England.*

1913 *Amerikatournee.*

1914 *Am 15. Januar wird Sarah zum Ritter der Ehrenlegion ernannt.*

Ausbruch des Ersten Weltkrieges (1. August).

Ende des Jahres wird Sarah in Bordeaux das rechte Bein amputiert.

1916 *Sarah (die getragen werden muß) tritt im Rahmen des Théâtre aux Armées an der Front auf.*

Am 30. September reist sie zu einer weiteren Tournee in die USA.

1918 *Anfang des Jahres kehrt Sarah von ihrer US-Tournee nach Frankreich zurück.*
Ende des Ersten Weltkrieges.
1919 Unterzeichnung des Friedensvertrages von Versailles (28. Juni).
1921 *Im April letztes Londongastspiel.*
1922 Deutschland anerkennt USSR.
1923 *Während der Dreharbeiten zu dem Film ›La Voyante‹ bricht Sarah am 15. März zusammen. Am 26. März stirbt Sarah Bernhardt. Dreißigtausend Menschen defilieren an ihrem Sarg vorbei, und Hunderttausende erweisen ihr die letzte Ehre.*

Anmerkungen

Teil I   Les Ailes qui poussent

1   Fleur-de-lait

1 In meinen Ausführungen über Sarahs Kindheit stütze ich mich weitgehend auf ihre Memoiren. Dabei war ich mir der Mängel und Unzulänglichkeiten dieses Buches ebenso bewußt wie der Neigung der Autorin, Realität und Einbildung immer wieder zu vermischen.

4   Débuts de Mlle. Bernhardt

1 Suze Rueff, S. 91 f.

5   Maurice

1 Sarcey: La Comédie-Française I, S. 9 f.

Teil II   Les Ailes qui battent

7   Le Passant

1 Le Moniteur universel, 18. November 1868
2 Coppée: Souvenirs d'un Parisien, S. 95 f.
3 Got: Journal II, S. 86
4 Sarcey: Quarante Ans de Théâtre VII, S. 114 f.
5 Le Journal officiel, 18. Januar 1869

8   Szenenwechsel

1 Lauw: Fourteen Years with Adelina Patti, S. 146 f.
2 Flaubert: Correspondances VI, S. 90
3 Brandes: Erinnerungen, S. 253

9 Ruy Blas

1 Flaubert: op. cit., Bd. VI, S. 353
2 Journal II, S. 170
3 La Comédie-Française I, S. 14 f.
4 Maurois: Olympio, S. 524
4 Clément Clament: Sarah Bernhardt, S. 56 f.
6 Banville: Critiques, S. 385

10 Der Wolf im Schafstall

1 Journal de Débats, 11. November 1872
2 Banville: op. cit., S. 369 ff.

11 Die unergründliche Sphinx

1 Mme. Octave Feuillet: Souvenirs et Correspondances, S. 317 ff.
2 op. cit.
3 op. cit.
4 Clament: op. cit., S. 31 ff.
5 Nordi: Edmond Rostand et l'Aiglon, S. 23; Clament, op. cit.,
   S. 46 f.
6 Clament: op. cit., S. 45 f.
7 Félicien Champsaur: Dinah Samuel, S. 196
8 Clament: op. cit., S. 46 f.
9 Arnold Mortier: Les Soirées parisiennes, S. 121 ff.
10 Sarcey: op. cit., Bd. III, S. 226 f.
11 Suze Rueff: Persönliche Mitteilung an die Verfasserin
12 Graham Robertson: Time Was, S. 118 f.
13 Sarcey: op. cit., Bd. V, S. 372

12 Die Verkörperung des Erfolges

1 New York Tribune, 25. März 1876
2 Sarcey: op. cit., Bd. V, S. 295
3 Mortier: op. cit., S. 55
4 Clament: op. cit., S. 19
5 The Nation, 16. November 1876
6 Sarcey: op. cit., Bd. VII, S. 148
7 The Galaxy, 1877

13   Die Sternschnuppe

1 Paris Revisited. The Galaxy, Januar 1878
2 Dans les Airs. Champsaur: op. cit., S. 201
3 Journal intime, S. 34f.
4 Correspondance VIII, S. 181

14   Auftritt: Mr. Jarrett

1 Sarcey: op. cit., Bd. III, S. 205f.
2 Clament: op. cit., S. 52ff.
3 Ebenda, S. 34
4 Correspondance VIII, S. 245
5 Mortier: op. cit., S. 150f.
6 Sarcey: op. cit. IV, S. 54f.
7 Journal intime, S. 63 und 79ff.

Teil III   Les Ailes qui s'ouvrent

15   Sarah, die Eroberin

1 Sarcey: op. cit. I, S. 366ff.
2 The Times, 3. Juni 1879
3 James Agate: Ego IV, S. 62
4 The Times, 4. Juni 1879
5 Ebenda, 11. Juni 1879
6 Comyns Carr, S. 53
7 Lucas: Lord Glenesk and »The Morning Post«, S. 290f.
8 Mortier: op. cit., S. 222ff.
9 The Times, 16. Juni 1879
10 Ebenda, 3. Juli 1879
11 Ebenda, 8. Juli 1879
12 The Nation, 31. Juli 1879

16   Abschied von der Comédie

1 Journal intime, S. 119f.
2 Critiques, S. 373f.
3 Le Gaulois de Dimanche, 31. März 1923

17 Ein unerschöpfliches Arsenal der Faszination

1 The Times, 24. Mai 1880
2 Ebenda, 26. Mai 1880
3 Ebenda, 2. Juni 1880
4 Ellen Terry: The Story of my Life, S. 160
5 Sarcey: op. cit. VI, S. 224 f.
6 Georg Brandes: Correspondance, S. 101

19 Die geheimnisumwitterte Hochzeit

1 Meine Darstellung Damalas beruht auf Informationen aus einer
absolut zuverlässigen Quelle und auf einem von M. A. Andréa-
dèa für *L'Opinion* verfaßten Artikel, der 1923 in einer Zeitung
abgedruckt wurde. Ich habe gleichermaßen die Kommentare
Mme. Bertons und M. Verneuils berücksichtigt. Meine Darstellung von Sarahs Hochzeit basiert auf zeitgenössischen Presse-
berichten, die mir Mrs. L. M. Eagleston freundlicherweise zugesandt hat; sie ist die Tochter des Pfarrers, der damals den
Ehebund zwischen Sarah und Damala geschlossen hat. Weitere
Informationen verdanke ich Mr. Gabriel Brandon, dem Sohn
von Sarahs damaligem Londoner Anwalt. In der *Topical Times*
vom 6. August 1887 wird berichtet, Sarah habe erklärt, sie habe
Damala in Griechenland kennengelernt, »wo er ein untergeord-
netes Regierungsamt innehatte. Aber ich beschloß dennoch, ihn
zu heiraten; und nachdem ich eine Reihe von Schwierigkeiten
aus dem Weg geräumt hatte, tat ich es tatsächlich. Schließlich
war alles arrangiert, und ich heiratete ihn in London, und wir
reisten von dort aus unmittelbar nach der Hochzeit nach Wien,
wo ich jedoch für meine Vorstellung zu spät eintraf. Diese
Verspätung kostete mich zwanzigtausend Francs. Anschließend
fuhren wir nach Paris, wo ich für kurze Zeit sehr glücklich war.
Eines Tages schenkte er mir eine schöne Diamantbrosche, für
die ich vom Juwelier die Rechnung erhielt; und als ich in das
Geschäft ging, um die Rechnung zu begleichen, überreichte
man mir noch weitere unbezahlte Rechnungen, die sich auf
Diamanten bezogen, die er an dritte Personen verschenkt hatte,
und das gab mir den Rest.« Sarahs Presseinterviews sind immer
mit Vorsicht zu genießen, aber dieser Bericht verdient es, an
dieser Stelle wiedergegeben zu werden.

20   Mme. Bernhardt-Damala

1   Clament: op. cit., S. 48f.
2   Mortier: op. cit., S. 220
3   Ebenda, S. 222
4   Ebenda, S. 217
5   The Times, 30. Mai 1882
6   Ebenda, 1. Juni 1882
7   Martin Harvey: Autobiography, S. 92
8   Comyns Carr: op. cit., S. 214ff.
9   Terry: op. cit., S. 217ff.
10 Modern Society, 11. Oktober 1913

21   Leben und Legende

1   Houssaye: Confessions IV, S. 401ff.
2   Renard: Journal inédit, S. 636
3   Ebenda, S. 442
4   Mortier: op. cit., S. 312
5   Ebenda, 5. März 1880, S. 103f.
6   Henry L. Williams: All about Sarah »Barnum« Bernhardt,
    S. 15
7   Von W. S. Samuel überlieferte Anekdote
8   Clament, S. 48; und Williams, S. 15
9   The Graphic, 23. Juni 1894
10 Williams, op. cit., S. 15
11 Dinah Samuel, S. 52f.
12 Ebenda, S. 66f. und S. 78
13 Ebenda, S. 80f.
14 Mortier: op. cit., S. 339ff.
15 Sardou: Papiers, S. 362
16 Sarcey: op. cit. VI, S. 97 und S. 101ff.
17 Jules Lemaître: Les Contemporains, 2. Serie, S. 206ff.

22   Kaiserin Sarah

1   Brandes: Correspondance, S. 113
2   The Times, 10. Juli 1883
3   Lemaître: op. cit., S. 203ff.

23 Sarah, immer nur Sarah

1 Diesen Hinweis verdanke ich Miss E. M. Fleury; siehe ebenfalls
  The Topical Times vom 6. August 1887
2 The Topical Times, ebenda
3 Pierre Louÿs: Journal intime, S. 153 f.
4 Ebenda, S. 200
5 Maurice Baring: The Puppet-Show of Memory, S. 108
6 Lemaître: op. cit., 5. Serie, S. 352 f.

24 Rastlose Wanderschaft

1 Jules Huret: Sarah Bernhardt, passim
2 Illustrated London News, 4. Juni 1892

25 Le Théâtre de la Renaissance

1 Lemaître: Impressions de Théâtre, 8. Serie, S. 73 f.
2 The Theatrical World, 1894, S. 177 ff.
3 Ebenda, S. 193 ff.

26 La Toscadora

1 Lemaître: op. cit., 9. Serie, S. 203 f.
2 Ebenda, 1893, S. 147
3 Ebenda, 1895, S. 202 ff.
4 Ebenda, 1895, S. 184 f.
5 George Bernard Shaw: The Theatre in the Nineties I, S. 149
6 Ebenda, S. 133 ff.
7 The Sketch, 26. Juni 1895
8 Shaw: op. cit. I, S. 154 f.

27 Auf dem Höhepunkt des Ruhmes

1 So berichtet Mrs. A. G. in einem an die Verfasserin gerichteten
  Brief.
2 Renard: op. cit., S. 1105
3 Ebenda, S. 1105
4 Maurice Rostand: Confession d'un demi-siècle, S. 303
5 Ebenda
6 Arthur Lynch: Human Documents, S. 232 ff.

7 Siehe A. L. Renner: Sarah Bernhardt: Artist and Woman
8 Lily Langtry: The Days I Knew, S. 120ff.
9 Catulle Mendès: L'Art au Théâtre, 1896, S. 424f.
10 Jules Huret: op. cit., S. 154ff.
11 Mendès: op. cit., S. 299f.
12 Sarcey: op. cit. VI, S. 197

28 Siege und Niederlagen

1 Sarcey: op. cit. VIII, S. 220ff.
2 Romain Rolland: Gabriele d'Annunzio et la Duse, S. 8
   und 14
3 André Antoine: Mes Souvenirs sur le Théâtre Antoine,
   S. 117
4 Comyns Carr, S. 236ff.
5 Mündliche Mitteilung von Suze Rueff
6 Jeanne Bordeux: Eleonora Duse, S. 184f.
7 Ebenda, S. 186f.
8 The Times, 18. Juni 1897
9 Archer: The Theatrical World, 1897, S. 188
10 The Morning Post, 31. Juli 1936
11 The Times, 29. Juni 1897
12 Archer: op. cit., S. 199ff.
13 The Times, 23. Juni 1897
14 Terry: op. cit., S. 370

29 Hamlet, Prinzessin von Dänemark

1 The Times, 13. Juni 1899
2 Scott: Some Notable Hamlets of the Present Time, S. 15ff.
3 Beerbohm: Around Theatres, S. 37
4 The Sketch, 21. März 1900
5 Sardou: Papiers, S. 437
6 Renard: op. cit., S. 463

30 L'Aiglon

1 Guitry: Souvenirs I, S. 89f.
2 Rostand: op. cit. III, 52f.
3 Jacques Porel: Fils de Réjane, S. 174

4 Paul Faure: Vingt Ans d'intimité avec Edmond Rostand,
  S. 29ff.
5 Guitry: op. cit., S. 140f.
6 Baring: op. cit., S. 199f.
7 Beerbohm: op. cit., S. 154

31 Quand même – trotzdem

1 L. Brémont: Le Théâtre et la Vie, S. 76f.
2 Antoine: op. cit., S. 18
3 Brémont: op. cit., S. 12ff.
4 Zitiert nach A. L. Renner: op. cit.
5 Baring: op. cit., S. 217
6 The Daily Telegraph, 28. März 1923
7 Mrs. Patrick Campbell: My Life and some Letters, S. 139ff.
  Wichtige Hinweise habe ich auch *Bernhard Shaw and Mrs. Campbell: Their Correspondance* entnommen. Des weiteren danke ich
  Mr. Stanley Hall, der mir freundlicherweise Sarahs an Mrs.
  Campbell gerichtete Telegramme zur Verfügung gestellt hat.

Teil IV   Les Ailes meurtries

32   Die unverwüstliche Sarah

1 Beerbohm: op. cit., S. 485
2 Das jedenfalls erklärte Suze Rueff gegenüber der Verfasserin.

33   Sarah und das englische Publikum

1 Les Débats, 30. März 1923
2 The Daily Express, 16. Oktober 1905
3 The Sketch, 27. Juni 1894
4 Graham Robertson: Time Was, S. 108f.
5 Cochran: Cock-a-doodle-do, S. 142
6 Walkley: Still More Prejudice, S. 7
7 Diese und die folgenden Äußerungen Graham Robertsons
  habe ich Manuskripten entnommen, die mir Mr. Kerrison
  Preston freundlicherweise zur Durchsicht überlassen hat.
8 James Agate: Ego IV, S. 119
9 –: Ego V, S. 130

10 –: Ego III, S. 171
11 The Daily Chronicle, 23. August 1912

Teil V   Les Ailes brisées

34   Die Flügel sinken nieder

1 Diesen Bericht sandte Dorothy Perrott der Verfasserin persönlich zu.

Teil VI   Les Ailes se ferment

35   Die Flügel erlahmen

1 Porel: op. cit., S. 178
2 Rostand: op. cit., S. 229 ff.
3 Walkley: op. cit., S. 9 f.
4 The Daily Telegraph, 28. März 1923
5 Lemaître: Les Contemporains V, S. 352 ff.
6 Le Figaro: Supplément litteraire, 31. März 1923
7 James Agate: Ego III, S. 112

Teil VII   Les Ailes fermées

36   Die gebrochenen Flügel

1 Der erste Teil dieses Kapitels stützt sich auf *La Bibliothèque de Mme. Sarah Bernhardt*, einen Katalog, der 1923 veröffentlicht wurde.

Sarah Bernhardt
auf Schallplatten

Die Gramophone-Platten werden in der in Roberto Bauers *Historical Records* üblichen Numerierung aufgeführt.

31104	La Mort d'Izeyl	M. Bernhardt
31170	Le Lac	M. Bernhardt
31171	La Samaritaine	E. Rostand
31172	Les Vieux	Mme. Rostand

In der BBC-Plattensammlung enthaltene Gramophone-Records

H.M.V.

GC.31104	La Mort d'Izeyl (In: Archives, Nr. 536)	M. Bernhardt
GC.31170	Le Lac	M. Bernhardt
GC.31171	Il dit encore (aus *La Samaritaine*) (1 Kopie ebenfalls in Archives, Nr. 1440)	Rostand
GC.31172	Les Vieux (In: Archives, Nr. 472)	Rostand

H.M.V.

E.326	Qui, Prince, je languis (aus *Phädra*)	Racine
	Il dit encore (aus *La Samaritaine*)	Rostand

AUDIO

2465	Je dormais (aus *La Samaritaine*)	Rostand

CYLINDER

3	Szene aus *Phädra*	Racine
74	La Plaine de Wagram (aus *L'Aiglon*)	Rostand

Sarah-Bernhardt-Auftritte
in Filmen

1900   *Hamlet*. Die Duell-Szene.

1908   *La Tosca;* nach dem gleichnamigen Stück von Sardou. Dieser Film wurde auf Sarahs ausdrücklichen Wunsch niemals öffentlich vorgeführt.

1911   *Die Kameliendame*. Regie: André Calmettes.

1911   *La Reine Elisabeth*. Regie: Louis Mercanton. Unter Mitwirkung von Lou Tellegen.

1912   *Adrienne Lecouvreur*. Regie: Louis Mercanton.

1913   *Madame Sarah Bernhardt daheim*. Dieser Film wurde nur in den Vereinigten Staaten gezeigt.

1916   *Mères françaises*. Regie: Mercanton und René Hervil. Mit: Signoret Gabriel, Louise Lagrange, Berthe Jalabert.

1923   *La Voyante*. Dieser Film wurde in Sarahs Atelier am Boulevard Pereire produziert. Obwohl Léon Abrams als Produzent des Filmes genannt ist, fungierte Louis Mercanton als Regisseur. Weitere Mitwirkende waren: Harry Baur, Lily Damita, Georges Melchior, François Fratellini und Mme. Paquerette. Die Produktionsgesellschaft war: Films Abdore.

Auswahlbibliographie

Adam, Eve (Hrsg.): Mrs. J. Comyns Carr's Reminiscences, London 1925

Agate, James: Ego 1–5 (Bd. I, London 1935; Bd. II, London 1936; Bd. III, London 1938; Bd. IV, London 1940; Bd. V, London 1942)

Agate, May: Madame Sarah, London 1945

Annunzio, Gabriele d': Gabriele d'Annunzio à Georges Herelle. Correspondance, Paris 1946

Antoine, André: Mes souvenirs sur le Théâtre Antoine, Paris 1928

Apesteguy, Pierre: La Vie profonde de Edmond Rostand, Paris 1929

Archer, William: The Theatrical World 1893–1897, London 1894–1898

Arthur, Sir George: Sarah Bernhardt, London 1923

Auvergne, E. B. d': Pierre Loti. The Romance of a Great Writer, London 1926

Bancroft, die: Mr. and Mrs. Bancroft on and off the Stage, London 1888

–: Recollections of Sixty Years, London 1909

Banville, Théodor de: Camées parisiens, Paris 1866

–: Critiques. Choix et préface de Victor Barrucand, Paris 1917

Baring, Maurice: The Puppet Show of Memory, London 1922

–: Sarah Bernhardt, London 1938

Beerbohm, Max: Around Theaters, New York 1968

Bernhardt, Lysiane: Spiel in Moll. Das Leben der Sarah Bernhardt, Bonn 1949

Bernhardt, Sarah: Mein Doppelleben. Memoiren von Sarah Bernhardt, Leipzig 1908

–: Dans les Nuages. Impressions d'une Chaise. Paris 1878

–: Petite idole, Paris 1920

Berton, Mme. Pierre: Sarah Bernhardt as I Knew Her. The Memoirs of Pierre Berton as told to Basil Woon, London 1923

Binet-Valmer, Gustave: Sarah Bernhardt, Paris 1936

Bordeux, Jeanne: Eleonora Duse. The Story of her Life, London 1924

Brandes, Georg: Correspondance, Kopenhagen 1952

–: Recollections of my Childhood and Youth, London 1906

Brémont, L.: Le Théâtre et la Vie. Souvenirs. Préface de Romain Coolus, Paris 1930

Campbell, Mrs. Patrick: My Life and some Letters, London 1922

Champsaur, Félician: Dinah Samuel, Paris 1925

Clament, Clément: Sarah Bernhardt. Ses Débuts – Sa Vie, Paris 1879

Colombier, Marie: Le Voyage de Sarah Bernhardt en Amérique, Paris 1881

Coppée, François: Souvenirs d'un Parisien, Paris 1910

Dent, Alan (Hrsg.): Bernard Shaw and Mrs. Patrick Campbell: their Correspondence, London 1952

D'Heylli, Georges: La Comédie-Française à Londres (1871–1879). Journal inédit de E. Got – Journal de F. Sarcey. Publiés avec une Introduction par G. d'Heylli, Paris 1880

Downey, W. & D.: The Cabinet Portrait Gallery. Reproduced from original photographs by W. & D. Downey. First Series, London 1890

Faure, Paul: Vingt ans d'intimité avec Edmond Rostand, Paris 1928

Feuillet, Mme. O.: Souvenirs et Correspondance, Paris 1896

Flaubert, Gustave: Correspondance, Paris 1910

France, Anatole: La Vie littéraire, Paris 1926

Geller, G. G.: Sarah Bernhardt, London 1933

Gérard, Rosemonde: Edmond Rostand, Paris 1935

Got, Edmond: Journal, Paris 1910

Guitry, Sacha: Lucien Guitry, sa Carrière et sa Vie (Coulouma, imprimeur 1930). o. O.

–: Souvenirs, Bd. I, Si j'ai bonne mémoire, Paris 1934

Houssaye, Arsène: Les Confessions. Souvenirs d'un demi-siècle, Bd. IV, Paris 1885

Huret, Jules: Sarah Bernhardt. Vorwort von Edmond Rostand, Paris 1899

Irving, Laurence: Henry Irving. The Actor and his World, London 1951

James, Henry: The Scenic Art. Notes on Acting and the Drama. 1872–1901, St. Albans 1949

Langtry, Lily: The Days I knew, London 1925

Lauw, Louisa: Fourteen Years with Adelina Patti, London 1884

Lemaître, Jules: Les Contemporains. 2e série. 3e édition, Paris 1886

–: op. cit., 5e série. 6e édition, Paris 1892

Loti, Pierre: Journal intime 1878–1881, Paris 1925

Louÿs, Pierre: Journal intime 1882–1891, Paris 1929

Lucas, Reginald: Lord Glenesk and the »Morning Post«, London 1910

Lynch, Arthur: Human Documents, London 1896

Martin Harvey, Sir John: The Autobiography of Sir John Martin Harvey, Bristol 1933

Mendès, Catulle: L'Art au Théâtre 1895, 1896, Paris 1897

Meyer, Arthur: Ce que mes yeux ont vu, Paris 1911

Mortier, Arnold: Les Soirées parisiennes 1874–1884, Paris 1874–1883

Nordi, Jules: Edmond Rostand et l'Aiglon, Paris 1900

Porel, Jacques: Fils de Réjane. Souvenirs (1895–1920), Paris 1951

Preston, Kerriston (Hrsg.): Letters from Graham Robertson, London 1953

Renard, Jules: Le Journal de Jule Renard, Paris 1927

Renner, A. L.: Sarah Bernhardt. Artist and Woman, New York 1896

Richardson, Joanna: Rachel, London 1956

–: Théophile Gautier. His Life and Times, London 1958

Robertson, Graham: Time Was, London 1931

Rolland, Romain: Gabriele d'Annunzio et la Duse (Les Œuvres libres. No. 20) Paris 1947

Rostand, Maurice: Confession d'un demi-siècle, Paris 1948

Rueff, Suze: I Knew Sarah Bernhardt, London 1951

Sarcey, Francisque: La Comédie-Française, Paris 1876–1884

–: Quarante Ans de Théâtre, Bd. I–VIII, Paris 1900–1902

Sardou, Victorien: Les Papiers de Victorien Sardou. Notes et Souvenirs rassemblés et annotés par Georges Mouly, Paris 1934

Scott, Clement: Some notable Hamlets of the present time, London 1905

Shaw, George B.: Our Theatres in the Nineties, London 1948

Skinner, Cornelia Otis: Madame Sarah. Das Leben der Schauspielerin Sarah Bernhardt. Frankfurt a. M. 1968

Suberville, Jean: Le Théâtre d'Edmond Rostand, Paris 1919

Tellegen, Lou: Women Have Been Kind, Norwich 1932

Terry, Ellen: The Story of my Life, London 1908

Verneuil, Louis: La Vie merveilleuse de Sarah Bernhardt, Montreal 1942

Walkley, A. B.: Playhouse Impressions, Cambridge 1892

–: Still More Prejudice, London 1925

Williams, Henry L.: All about Sarah »Barnum« Bernhardt. Her Loveys, her Doveys, her Capers and her Funniments, London 1884

Zola, Emile: Le Naturalisme au Théâtre, Paris 1889

Anonym: La Bibliothèque de Mme. Sarah Bernhardt, Paris 1923

Personenregister

 **HEYNE BIOGRAPHIEN**

*Die Großen der
Weltgeschichte –
Politik · Kultur
Wissenschaft*

Ronald Hayman
FRIEDRICH NIETZSCHE
Der mißbrauchte Philosoph

12/128 - DM 14,80

Ronald Hayman
BERTOLT BRECHT
Der unbequeme Klassiker

12/124 - DM 16,80

Harry Wilde
ROSA LUXEMBURG
Ich war – ich bin – ich werde sein

12/143 - DM 12,80

Donald Spoto
ALFRED HITCHCOCK
Die dunkle Seite des Genies

12/145 - DM 14,80

Joanna Richardson
COLETTE
Leidenschaft und
Sensibilität

12/125 - DM 12,80

Rudolf Krämer-Badoni
GALILEO GALILEI
Wissenschaftler und
Revolutionär

12/126 - DM 12,80

Ronald Hayman
FRANZ KAFKA
Sein Leben, sein Werk,
seine Welt

12/135 - DM 12,80

G. P. Gooch
FRIEDRICH DER GROSSE
Herrscher–Schriftsteller–Mensch

12/12 - DM 12,80

HEYNE BIOGRAPHIEN

Die Großen der Weltgeschichte –
Wissenschaft · Politik · Kultur

HEYNE BIOGRAPHIEN

Die Taschenbuchreihe mit den bedeutenden Biographien der Großen der Weltgeschichte

HEYNE BIOGRAPHIEN

Die Großen der Weltgeschichte – Wissenschaft · Politik · Kultur